AF537629

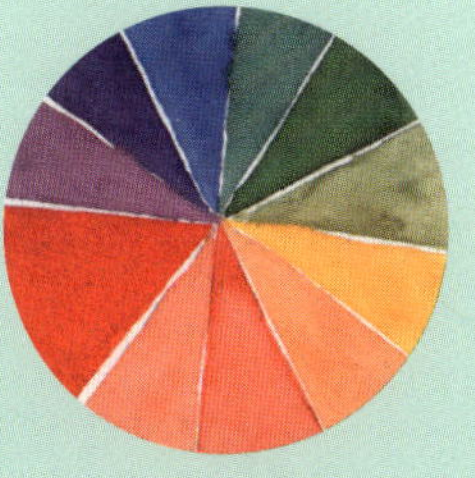

TRAUDEL DONDERER

Colorful Watercolor

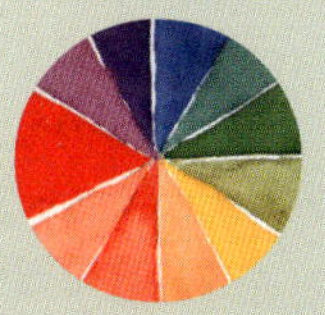

Alles was du über Farben wissen musst

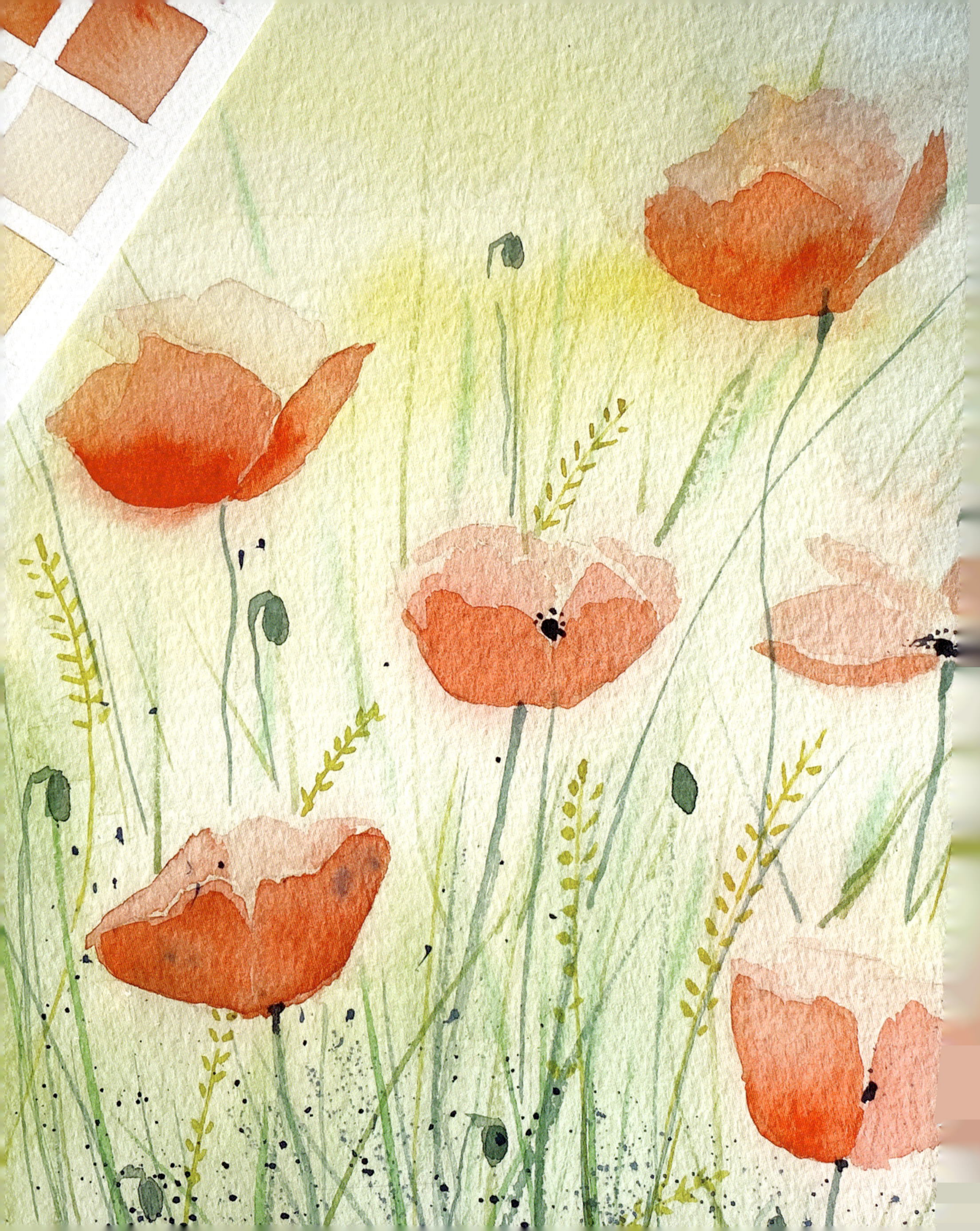

TRAUDEL DONDERER

Colorful Watercolor

Alles was du über Farben wissen musst

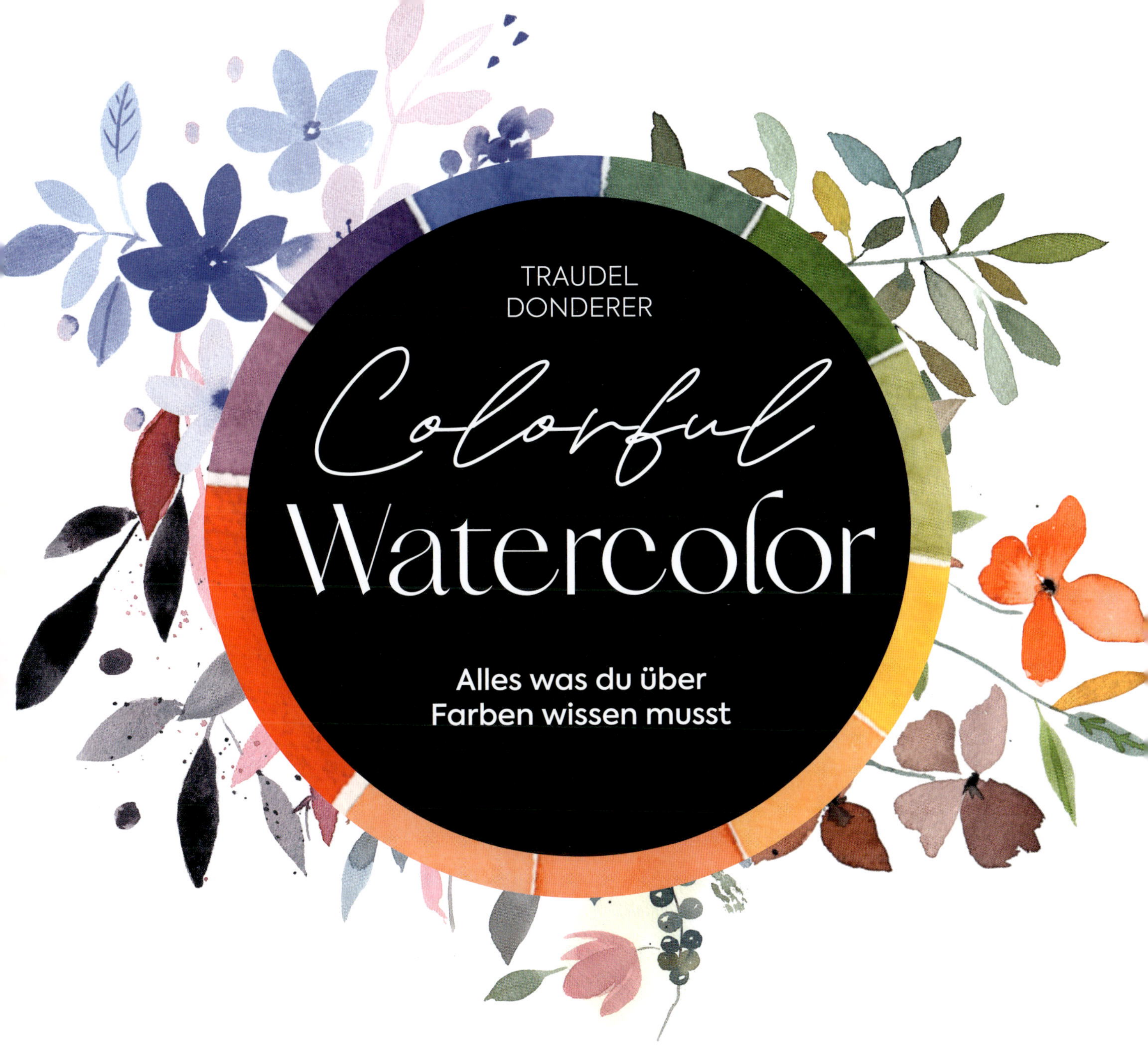

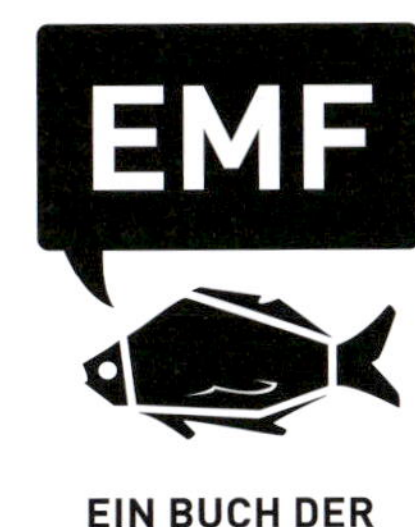

EIN BUCH DER
EDITION MICHAEL FISCHER

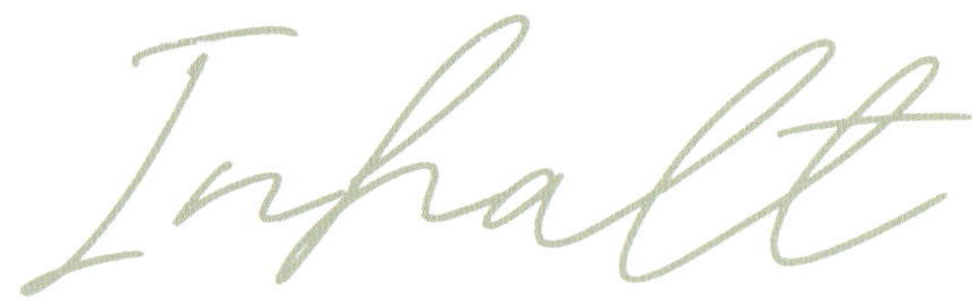

Inhalt

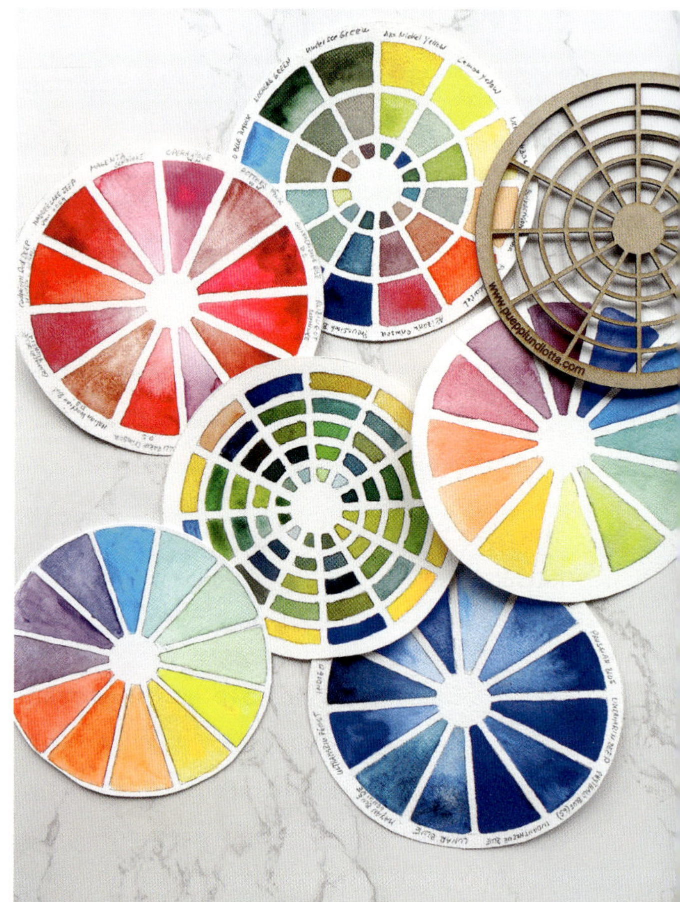

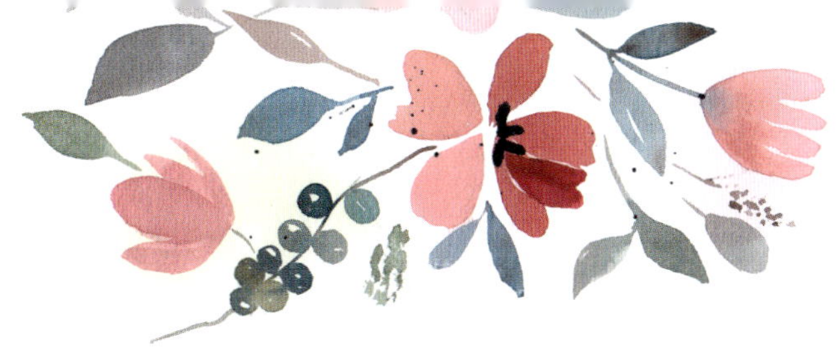

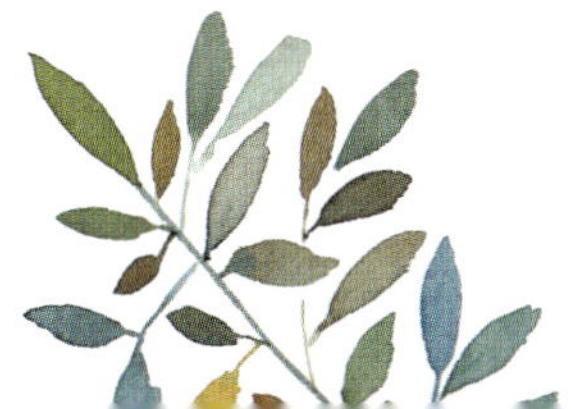

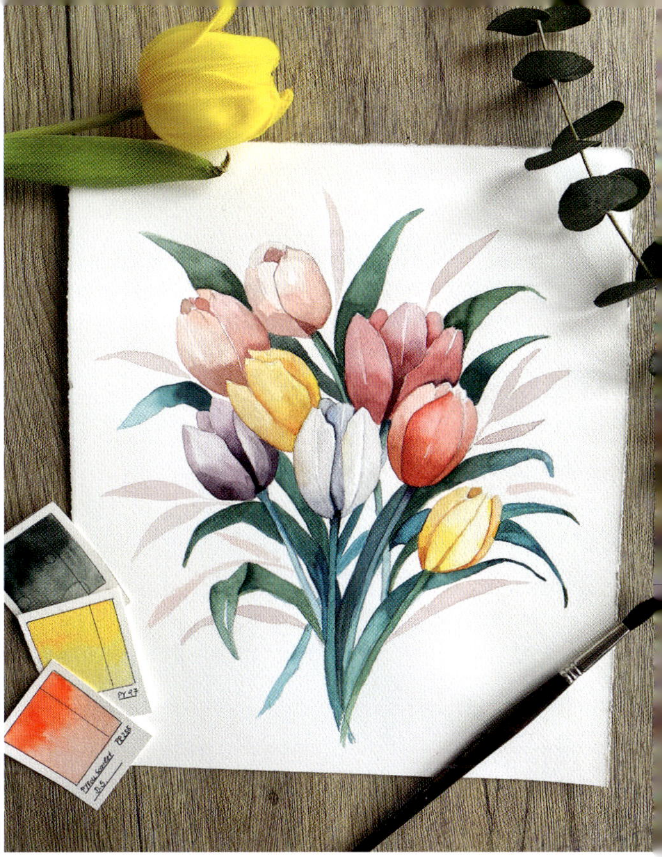

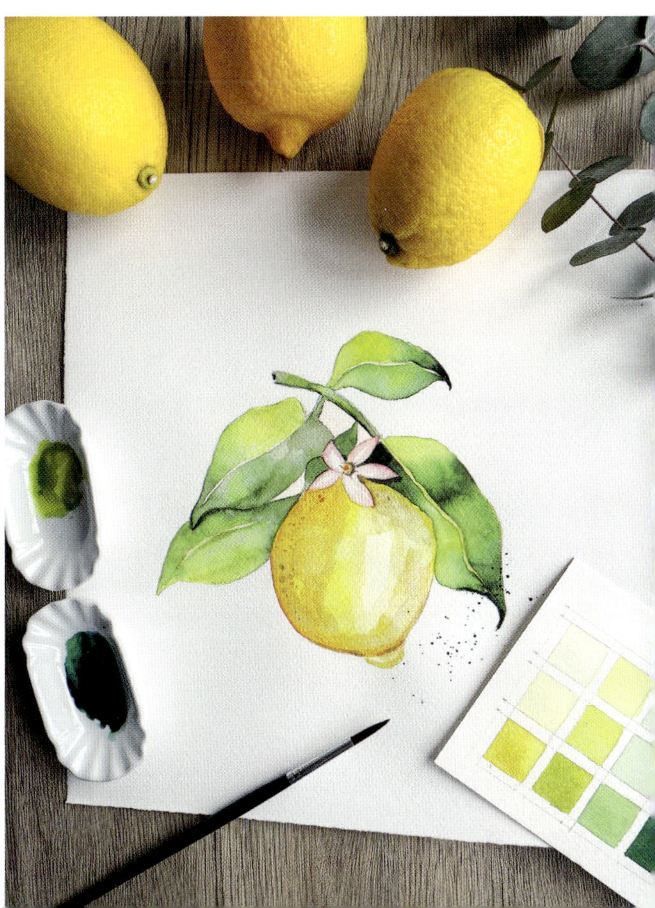

Vorwort

Die Beliebtheit der Aquarellmalerei hat meines Erachtens in den letzten Jahren erheblich zugenommen, und ich kann das gut verstehen. Die Tatsache, dass jede*r mit ein paar Aquarellfarben schon nach kurzer Zeit schöne Ergebnisse erzielen und man ohne große Vorkenntnisse mit relativ wenig Materialien direkt mit der künstlerischen Arbeit starten kann, ist ein großer Vorteil.

Wenn du Anfänger*in bist, empfehle ich dir: Experimentiere und probiere vieles aus, ohne den Fokus darauf zu haben, schon gleich perfekte Ergebnisse abliefern zu müssen, denn wer sich weiterentwickeln will, muss sich erlauben, Fehler zu machen. Wenn man alles richtig machen will, setzt schnell eine Verkrampfung ein, und ein freies Malen ist nicht mehr möglich.

Ich bin der Meinung, dass jede*r malen kann. Talent ist zwar förderlich, aber bei Weitem nicht das einzige Kriterium. Entscheidend sind Motivation und das Interesse dranzubleiben.

Es ist gut und richtig, von anderen zu lernen, sich aber nur an anderen zu orientieren, kann sehr schnell zur Frustration führen. Deshalb sind die sozialen Medien oftmals Feinde der Kreativität, denn sobald wir uns in eine Art von Bewertungssystem in Form von Likes begeben, kommt Frustration auf, wenn diese ausbleiben.

Das, was beim Malen so befreiend sein kann, ist die Tatsache, dass wir ohne Vorgaben und Zwänge einfach drauflosmalen können und sollten. Das Kind in uns darf wieder einmal zum Vorschein kommen und wir sollten nicht in erster Linie darauf fokussiert sein, gefallen zu wollen. Sei daher nicht zu kritisch mit dir, vertraue dir, und mit der Zeit, viel Übung und ein paar Kenntnissen über Techniken, Farben und Bildkomposition werden sich deine Ergebnisse stetig verbessern.

Mit diesem Buch möchte ich dich auf deiner kreativen Reise ein wenig begleiten. Ich werde dir die Materialien erklären, die du benötigst, grundlegende Techniken der Aquarellmalerei vermitteln und dir eine Reihe an Möglichkeiten zeigen, wie du diese einsetzen kannst. Mit einfachen Übungen wirst du sehr schnell garantiert schöne Ergebnisse erzielen können. Meine Tipps und Beispiele zu Materialien basieren auf den Erfahrungen, die ich im Laufe der Jahre gemacht habe.

In einem extra Kapitel gehe ich verstärkt auf Farben, ihre Beschaffenheit und ihre Wirkung ein und zeige dir Möglichkeiten auf, wie du mit wenigen Farben neue, einzigartige Farbmischungen kreieren kannst.

Im dritten Teil dieses Buches erkläre ich dir Schritt für Schritt, wie ich meine Projekte umsetze. Dabei werden alle vorgestellten Techniken zum Einsatz kommen, und ich lade dich ein, es selbst auszuprobieren.

Man ist nie zu alt, um mit der Aquarellmalerei zu beginnen, denn neben der Freude, die es macht, hält man auch seinen Geist wach und die Seele ausgeglichen. Nimm dir am besten regelmäßig eine kleine Auszeit vom Alltag und erlebe die Freude, die Entspannung und habe Spaß beim kreativen Gestalten.

Auf Instagram findest du mich unter **@tradonde**, und falls du Fragen, konstruktive Kritik oder Anregungen hast, kannst du mir gerne dort auch eine persönliche Nachricht schreiben.

Jetzt wünsche ich dir viel Freude beim kreativen Gestalten!

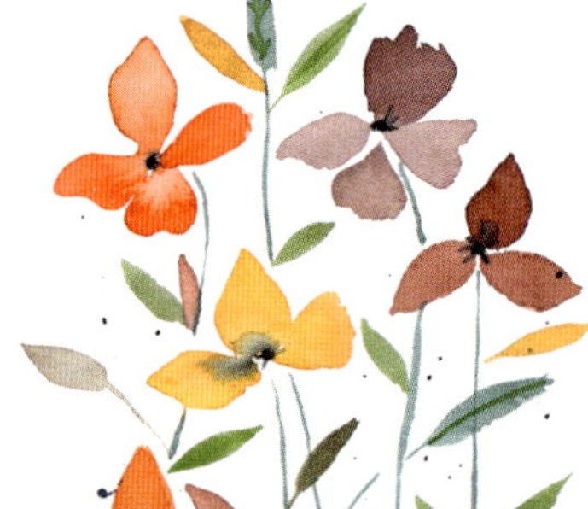

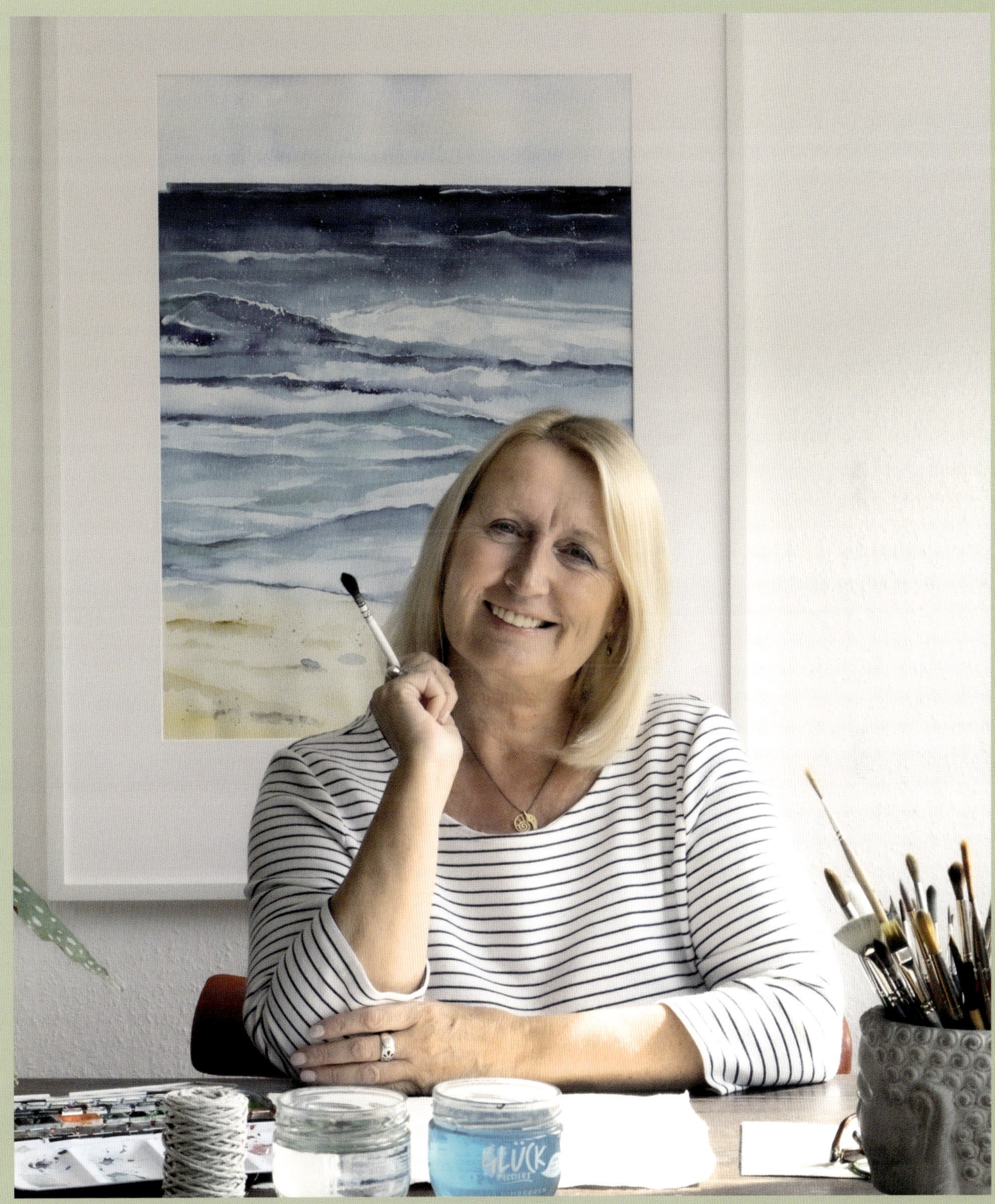

Watercolor

Ein Weg zu mehr Ausgeglichenheit und innerer Harmonie

MEIN WEG ZUR AQUARELLMALEREI

Mit der Aquarellmalerei habe ich vor über 15 Jahren begonnen. Damals suchte ich nach einem kreativen Hobby als Ausgleich zu meinem Berufsalltag. Ich wollte etwas ohne großen Aufwand von zu Hause aus betreiben.

Um die Grundlagen zu erlernen, buchte ich meinen ersten Aquarellkurs in einer Volkshochschule. Schnell entwickelte sich die Aquarellmalerei zu einer großen Leidenschaft, und bis heute vergeht kaum ein Tag, an dem ich den Pinsel nicht in die Hand nehme.

Der Prozess des Malens ist ähnlich wie Meditation, da man sich ganz auf den Moment einlässt. Angstgedanken treten in den Hintergrund, der Druck nimmt ab, innerlich wird man ruhig und ausgeglichen.

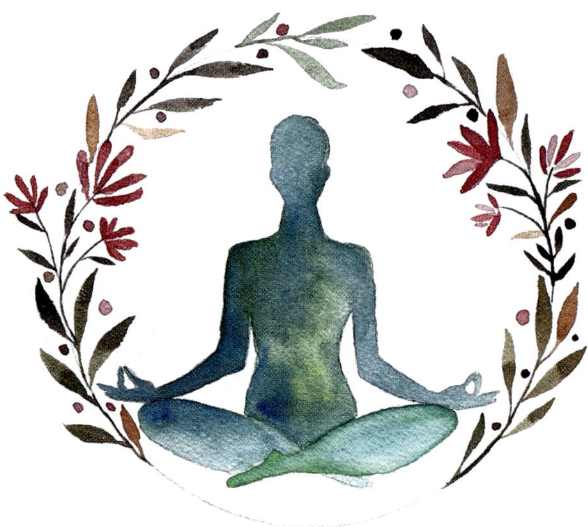

Bei allem, was uns manchmal betrübt und besorgt, ist das Malen mit Aquarellfarben ein wunderbarer Weg, den Blick und den Fokus auf die schönen Dinge dieser Welt zu setzen. Wenn man sich damit beschäftigt, etwas Schönes zu erschaffen, dann löst dies bei einem selbst und bei anderen gute Emotionen und Gedanken aus, und davon kann man doch nie genug haben.

Die Aquarellmalerei bietet die ganze Bandbreite an bildnerischen Gestaltungsmöglichkeiten, ob florale Motive, Stillleben, Porträtmalerei, Urban Sketching, Illustration, es wird einem nie langweilig, und man kann künstlerisch stetig wachsen.

DIE TÄGLICHE PRAXIS

Als ich vor etwa 8 Jahren zu Instagram kam, war ich begeistert von der Vielzahl an anderen Künstler*innen, die täglich ihre neuesten Werke zeigten. Die Inspiration, die von ihnen ausging, war enorm motivierend. Durch sogenannte „Challenges“ hatte ich eine regelmäßige Übung und musste mir keine Gedanken über die Motivauswahl machen. Dadurch konnte ich feststellen, wie sehr sich meine Bilder im Laufe der Zeit verbesserten. Deshalb rate ich dir, wann immer es geht zu üben, auch wenn es vielleicht nur 10 Minuten am Tag sind. Und hebe deine Bilder auf jeden Fall auf, ganz besonders auch die, die dir vielleicht nicht so gut gelungen sind. Wenn du sie nach einem Jahr wieder anschaust, wirst du über deinen eigenen Fortschritt erstaunt sein.

Auch die Bilder, die man nicht so mag, sind noch lange nicht ‚verloren‘. Ich selbst liebe es, aus meinen ‚alten‘

Bildern Neues zu gestalten, sie weiterzuentwickeln. Nicht selten entstehen so kleine, abstrakte Gemälde oder Geschenkanhänger, Lesezeichen, Tiere oder auch einfach nur ein paar Herzchen, und die kann man doch immer gebrauchen. Zu wissen, dass auch dann, wenn ein Bild im ersten Anlauf nicht gelingt, es noch eine andere Verwendung finden kann, entspannt enorm.

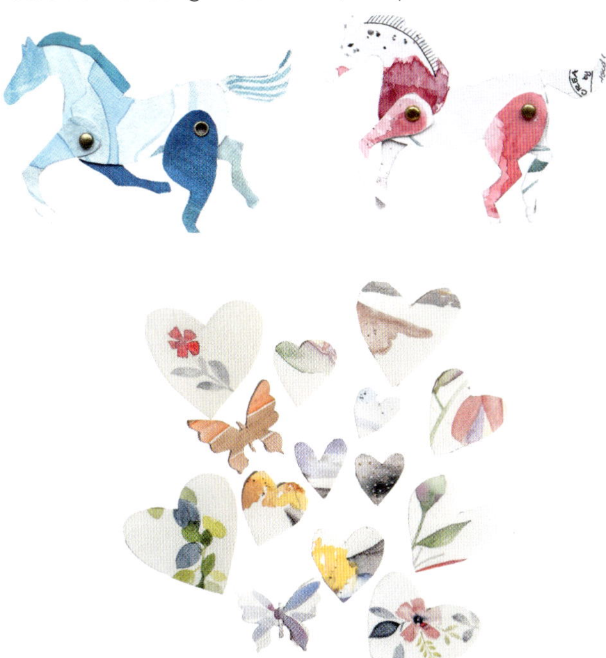

WIE MAN VON KÜNSTLERINNEN UND KÜNSTLERN AUS ALLER WELT LERNT

Gerade wenn man auf Instagram unterwegs ist, begegnet man schnell Künstler*innen, deren Werke man bewundert, und man fragt sich oft, wie sie zu ihren Ergebnissen gekommen sind.

In der Zeit der Pandemie gab es über das Internet vermehrt Livestreams, in denen viele Künstler*innen einen Einblick in ihre Arbeitsweise gezeigt haben. Ich fand das immer sehr erfrischend, interessant und lehrreich.

Deshalb finde ich es auch ausgesprochen hilfreich, dass es mittlerweile Internetplattformen gibt, auf denen viele Künstler*innen Online-Kurse anbieten, in denen sie ausführlicher auf ein Thema eingehen und man die Möglichkeit hat, den Kurs zeitlich unabhängig und in seinem eigenen Tempo zu absolvieren.

Es gibt verschiedene Internetplattformen, wie z. B. Skillshare, Patreon oder Domestica, wo du dir die Kurse und die Künstler*innen aussuchen kannst, die dich interessieren und in deiner Kunst weiterbringen.

Obwohl ich schon sehr lange male, habe ich mit solchen Kursen sehr gute Erfahrungen gemacht und immer etwas Neues dazugelernt. Natürlich ist es kein vollständiger Ersatz für Kurse oder Workshops vor Ort, wo man unmittelbar Antworten auf seine Fragen bekommt und beim Malprozess begleitet wird, aber es ist eine gute Alternative, von zu Hause aus und in seinem eigenen Tempo zu lernen.

Ich liebe auch Bücher und habe immer in Bücher investiert. Es ist etwas anderes, wenn man Illustrationen auf dem Papier direkt vor sich sieht und nicht nur im Internet.

Die Aquarellmalerei ist zu einem festen Bestandteil meines Lebens geworden, und ich möchte sie niemals mehr missen.

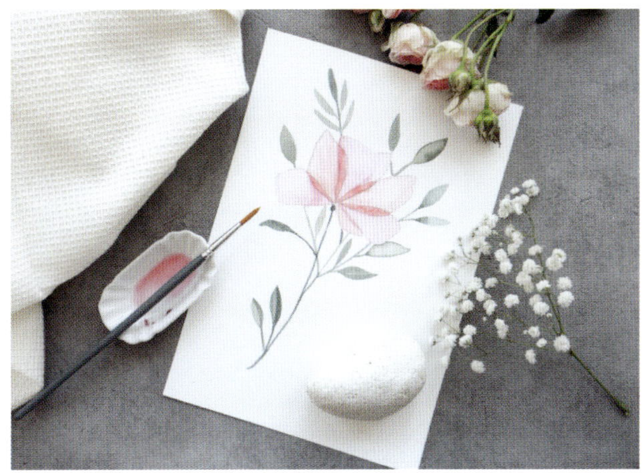

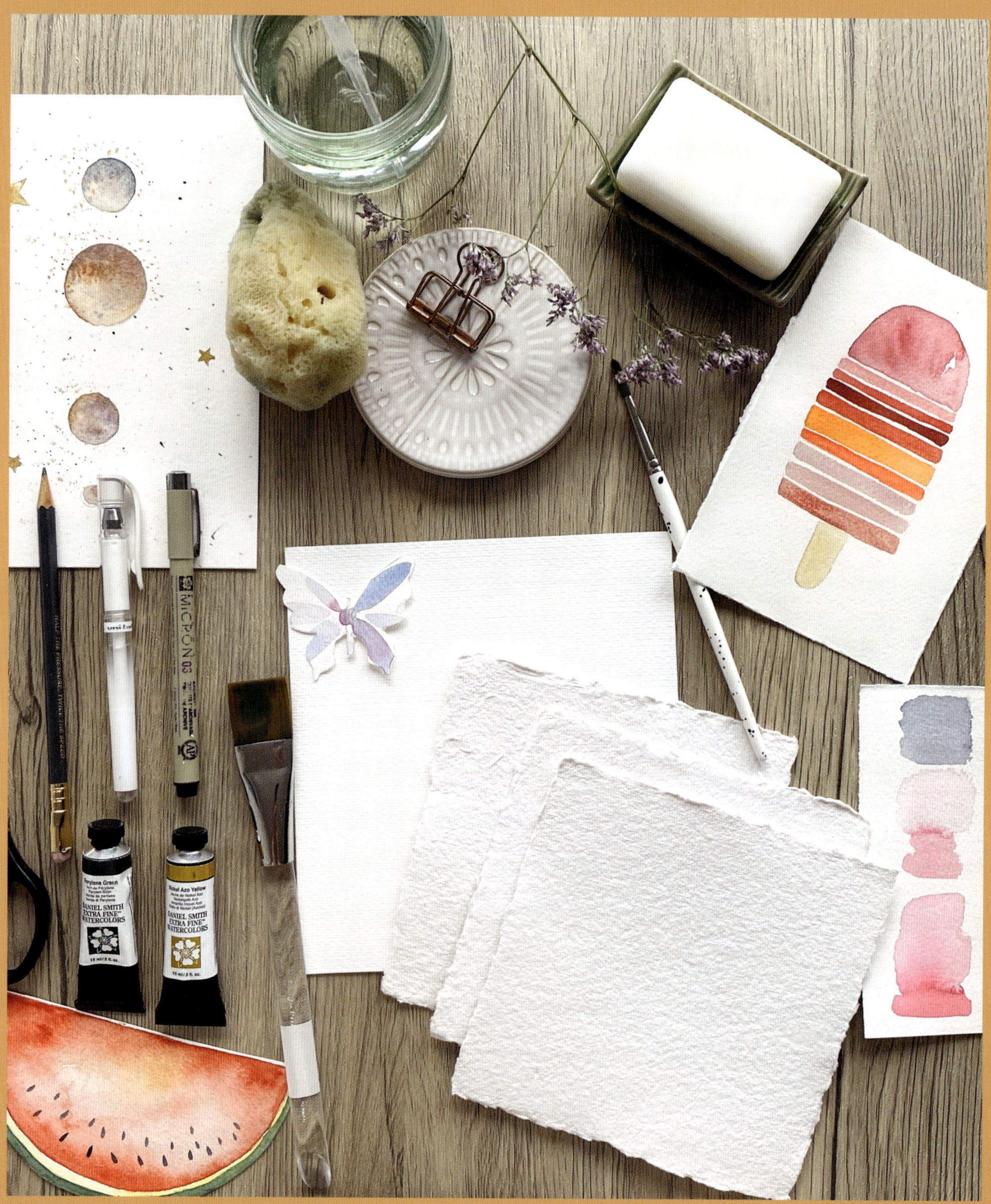
MICRON 03
Perylene Green
DANIEL SMITH
EXTRA FINE
WATERCOLORS
Nickel Azo Yellow
DANIEL SMITH
EXTRA FINE
WATERCOLORS

Grundlagen

In der Kunst ist es wie in anderen Bereichen auch: Um sich etwas Neues anzueignen, bedarf es einer gewissen Basis theoretischen Wissens und Technik.
Als ich mit dem Malen begann, wollte ich alles darüber wissen und las, was ich an entsprechender Literatur finden konnte. Ich nutzte jede freie Minute zum Malen und fühlte zum ersten Mal, wie es ist, wenn man für eine Sache regelrecht „brennt".
Wenn du von Anfang an das richtige Zubehör verwendest, dann sparst du nicht nur Geld, sondern es kann sogar darüber entscheiden, ob du an der Aquarellmalerei langfristig Spaß und Freude findest oder ob du es schon bald frustriert wieder sein lässt. Deshalb ist es mir ein großes Anliegen, dir so viele Informationen wie möglich über das Material und vor allem über das Verhalten von Farben zu geben, damit dir mancher Fehlkauf und manche Frustration erspart bleibt.

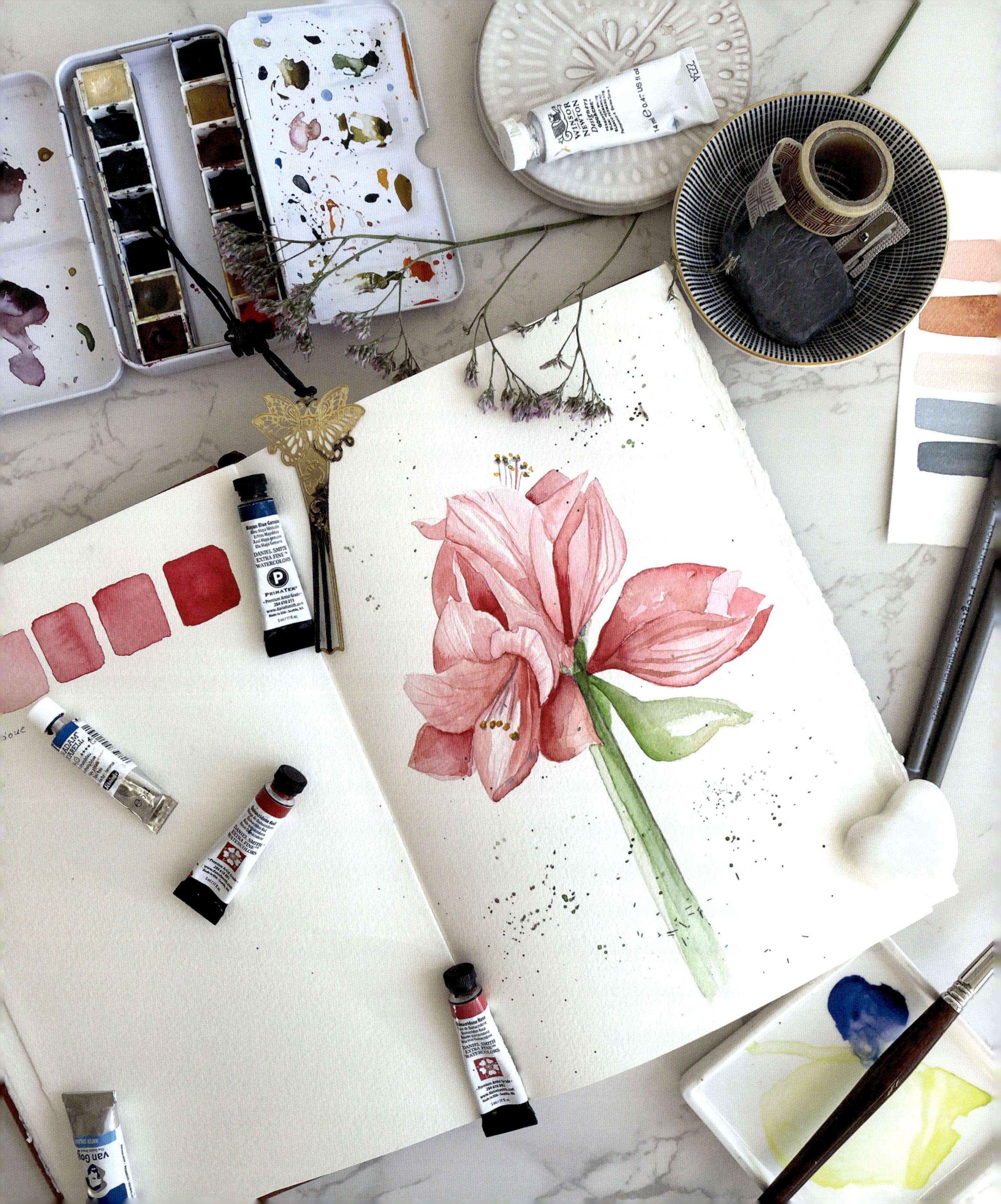

Das Material

*Im Laufe der Jahre habe ich viele Papiere, Farben und Pinsel ausprobiert und für mich mittlerweile das Material gefunden, mit dem ich gut zurechtkomme. Ich weiß jetzt, worauf ich beim Kauf achten muss und wie ich unnötige Investitionen vermeiden kann. Ich stelle dir meine Materialien vor und erzähle auch, warum ich diese nehme und wodurch sie sich von anderen unterscheiden. Als Anfänger*in ist man bei dem großen Angebot und der Vielzahl an Materialien sehr schnell überfordert. Mein Rat an dich: Kaufe am Anfang nicht zu viel, denn je mehr sich deine Malerei entwickeln wird, umso größer wird dein Vorrat werden. Du solltest keine Angst haben, teure Materialien zu ruinieren, sondern dich darauf konzentrieren, die Techniken zu erlernen und ausgiebig zu erforschen. Dafür ist ein überschaubares Sortiment völlig ausreichend. Für den Anfang reichen folgende Materialien: Aquarellpapier, einige Aquarellfarben, ein paar Pinsel, und dann kannst du auch schon sofort loslegen.*

Papier

Aquarellpapier wurde speziell entwickelt, um die Fließeigenschaften von Aquarellfarben zu handhaben. Das richtige Papier ist von grundlegender Bedeutung für die Freude am Malen, deshalb rate ich dazu, kein billiges Papier zu kaufen, denn wenn das Papier z. B. zu saugfähig ist, wird die Farbe schnell in die Papierfasern gesaugt, sodass du keine Zeit hast mit den Farben zu spielen. Wenn es nicht ausreichend saugfähig ist, bleibt die Farbe zu lange auf der Oberfläche und dringt nicht gleichmäßig in das Papier ein, und es können Trocknungsränder entstehen, die man nicht möchte.

Das Angebot an Aquarellpapieren ist groß, deshalb nenne ich dir hier bestimmte Kriterien, auf die du achten solltest, da sie bei der Wahl zum für dich am besten passenden Aquarellpapier entscheidend sind.

Papierarten

Aquarellpapiere unterscheiden sich in der Art und Weise der Herstellung, der Inhaltsstoffe und des Klebers, der dafür sorgt, dass die Farbe auf dem Papier haften bleibt. Die Oberflächenverklebung muss optimal sein, damit sich die Farbpigmente in das Papier festsetzen.

Aquarellpapier gibt es aus Zellstofffasern oder aus 100 % Baumwolle. Das Papier aus 100 % Baumwolle ist erheblich teurer als Papier aus Holzfasern (Zellulose), aber dafür hat es auch ganz entscheidende Vorteile: Auf Baumwolle dringt die Feuchtigkeit gleichmäßig ein, und die Farben wirken leuchtender, da die Pigmente tiefer in das Gewebe eindringen können. Das Papier aus Zellulose ist zwar preiswerter, hat aber auch Nachteile: Gerade bei dünnerem Papier verläuft das Wasser auf der Oberfläche nicht so gut, sodass die Farben fleckig aussehen können.

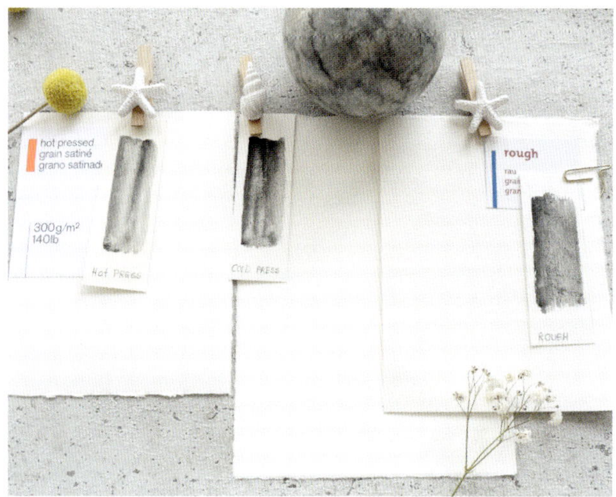

Alle Papiere sollten säurefrei sein, denn das ist das Kriterium dafür, dass sie mit der Zeit nicht vergilben oder zerfallen.

Ich empfehle dir, eine Papierstärke von mindestens 200 bis 300 g/m² (Gramm pro Quadratmeter) zu kaufen, denn sonst läufst du Gefahr, dass sich schneller Wasserpfützen bilden, dadurch unschöne Ränder entstehen und es zu einer ungleichmäßigen Farbintensität kommt. Generell kann man sagen: Je schwerer das Papier, desto mehr Wasser kann es aufnehmen. Ein Papier in einer Stärke von 640 g/m² wellt sich z. B. nicht, da es durch seine Dicke das Wasser sehr gut speichern kann. Es eignet sich hervorragend für Arbeiten, bei denen viel mit Wasser gearbeitet wird. Es ist meistens sehr teuer und gerade, wenn man am Anfang der Aquarellmalerei steht, benötigt man so ein dickes Papier eher nicht.

Die unterschiedliche Beschaffenheit von Papieren wird mit Begriffen wie satiniert, matt, feinkörnig, grobkörnig, oder rau beschrieben.

HOT PRESS

Satinierte Papiere sind immer hot pressed, d. h. heißgepresst. Das Rohpapier, das aus dem Sieb kommt, wird zwischen zwei erhitzten Walzen gepresst. Dadurch erhält es eine glatte Struktur. Es ist ideal für sehr detailreiche Arbeiten wie z. B. botanische Aquarelle. Das Wasser wird allerdings nicht so gut absorbiert wie bei den Papierarten „Cold Press“ oder „Rough“. Auf der glatten Oberfläche trocknen die Farben schneller als auf mattem Papier, daher muss man bei großen Flächen zügig arbeiten, wenn man Trocknungsränder vermeiden will. Der Vorteil bei glattem Papier ist, dass es sich besser einscannen lässt.

COLD PRESS

Kaltgepresste Papiere werden ohne Hitze auf den Walzen gepresst. Je nachdem mit welcher Matte gepresst wird, werden die Papiere eingeteilt in „Grobkorn“, „Rau“ oder „Torchon“. Wenn sie ohne spezielle Matten gepresst werden, erhalten sie die Struktur „Feinkorn“.

Meine Lieblingspapiere sind „Cold Press“ und „extra Fine“. Diese Papiere haben eine feine Struktur, können die Farbe gut aufnehmen, und Wasser und Farbe verteilen sich sehr gut und gleichmäßig, sodass man viele Techniken in seiner Arbeit integrieren kann. Es ist bestens geeignet für Anfänger*innen und das vielseitigste und beliebteste Papier unter Künstler*innen.

ROUGH

Hierbei handelt es sich um ein Papier mit einer sehr rauen Oberfläche und schweren Textur. Dieses Papier kann besonders viel Wasser halten, eignet sich sehr gut für Urban Sketching, Landschafts- und maritime Motive, da man hier schöne Granulier-Effekte erhalten kann. Für detailreiches Arbeiten ist es nicht geeignet.

Probiere am besten selbst einmal verschiedene Oberflächen aus, um zu sehen, mit welchem Papier du das beste Ergebnis erzielst.

Ist Aquarellpapier vegan?

Da der Grundbestandteil des Papiers Baumwolle oder Zellulose ist, sollte man meinen, dass die Papiere zu 100% vegan sind. Die meisten maschinell hergestellten Papiere erhalten bei der Herstellung aber eine Beschichtung der Fasern mit einem Kleber, damit die Papiere die Farbe und das Wasser aufnehmen und halten können. Das Kleben kann auf der Basis von Gelatine (tierischen Ursprungs) oder einem pflanzlichen Klebstoff, z. B. Stärke, erfolgen. Sofern der Hersteller diese Angaben nicht macht, kannst du nicht wissen, ob das Kleben auf tierischer oder pflanzlicher Basis erfolgt.

Zum Ausprobieren und Üben nutze ich sehr gerne den Spiralblock von Canson, cold pressed, 330 g/m². Der Vorteil bei einem Spiralblock ist die Möglichkeit, an mehreren Projekten gleichzeitig zu arbeiten. Das Papier ist formstabil und wellt sich nicht. Es lässt sich auch wunderbar zu Karten, Anhängern oder Lesezeichen weiterverarbeiten, da es fest genug ist und nicht nochmal extra auf einem anderen Untergrund aufgeklebt werden muss.

Nach meinen Recherchen sind dies Papiere, die keine Gelatine enthalten:

- Fabriano Artistico
- Hahnemühle
- Canson Montval
- Sennelier

Die Arches-Papiere hingegen sind alle auf Gelatinebasis. Das ist auch bei Winsor & Newton, Khadi und der Saunders-Reihe der Fall.

Es müssen jedoch meiner Meinung nach nicht immer die Papiere höchster Qualität sein. Bei meinen Favoriten findest du Papiere unterschiedlicher Preisklassen, ich habe alle getestet und kann sie weiterempfehlen.

Meine Empfehlungen

Ich malte früher viele Bilder auf dem Block „Hahnemühle – Anniversary Edition". Das Papier besteht zu 100% aus Zellulose. Es ist 425 g/m² schwer und daher sehr formstabil. Es verzeiht Fehler, weil man schnell ein Zuviel an Farbe auf dem Papier wieder aufsaugen kann. Außerdem mag ich die weiße Färbung des Papiers und seine Festigkeit.

Papiere, die zu 100% aus Baumwolle bestehen, gehören zu meinen Favoriten. Es hat lange gedauert, bis ich sie mir mal geleistet habe, denn sie sind wesentlich preisintensiver als Papiere aus Zellulose. Aber es ist ein deutlicher Unterschied, und man sollte diese Erfahrung unbedingt machen.

Wenn man nur kleine Illustrationen macht, braucht man sie nicht unbedingt, denn ihre volle Schönheit entfalten sie erst, wenn viel Wasser und mehr Pigmente im Spiel sind.

Diese Papiere aus Baumwolle sind meine Favoriten:

- Arches, cold pressed, 300 g/m², pure Cotton
- Fabriano Artistico Extra White, 300 g/m², 100% Cotton

Die Papiere von Fabriano Artistico und von Arches kaufe ich in großen Bögen und reiße es mir dann in das Format, das ich benötige. Das ist kostengünstiger, als die entsprechenden Malblocks zu kaufen. Beim Reißen entstehen ausgefranste Ränder, was ich aber sehr mag.

Die Firma Hahnemühle bietet mit dem Block „Watercolour Selection" einen Block an, der unterschiedliche Papierstärken und Strukturen beinhaltet und daher sehr empfehlenswert ist, um unterschiedliche Stärken und Strukturen auszuprobieren.

Wenn du wegen des Preisunterschiedes zögerst, dann kaufe zwei Blöcke, damit du zwischen den beiden Papieren wechseln kannst. Du kannst deine Übungen auf Papieren mit Zellulose machen, und für deine Projekte verwendest du dann 100% Baumwolle, um gelungene Aquarelle herzustellen.

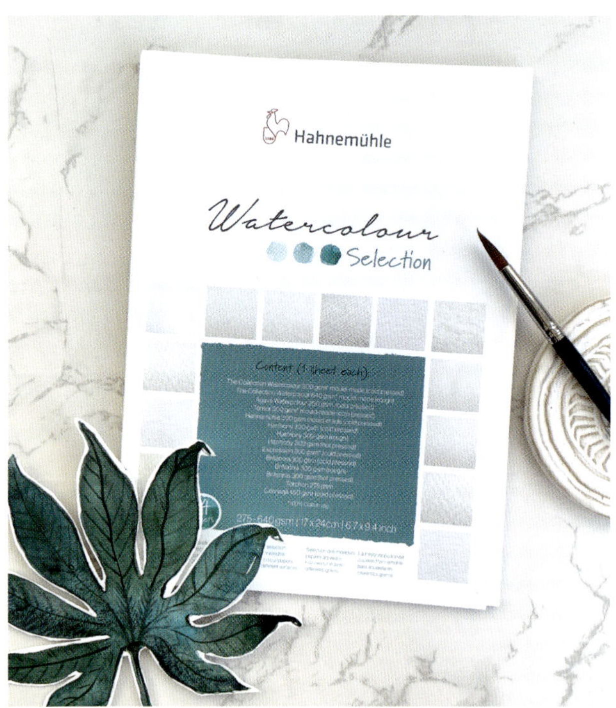

KLEINER TIPP ZUM PAPIERVERBRAUCH:
Wenn ich einen neuen Block teste, teile ich das Papier in 4 Teile, damit ich in einem kleinen Format erst mal ausprobieren kann, wie sich das Papier verhält.

Pinsel

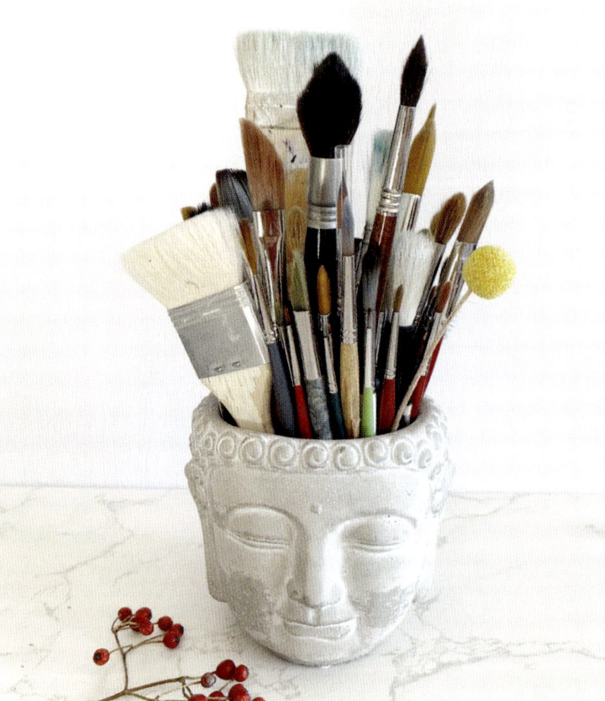

Pinsel gehören zum Hauptwerkzeug für das Malen deiner Aquarelle. Mit guten Aquarellpinseln hast du ein völlig anderes Malerlebnis, und sie entscheiden über das Endergebnis deiner Bilder. Deswegen rate ich dir, ähnlich wie schon bei den Aquarellfarben, davon ab, Pinsel in großen Packungen zu kaufen. Meistens verlieren diese Pinsel schnell ihre Form oder sind nicht fest genug gebunden, und die Haare fallen nach einer Weile aus. Mit einem Pinsel von guter Qualität kannst du mehr anfangen als mit 15 von schlechter Qualität. Wenn man sich anschaut, was ein guter Pinsel ausmacht, dann versteht man, wieso es hier große Qualitätsunterschiede gibt und dass es besser ist, lieber in ein paar wenige zu investieren.

Wie ist ein guter Pinsel zusammengesetzt?

Ein Pinsel besteht aus drei Hauptteilen. Zuerst kommt der Pinselkopf. Dieser besteht aus Borsten oder Haaren und enthält einen Bauch und eine Spitze. In der Aquarellmalerei ist der Bauch sehr wichtig, da dieser das Wasser hält und man deshalb eine ganze Weile malen kann, ohne ihn erneut in das Wasser oder die Farbe einzutauchen. Das sorgt für einen flüssigeren und kontinuierlichen Pinselstrich. Die Pinselspitze sollte spitz sein, sodass du damit feine Linien ziehen kannst.

Der Kopf wird von der Aderendhülse festgehalten. Diese ist ein Metallhalsband, das gut konstruiert sein muss, damit die Haare im Laufe der Zeit nicht herausfallen. Die Aderendhülse schützt auch den Holzgriff vor Feuchtigkeit. Die Griffe werden normalerweise aus Hartholz hergestellt, und auf dem Griff sind oft der Name des Herstellers sowie die Pinselgröße angegeben.

Die wichtigste Eigenschaft ist die Saugkraft des Pinsels, da du die Farben zunächst mit Wasser löst, bevor du sie aufs Papier bringst.

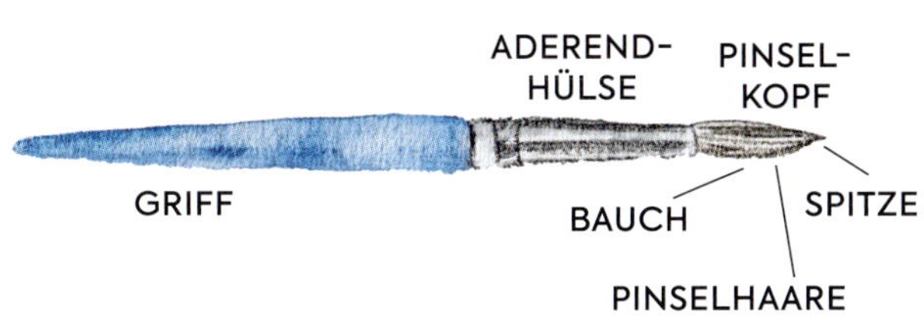

Pinselhaare

Der Hauptunterschied zwischen den Aquarellpinseln besteht aus den feinen, weichen Haaren, aus denen sie gefertigt sind. Sie können aus Kunsthaar (Synthetik), Naturhaar oder einer Mischung aus beidem bestehen.

PINSEL AUS SYNTHETIKFASERN

Nach der Berührung mit Wasser nehmen sie wieder ihre ursprüngliche Form an, allerdings können sie nicht so viel Wasser speichern wie Pinsel, die aus Naturhaar hergestellt sind. Das bedeutet, dass du während des Malens öfter Farbe oder Wasser aufnehmen musst. Sie sind für Anfänger*innen gut geeignet, da die Haare etwas fester sind als bei Naturhaarpinsel und dadurch mehr Kontrolle über den Pinsel möglich ist.

PINSEL AUS EINER SYNTHETIK-NATUR-MISCHUNG

Auch diese Pinsel nehmen in Berührung mit Wasser wieder ihre ursprüngliche Form an. Die Pinselspitze ist spitz und ihre Fähigkeit, Wasser zu halten, ist gut. Sie sind ebenfalls sehr gut für Anfänger*innen geeignet.

NATURHAARPINSEL

Pinsel aus Naturhaar sind langlebig und weich. Sie haben die ausgezeichnete Fähigkeit, Wasser zu speichern, und geben dies auch langsamer und gleichmäßig ab. Dadurch bist du in der Lage, große Flächen in einem Zug zu malen. Das ist ein großer Vorteil, denn so wird eine Fläche sehr gleichmäßig eingefärbt, ohne dass man Pinselspuren erkennt.

Kolinsky-Marderpinsel haben sich für diesen Zweck bewährt und sind eine gute Wahl für Pinsel mit Naturhaaren und auch für Anfänger*innen gut geeignet.

Pinselsorten

RUNDPINSEL

Der bekannteste und vielseitigste Pinsel ist der Rundpinsel. Er hat eine bauchige Form, mit der er viel Wasser speichern kann, und läuft am Ende zu einer feinen Spitze zusammen. Mit ihm gelingt es, Details im Bild hervorzuheben, verschiedene Strichbreiten zu malen, aber auch große Flächen einzufärben.

FLACHPINSEL

Bei einem Flachpinsel sind die Haare flach angeordnet, und du kannst mit ihm mühelos gerade, breite oder schmale Linien ziehen. Ein breiter Flachpinsel ist eine große Hilfe, um eine gleichmäßige, streifenfreie Lavierung, wie beispielsweise bei einem Himmel, anzulegen. Mit einem kleinen Flachpinsel kannst du beispielsweise ein Ziegeldach oder ein Mauerwerk darstellen.

Neben diesen beiden Pinselsorten, mit denen du eigentlich schon alles abdecken kannst, was du in der Aquarellmalerei benötigst, gibt es noch eine Reihe von Spezialpinseln, die einem die Arbeit erleichtern können, aber nicht zwingend gebraucht werden. Dennoch möchte ich sie dir vorstellen.

VERWASCHPINSEL

Ein Verwaschpinsel ist ein Rundpinsel, der mit sehr vielen, dichten, locker gebundenen Haaren ausgestattet ist. Er speichert sehr viel Wasser und ist damit zum Einfärben von größeren Farbflächen sehr gut geeignet. Auch beim Malen großer Blüten eignet er sich, da die Pigmente durch das im Pinsel gehaltene Wasser sehr transparent aufs Papier transportiert werden und die Blüten frühlingshaft und leicht erscheinen.

SCHLEPPERPINSEL

Beim Schlepperpinsel, den man auch Rigger nennt, sind die Haare sehr schmal gebunden und länger als bei anderen Pinseln. Dadurch bist du in der Lage, sehr feine Linien zu ziehen, wie beispielsweise bei Ästen oder Gräsern.

SCHWERTPINSEL

Die Spitze des Pinsels ist abgeschrägt und ermöglicht es, lange und geschwungene Linien zu malen. Es verlangt ein bisschen Übung, aber irgendwann bist du in der Lage, in einem Schwung eine schöne Blattform zu malen.

DER FÄCHERPINSEL

Mit dem Fächerpinsel gelingt es, Strukturen wie Gras oder Tierfell in einem Strich anzudeuten.

KATZENZUNGENPINSEL

Diesen Pinsel gibt es in abgerundeter und spitz zulaufender Form. Die Form ermöglicht einen gleichmäßigen Farbauftrag und weiche Farbübergänge, ebenso das Malen von Details und feinen Linien. Die abgerundete Form kann man sich beim Malen von Blütenblättern zunutze machen, indem man diese durch das leichte Aufdrücken der Pinselspitze auf das Papier formt.

WASSERTANKPINSEL

Gerade wenn du unterwegs malst, ist es sehr praktisch, einen Wassertankpinsel dabeizuhaben. Dieser Pinsel ist mit einem kleinen Wasserkanister ausgestattet, und wenn du beim Malen darauf drückst, fließt Wasser aus der Pinselspitze heraus.

TIPP:
Wenn du die Pinselspitze in zwei unterschiedliche Grüntöne eintauchst, entstehen sogar schon in einem Farbauftrag wunderschöne Farbverläufe.

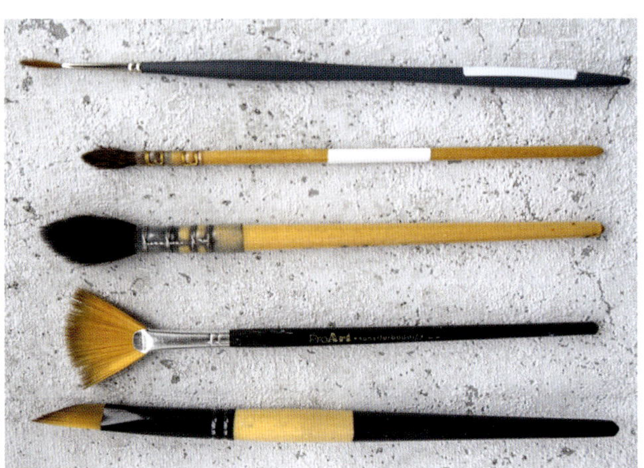

Pinselgrößen

Zur Grundausstattung genügen einige wenige Pinsel, die Größe ist abhängig von deinem Malstil und dem verwendeten Papierformat. Mittlere Rundpinsel sind die vielseitigsten. Kleinere Rundpinsel werden für detaillierte Arbeiten benötigt, und ein großer Pinsel eignet sich gut, um größere Flächen einzufärben.

Die Hersteller bieten unterschiedliche Größen an, jedoch sind die Größen nicht genormt, sodass sie je nach Hersteller unterschiedlich ausfallen können. Ein Pinsel der Nr. 8 von Winsor & Newton hat möglicherweise nicht genau die gleiche Größe wie ein Pinsel Nr. 8 von da Vinci.

Die Pinsel sind nach einem Nummerierungssystem geordnet. Die gängigsten Pinselgrößen reichen von 000 (klein) bis 30 (groß).

Mein Rat wäre es, nicht mit zu kleinen Pinseln anzufangen, denn mit einem kleinen Pinsel entstehen zu viele Spuren und Ränder. Durch den größeren Pinsel wird automatisch auch die Farbpfütze auf der Palette größer, und die Farbe kann auf dem Papier fließen.

TIPP:
Bei den unterschiedlichen Pinselgrößen gilt als Maßgabe: Große Pinsel verwendet man für große Flächen, kleine Pinsel für kleine Flächen.

Meine Lieblingspinsel

Ich habe viele Pinsel, was daran liegt, dass ich lange auf der Suche nach den richtigen Pinseln war, aber mittlerweile nehme ich fast ausschließlich diese hier:

RUNDPINSEL

- Pinselset von Escoda Versatil (Laurin McCracken) in Gr. 10, 6, 4
- Royal Talens Rembrandt, Petit Gris, Nr. 00

FLACHPINSEL

- großer Flachpinsel: da Vinci Serie 18, Nr. 20 mit Plexi-Stiel
- Kleiner Flachpinsel: da Vinci Fit Synthetics, Gr. 6 – 10
- Schlepperpinsel Gr. 6 oder 8

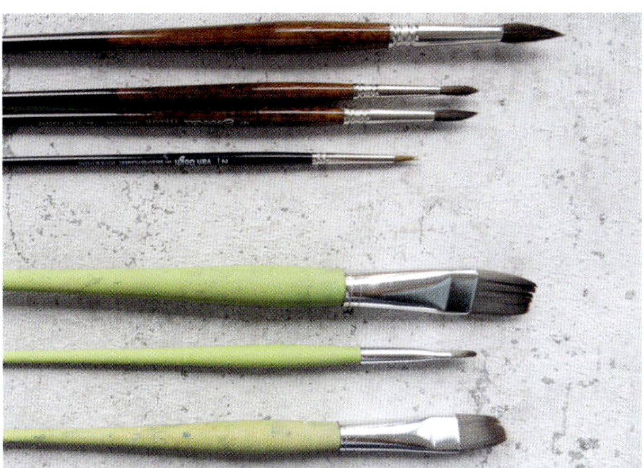

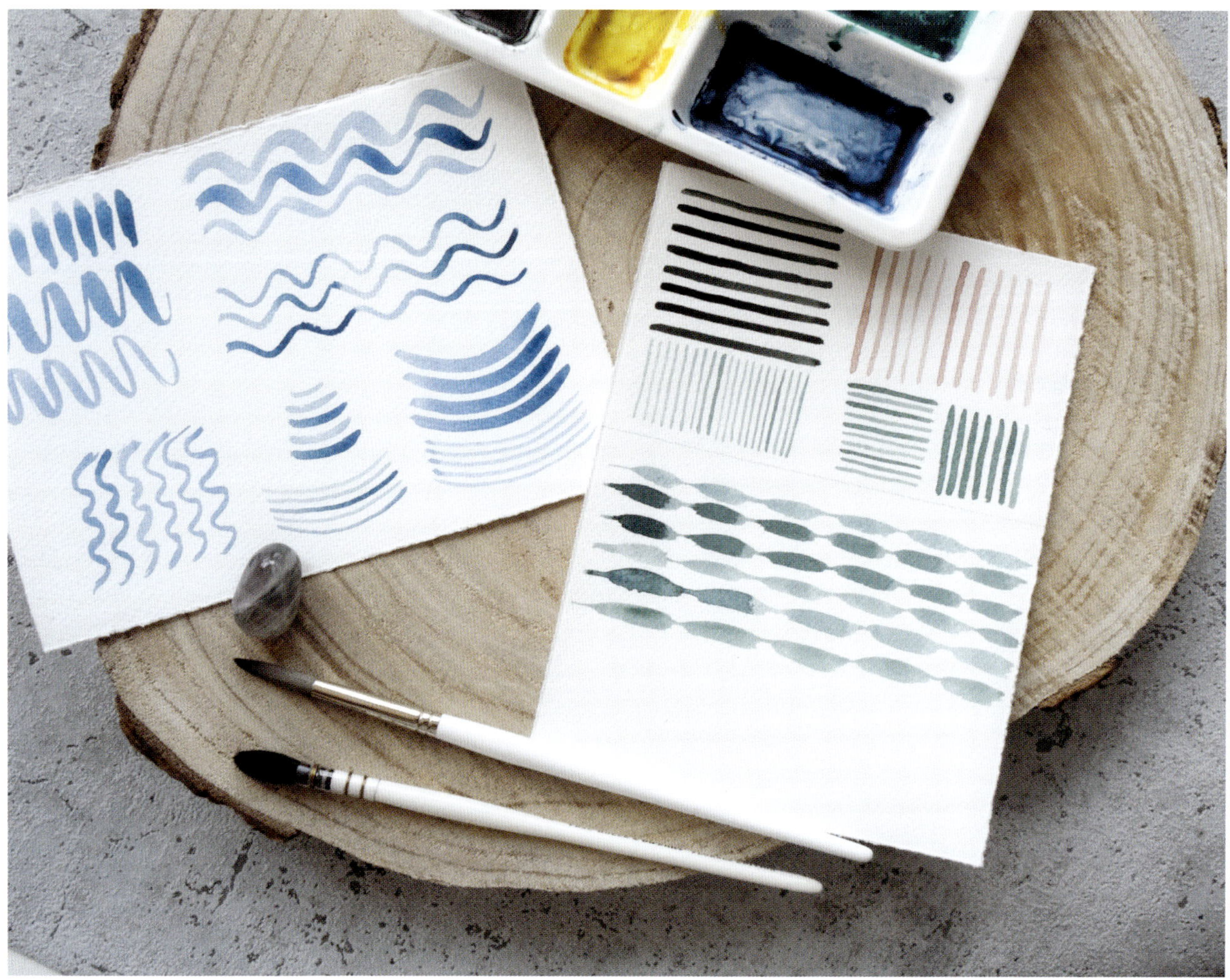

Lass den Pinsel tanzen

Stell dir vor, dein Pinsel ist dein Tanzpartner. Du musst ihn erst einmal kennenlernen, mit ihm Positionen erkunden und vor allem locker werden. Deine Hand muss sich erst einmal an ihn gewöhnen. Jede Übung ist eine gute Investition und hilfreich für alles, was du in Zukunft malen wirst.

Bevor du ein Bild malst, empfehle ich dir, immer mit dem Pinsel vorab ein paar Aufwärmübungen zu machen, dann tanzt er mit dir über das Papier.

Für die Übungen, die ich dir im Folgenden zeige, benötigst du einen Rundpinsel etwa der Gr. 6, einen Bogen Aquarellpapier und zwei Farben deiner Wahl.

Es ist wichtig, dass du die Übungen auf Aquarellpapier machst, denn du musst dich an das Papier gewöhnen und erfahren, wie stark es die Feuchtigkeit aufsaugt und wie weit du mit deinem Pinsel eine Linie ziehen kannst, bevor du wieder Wasser aufnehmen musst.

Übung Nr. 1

Wähle dir 2 Farben deiner Wahl aus und mische sie auf einem Teller oder einer Palette mit genügend Wasser an. Dann nimmst du deinen Rundpinsel und beginnst mit einer Farbe dünne Linien mit der Pinselspitze zu ziehen.

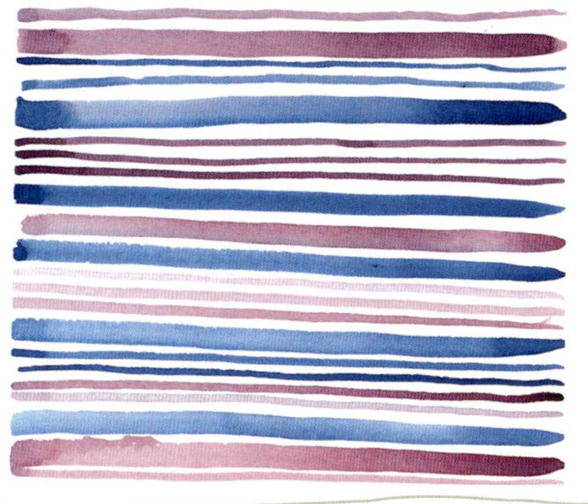

Übung Nr. 2

Danach versuchst du, die Linien mit der Pinselbreite zu ziehen. Pinselbreite bedeutet, dass du den Pinsel mit der ganzen Fläche auf das Papier aufdrückst.

Wiederhole das mehrmals und abwechselnd, bis das ganze Papier vollgemalt ist. Versuche, so gut es geht, die Abstände sehr gering zu halten. Das ist komplizierter, als es scheint.

Wenn du das ein paarmal gemacht hast, wirst du schnell merken, dass deine Linien immer gerader und präziser werden. Wiederhole den Vorgang in gleicher Weise, allerdings ziehst du jetzt die Linien von oben nach unten.

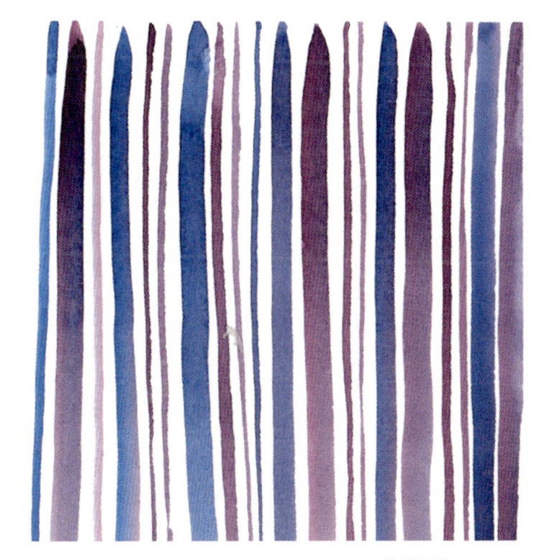

Übung Nr. 3

Nun male Wellenlinien, zuerst waagrecht und dann senkrecht.

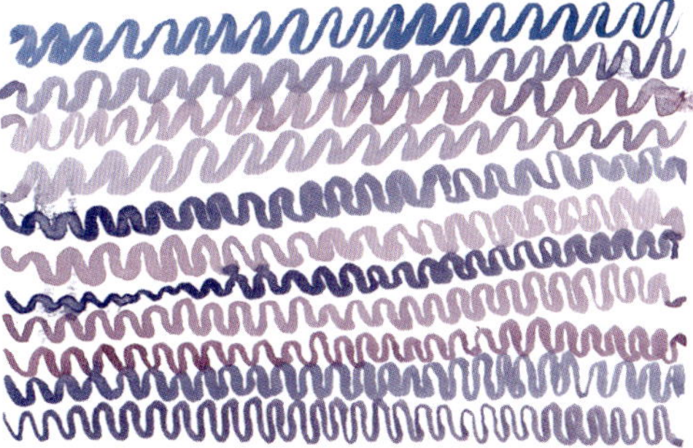

Achte einmal darauf, an welcher Stelle du den Pinsel festhältst. Je weiter vorne du ihn hältst, desto mehr Kontrolle hast du beim Malen, je weiter hinten du ihn hälst, desto lockerer und geschwungener werden deine Linien sein.

Kontrolle über den Pinsel

Zur Kontrolle des Pinsels solltest du Folgendes wissen:

Wenn du mit feuchtem Pinsel auf trockenes Papier malst, hast du die volle Kontrolle, du kannst entscheiden, wie dick oder wie dünn dein Pinselstrich ist.

Wenn du allerdings mit dem feuchten Pinsel auf nasses Papier malst, hast du nur bedingt Kontrolle, da sich die Farbe automatisch dahin ausbreitet, wo Feuchtigkeit ist. Allerdings hast du hier die Möglichkeit, mit einem trockenen Pinsel wieder Feuchtigkeit wegzunehmen, und damit doch eine gewisse Kontrolle.

Aquarellpinsel richtig pflegen

Pinsel können sehr teuer sein, aber wenn du deine Pinsel gut pflegst, hast du auch sehr lange etwas von ihnen. Deshalb solltest du auf Folgendes achten:

- Spüle deine Pinsel nach dem Malen immer mit klarem Wasser aus, entferne das überschüssige Wasser, bring die Spitze in Form, bevor du ihn liegend trocknen lässt. Er muss trocken sein, bevor du ihn mit der Spitze nach oben in ein Gefäß stellst, denn wenn Wasser in der Zwinge bleibt, kann dies mit der Zeit zu Haarbruch führen.
- Vermeide möglichst, während des Malprozesses deinen Pinsel mit der Spitze nach unten im Wasserglas stehen zu lassen, denn dadurch verbiegen sich die feinen Haare an der Spitze.
- Benutze deine Pinsel nur für Aquarellfarben. Lediglich Gouache ist noch erlaubt, da diese Farbe ähnlich ist und sich vollständig auswaschen lässt.
- Lege deinen Pinsel erst in einen Behälter, wenn er ganz getrocknet ist, und möglichst so, dass Luft drankommt, sonst könnten die Haare schimmeln. Eine Stofftasche oder Bambusrolle ist dafür sehr empfehlenswert.

TIPP:
Wenn du einen neuen Pinsel kaufst, wirst du feststellen, dass die Haare zusammengeklebt und hart sind. Das liegt daran, dass sie mit einer Gummiarabikum-Lösung beschichtet sind, um sie während des Versandes zu schützen. Das Gleiche kannst du auch tun, falls du deine Pinsel schützen willst, z. B. für den Fall, dass du sie längere Zeit nicht in Gebrauch hast, oder wenn sie mit dir auf Reisen gehen. Von der Firma Windsor & Newton gibt es eine flüssige Form von Gummiarabikum. Damit kannst du deinen Pinsel in Form bringen und trocknen lassen.

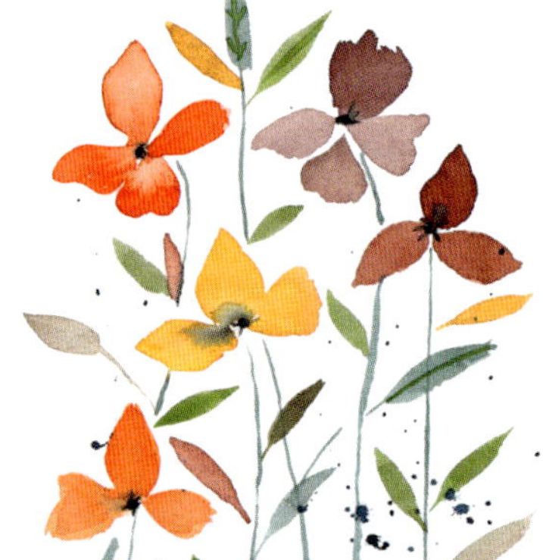

Pinsel reinigen

Im Laufe der Zeit neigen Pigmente, Farbbinder, Staub und Schmutz dazu, sich in den Haaren anzusammeln. Einige Farbpigmente (z. B. die Phthalo-Familie) können die Haare deines Pinsels so sehr verfärben, dass eine gute Reinigung mit einer Seife notwendig und sinnvoll erscheint, denn nur wenn dein Pinsel sauber ist, werden auch deine Farben leuchten.

Der beste Weg, um deine Pinsel zu reinigen, ist, eine milde Seife zu verwenden, vorzugsweise eine Seife, die pflanzliche Öle verwendet und keine Zusatzstoffe enthält.

Ich nehme gerne meine saubere Keramikpalette, um die Pinselhaare mit der Seife zu reinigen, denn auf der weißen Oberfläche kann ich gut sehen, wie viel Pigment während der Reinigung aus dem Pinsel kommt.

Bei der Reinigung meiner Pinsel gehe ich immer so vor:

1. Ich tauche den Pinsel in Wasser, sodass er gut durchnässt wird.
2. Ich nehme etwas von der Seife, in etwa so als wenn ich Farbe von der Palette nehmen würde.
3. Ich drehe die Bürste im Kreis, sodass die Pinselhaare entlang ihrer Länge gezogen werden.
4. Ich spüle den Pinsel aus und wiederhole den Vorgang, bis ich keine Farbreste mehr sehe.

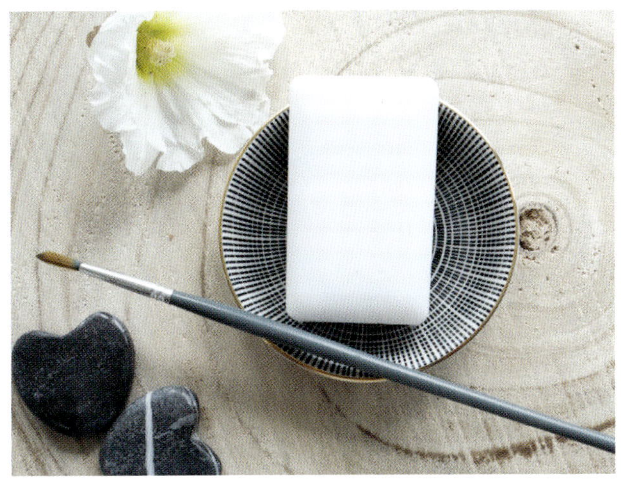

TIPP:
Denke daran, vor dem Malen deinen Pinsel immer an der Palette abzustreifen. Damit verringerst du die Gefahr, dass im Pinsel zu viel Wasser gespeichert ist, und dünnere Linien gelingen somit besser.

Aquarellfarbe

„Farbe ist eine Kraft, die die Seele direkt beeinflusst."
(Kandinsky)

Die Besonderheit von Aquarellfarben

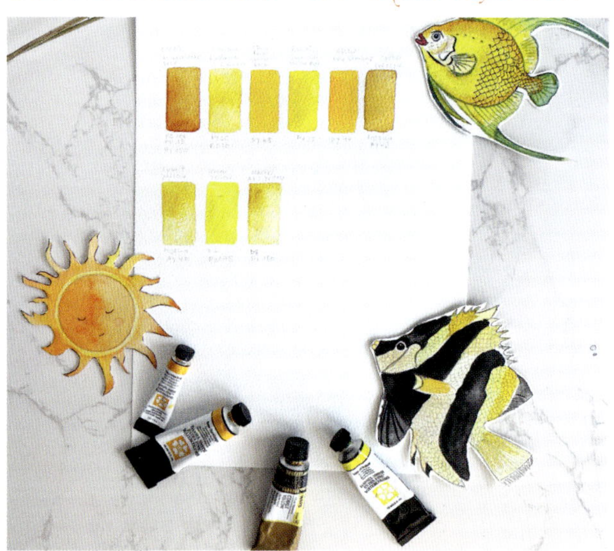

Aquarellfarben haben die einzigartige Eigenschaft, transparent zu sein, d. h., wir können eine Farbe sehen, die unter einer anderen liegt. Das macht Aquarellfarben so besonders. Die leuchtenden Tönungen, die mit dem Aquarell erzeugt werden, werden durch das Licht ermöglicht, das von weißem Papier reflektiert und gebrochen wird. Man muss sich die Oberfläche eines Aquarells wie die Pixel eines Bildschirms vorstellen: Millionen von winzigen Punkten, durch die Licht fließt.

Pigmente

Die Transparenz und Deckkraft einer Farbe hängt mit der Struktur der Elementarpartikel des Pigments zusammen, aus dem sie besteht.

Wenn man sich Pigmente unter einem Mikroskop anschaut, kann man sehen, dass einige durchscheinend erscheinen, wie farbige Kristalle, die Licht durchlassen.

Die Qualitätsfarbe der Künstler besteht aus echtem Pigment, das zu mikroskopischen Partikeln geschliffen wird, z. B. Titandioxid, Zinkoxid und Eisenoxid.

Cadmium und synthetische Eisenoxide sind viel dichter und lassen weniger Licht durchscheinen.

> Die Struktur der Partikel eines Pigments und die Art des Bindemittels bestimmen die Transparenz oder Opazität einer Farbe.

Pigmente sind meist pulverförmige Farbmittel, die im Gegensatz zu Farbstoffen in keiner Flüssigkeit löslich sind. Sie bilden als feine Pulver die Grundlage für unsere Malfarben.

In Aquarellfarben werden die Partikel in Gummiarabikum gebunden. Gummiarabikum ist das Harz einer Akazie, das leicht durch Wasser gelöst werden kann, sodass das Pigment, das im Wasser gehalten wird, in dünnen Schichten auf das Papier aufgeschwemmt wird.

Man unterscheidet organische (natürliche) Pigmente und synthetisch (künstlich) hergestellte Pigmente. Organische Pigmente werden u. a. aus Erden gewonnen,

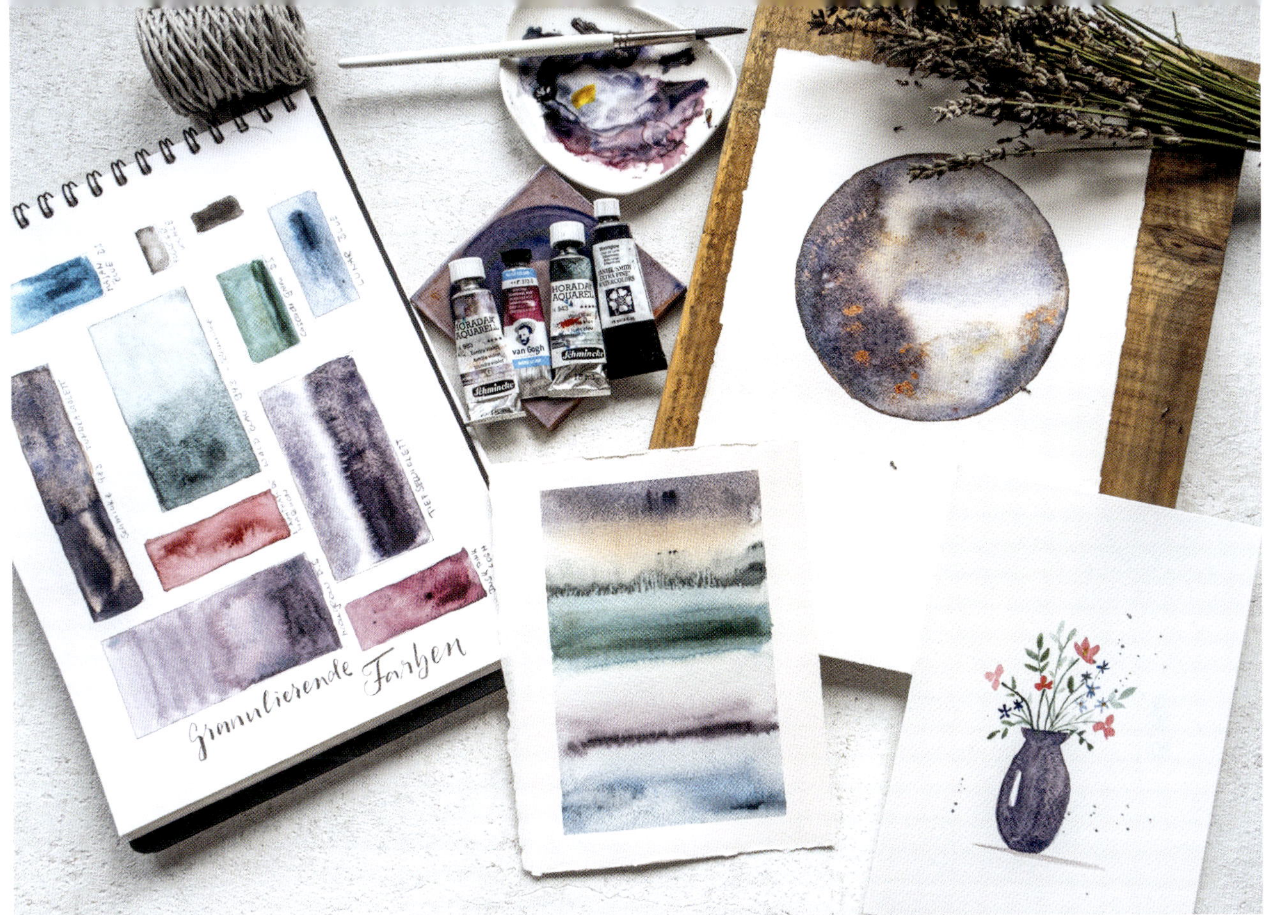

nach heutigem Wissen war z.B. das rote Ocker das erste von Menschen genutzte Farbpigment. Rote Pigmente werden auch aus Insekten gewonnen, speziell aus der Familie der Schildläuse.

Organische Pigmente haben auf dem Papier ein glatteres Erscheinungsbild, die Mineralien dagegen haben eine körnige Struktur und neigen eher zur Granulation. (siehe Seite 29).

Die meisten Pigmente sickern in die Fasern des Papiers ein und färben den Stoff mehr oder weniger, während andere zwischen den Fasern sitzen und daher in unterschiedlichem Maße wieder ausgewaschen werden können, auch wenn die Farbe getrocknet ist. Bei einigen Farben sind die kleinen Teilchen stark in der Überzahl, das trifft zum Beispiel für die Farbtöne Phthaloblau, Phthalogrün, Indanthrenblau und Quinacridon Rosa zu.

Das Verhältnis von Wasser zu Pigment wirkt sich direkt auf die Transparenz deiner Aquarelle aus. Je mehr Wasser du verwendest, desto heller und transparenter wird die Farbmischung. Wünschst du dir dunklere Töne, benötigst du eine höhere Konzentration an Pigmenten und eine kleinere Menge an Wasser.

Synthetisch hergestellte Pigmente gibt es erst seit 1704. Das erste hieß „Berliner Blau". Erst im Jahre 1858 kam das Pigment Magenta hinzu. Doch die eigentliche chemische Farbrevolution kam erst später im 19. Jahrhundert, mit der Farbe Alizarin. Die beiden Chemiker Carl Graebe und Carl Liebermann fanden einen Weg, das für seine Farbe verantwortliche Molekül zu reproduzieren. Diese Entdeckung war bahnbrechend und bereitete den Weg zu der breiten Palette an Farben, die heute alltäglich geworden sind.

Was bedeuten die Buchstaben und Zahlen auf der Verpackung?

Auf der Verpackung stehen die Buchstaben CI und eine Zahl. CI bedeutet Color Index. Dieser Color Index ist international standardisiert, d.h. dass die Pigmente weltweit die gleichen Abkürzungen haben, und er besteht aus einer Kombination von Buchstaben und Zahlen, die immer mit einem P beginnt. Jede Farbe besteht aus Pigmenten, und jedes Pigment ist eine chemische Zusammensetzung und hat sowohl einen chemischen Namen als auch eine Abkürzung. Der darauffolgende Buchstabe ist der Anfangsbuchstabe des englischen Namens der Farbtongruppe.

PW – pigment white

PY – pigment yellow

PO – pigment orange

PR – pigment red

PV – pigment violet

PB – pigment blue

PG – pigment green

PBr – pigment brown

PBk – pigment black

Es ist also in allen Farben, in denen z.B. PB 28 draufsteht, auch dieses bestimmte Pigment drin, egal von welchem Anbieter. Aus der Kombination aus Buchstaben und Zahlen kannst du dann erkennen, aus welchen Pigmenten sich die Farbe zusammensetzt.

Aquarellfarben kaufen

Aquarelle gibt es in einer Vielzahl von verschiedenen Formen. Wenn du einen Kunstladen betrittst oder online stöberst, wirst du Aquarellnäpfchen, -tuben oder Aquarell in flüssiger Form finden. Die große Auswahl kann überwältigend sein, vor allem, wenn du noch am Anfang stehst und nicht weißt, wonach du suchen sollst. Ich werde dir daher den Unterschied erklären, den es zwischen Näpfchen, Tuben und flüssiger Farbe gibt. Zudem werde ich dir die Vor- und Nachteile aufführen, damit du besser entscheiden kannst, mit welcher Art von Aquarellfarbe du deine kreative Reise beginnen möchtest.

NÄPFCHEN

Aquarellfarben werden in halben und in ganzen Näpfchen angeboten. Man kann sie einzeln oder in einem fertigen Sortiment in einem Malkasten kaufen.

Kleiner Tipp: Wenn ich Farben im Näpfchen verwende, füge ich allen Farben, die ich verwenden möchte, mit einer Pipette ein paar Tropfen sauberes Wasser hinzu. Dadurch wird die Farbe aktiviert und ist einsatzbereit.

Nach dem Malen kann der Deckel geschlossen werden, und die Farben können bis zum nächsten Gebrauch trocknen. Farben im Näpfchen sind einfach zu handhaben und ideal für Anfänger*innen. Diese Farben gibt es in einer günstigeren Preisklasse, aber auch als professionelle Künstlerfarben.

TUBENFARBEN

Tubenfarben sind den Näpfchenfarben sehr ähnlich. Der größte Unterschied ist, dass man diese Farben auf eine Palette geben kann oder sie auch in leere Näpfchen füllen kann. Man fragt sich, wieso man diesen zusätzlichen Schritt machen muss, wenn es doch schon fertige Näpfchen gibt, aber dafür gibt es mehrere Gründe:

Tuben enthalten viel mehr Farbe als ein einzelnes Näpfchen. Man kann ein Näpfchen mehrmals mit einer einzigen Tube nachfüllen, was sie kostengünstiger macht.

Tubenfarben bieten jede Menge an Flexibilität, wenn du dir eine individuelle Farbpalette zusammenstellen möchtest. Anstatt eines Standardfarbkastens kann man Tuben mit allen Lieblingsfarben kaufen und eine Farbpalette erstellen, die perfekt auf einen zugeschnitten ist.

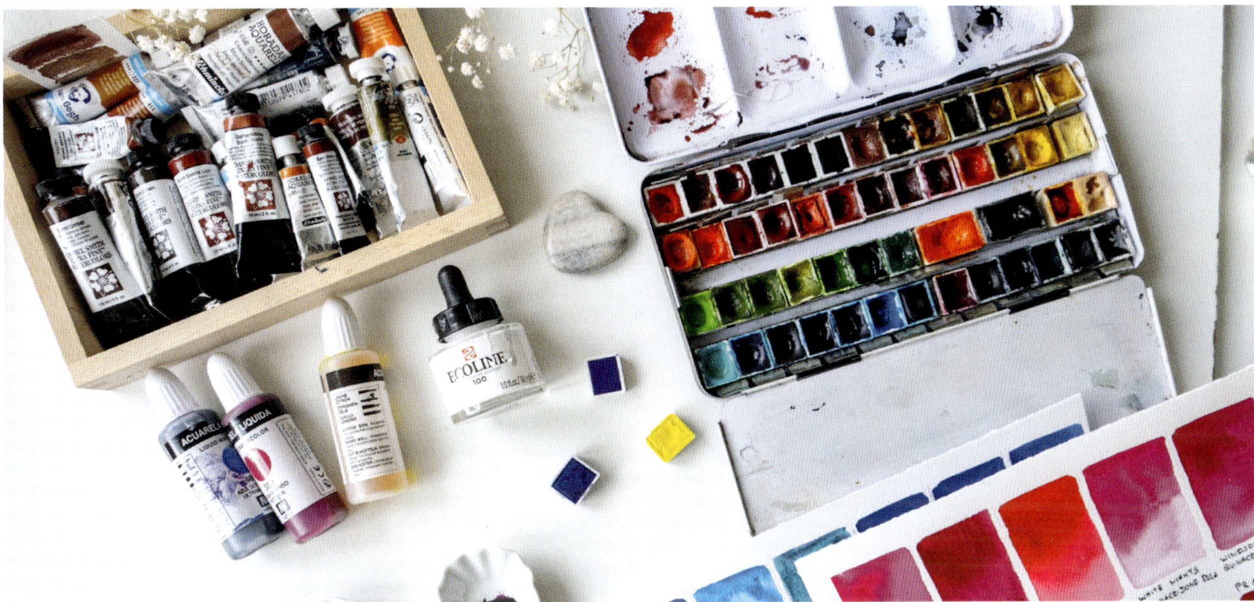

Außerdem lassen sich große Mengen von Farben besser anmischen. In der Zusammensetzung gibt es keine Unterschiede. Wenn man seine Tuben in leere Näpfchen füllt, um sie in einem Kasten aufzubewahren, muss man sich einen leeren Kasten und leere Näpfchen anschaffen. Diese erhältst du problemlos in jedem Kunstfachgeschäft, aber auch online. Wichtig ist, dass man der Farbe dann ein paar Tage Zeit lässt, damit sie durchtrocknet.

FLÜSSIGES AQUARELL

Diese Farbe ist flüssig in Fläschchen, meistens mit einer Pipette ausgestattet. Man verwendet sie, indem man ein paar Tropfen in eine Palette gibt und sie mit sauberem Wasser verdünnt. Dann kann man sie danach wie gewohnt verwenden.

Flüssige Aquarellfarbe ist meistens sehr konzentriert, sodass man nur ein paar Tropfen benötigt, um lebendige Farben zu erhalten.

Diese Farben eignen sich hervorragend für kalligrafische Arbeiten, da die Farben sehr schön miteinander verschmelzen.

Der Unterschied zu Näpfchen und Tubenfarben besteht darin, dass diese auf der Basis von Pigmenten hergestellt werden, flüssige Aquarellfarbe aber auf der Basis von Farbstoffen.

Der Nachteil besteht in der Lichtechtheit der Farben, denn Farbstoffe haben nur eine mäßige bis schlechte Lichtechtheit. Wenn du also ein Bild malst, was längere Zeit an der Wand hängen soll, dann wird es irgendwann verblassen, und daher ist es ratsam, richtige Aquarellfarbe zu verwenden.

WORAUF IST ALSO BEIM KAUF VON AQUARELLFARBE ZU ACHTEN?

Da die Hersteller ihre Farben aus eigenen Pigmentrezepten formulieren, haben die spezifischen Farbnamen nicht immer die gleichen Eigenschaften, deshalb musst du auf die Informationen achten, die auf der jeweiligen Tube oder dem Näpfchen angegeben sind. Wenn du eine bestimmte Farbe magst, solltest du sie auch wieder vom gleichen Hersteller besorgen, denn der Name der Farbe kann zwar identisch sein, aber die Zusammensetzung durchaus unterschiedlich.

Ein kleines Beispiel: Der Farbton Hookersgrün von der Firma Schmincke ist z. B. ein anderer Farbton als ein Hookersgrün bei Daniel Smith.

Entscheidend für den richtigen Farbton sind also nicht die Namen, sondern die in der Farbe enthaltenen Pigmente. Ich empfehle, möglichst Farben mit nur einem Pigment zu nehmen, da man diese untereinander besser mischen kann.

Symbole auf deinen Farben und was sie bedeuten

Hast du dich schon einmal gefragt, was die Sternchen, Quadrate, Dreiecke und die Seriennummer auf der Verpackung bedeuten?

Ganz kurz gesagt: Sie helfen dir, die Qualität der Farbe bezüglich Deckkraft, Lichtechtheit und Staining (Färbequalität) abzulesen. Es ist wichtig zu wissen, was diese Symbole bedeuten.

TRANSPARENZ/OPAZITÄT

Auf der Verpackung wird der Transparenzgrad oft als Kreis, oder, wie bei der Firma Schmincke, als Quadrat gekennzeichnet, beginnend mit dem transparentesten, semi-transparent, semi-opaque, opaque.

Opazität bedeutet, dass man beim Auftragen der Farbe nicht durch sie hindurchsehen kann, sie also eine starke Deckkraft besitzt.

Die Transparenz einer Farbe bedeutet, dass man auch nach dem Trocknen noch sehen kann, was sich unter der Farbe befindet. Das macht die Aquarellmalerei so besonders, da die Farbtöne von unten durch die darübergelegten Farbschichten, die immer nass auf trocken gemalt werden, leuchten.

LICHTECHT/LIGHTFARNESS

Die Lichtechtheitsbewertung eines Pigments basiert auf seiner Beständigkeit gegen Veränderungen bei Lichteinwirkung.

Das Sonnenlicht hat durch seinen UV-Anteil eine zersetzende Wirkung, die zum Ausbleichen der Farbe führt, d.h., je lichtechter eine Farbe ist, desto weniger wird das Bild verblassen. Lichtechtheit oder Beständigkeit ist also eine Eigenschaft, die sehr wichtig ist, besonders wenn du deine Bilder verkaufen willst.

Die Lichtechtheit wird meist in Form von Sternchen angegeben. Je mehr Sternchen, desto lichtechter ist die Farbe. Die Bewertungssysteme können von Marke zu Marke variieren, aber traditionell bedeutet eine Bewertung von Lichtechtheit I (5 Sterne), dass das Pigment eine Bewertung von ausgezeichneter Lichtechtheit hat, während eine Bewertung von III oder weniger bedeutet, dass sich dieses Pigment stark ändert, wenn es Licht ausgesetzt wird.

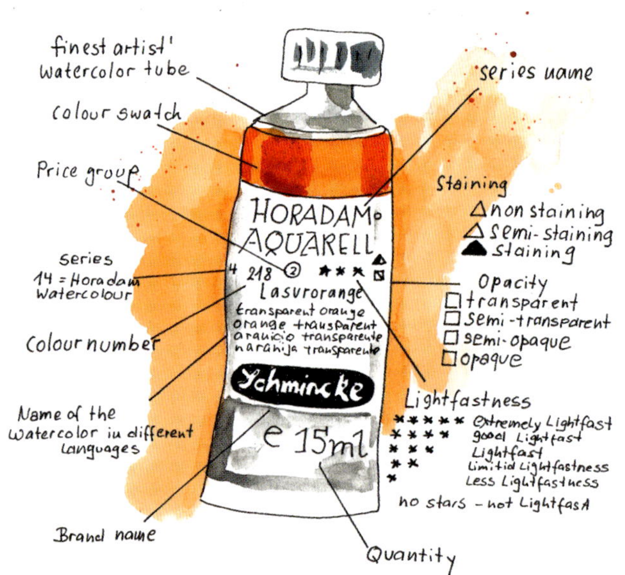

STAINING

Staining heißt übersetzt Färbung und bedeutet hier: Eine solche Farbe färbt das Papier dauerhaft und kann, solange sie verdünnt und nicht zu dick aufgetragen wird, nicht durch aufeinanderfolgende Schichten gestört werden. Dies ist eine sehr wichtige Information für Künstler*innen, die mit vielen Schichten arbeiten.

Es gibt Pigmente, die man problemlos wieder vom Papier abheben kann, und andere sind weniger ablösbar. So kann man z.B. bei der Darstellung eines Himmels, der mit Französisch Ultramarin angelegt wurde, noch im feuchten Zustand die Farbe mit einem Tuch aufnehmen und damit sehr einfach weiße Wolken darstellen. Es ist daher wichtig, diese Eigenschaft einer Farbe zu kennen, um damit künstlerische Gestaltungsmöglichkeiten gezielt einsetzen zu können.

Die Färbeeigenschaft von Pigmenten wird auf der Verpackung der Farbe durch ein dreieckiges Symbol dargestellt. Das Dreieck ist für die voll färbenden Farben (Staining Colour) vollständig ausgefüllt, für eine halb färbende Farbe (Semi-Staining Colour) halb ausgefüllt und für eine nicht färbende Farbe (Non-Staining Colour) leer. Die meisten Künstlerfarben sind Semi-Staining.

DIE SERIENNUMMER

Die auf der Verpackung angegebene Seriennummer sagt aus, wie teuer eine Farbe ist. Je niedriger die Seriennummer, desto billiger wird die Farbe sein, da die Pigmente, die in diese Farbe gelangen, billiger und einfacher zu erhalten oder herzustellen sind. Wenn sie in der Zahl steigen (III–IV), desto teurer wird die Farbe, weil die Pigmente teurer und schwieriger zu erhalten sind.

DAS AP-SIEGEL (ACMI-ART & CREATIVE MATERIALS INSTITUTE CERTIFIED)

Diese unabhängige Stelle analysiert die Toxizität der Inhaltsstoffe, aus denen sich eine Farbe zusammensetzt, und kennzeichnet sie mit zwei Siegeln. Das AP-Siegel bedeutet, dass keine wesentlichen gesundheitsschädlichen Inhaltsstoffe enthalten sind, das CL-Siegel bedeutet, dass bestimmte Vorsichtsmaßnahmen für die Verwendung erforderlich sind.

GRANULATION

Was bedeutet es, wenn der Buchstabe „G" neben einer Farbnummer steht? Dieses „G" steht für Granulation. Granulierende Farben haben eine besondere Textur. Die Pigmentpartikel haben ein melierendes Aussehen, wenn sie auf feuchtes Papier treffen. Die Eigenschaft dieser Farben besteht darin, dass sich schwimmende Pigmente beim Trocknen verklumpen. Den Effekt kann man noch verstärken, wenn man damit auf rauem (Rough) Papier malt. Granulierende Farben sind lichtecht und meist halbtransparent oder halbdeckend.

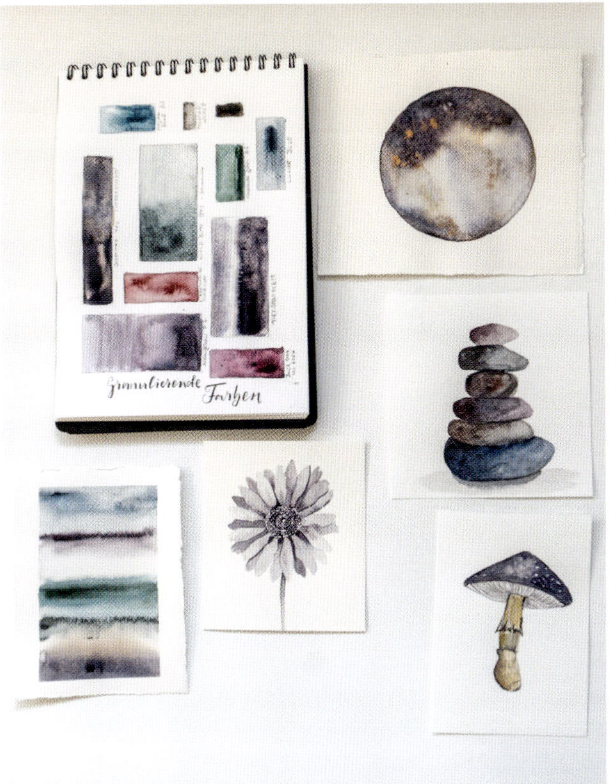

Diese Farben eignen sich hervorragend für Motive in der Landschaftsmalerei und überall, wo es um strukturierte Oberflächen geht. Wenn du z.B. Steine malen willst, bildet sich die Textur schon allein durch das Auftragen der Farbe. Am besten mischt man sie direkt auf dem Blatt, dann entstehen wunderbare Farb- und Struktureffekte.

Es ist wichtig zu wissen, welche Farben granulierend sind, denn wenn du einen sehr glatten Himmel malen willst, möchtest du vielleicht weniger Granulation; wenn du Steine malen willst, dann sind granulierende Farben ein Erlebnis.

Seit einiger Zeit haben die meisten großen Hersteller extra granulierende Farben herausgebracht, und es lohnt sich, diese einmal auszuprobieren.

Man kann granulierende Farben auch mit normalen Farben mischen und dabei neue und interessante Farben und Texturen erzeugen.

Studienfarben oder Künstlerfarben?

Du wirst feststellen, dass viele Firmen die Farben als Studienfarben oder Künstlerfarben anbieten. Der Unterschied liegt im Preis und in der Qualität. Studienfarben enthalten weniger Pigment oder sind aus mehreren Pigmenten zusammengesetzt. Sie werden mit Füllstoffen angereichert, das lässt sie meist etwas stumpf erscheinen. Ich empfehle dir, gleich Farben in Künstlerqualität zu kaufen. Sie sind in der Anschaffung etwas teurer, aber sie sind sehr ergiebig, und die Ergebnisse sind meistens schöner.

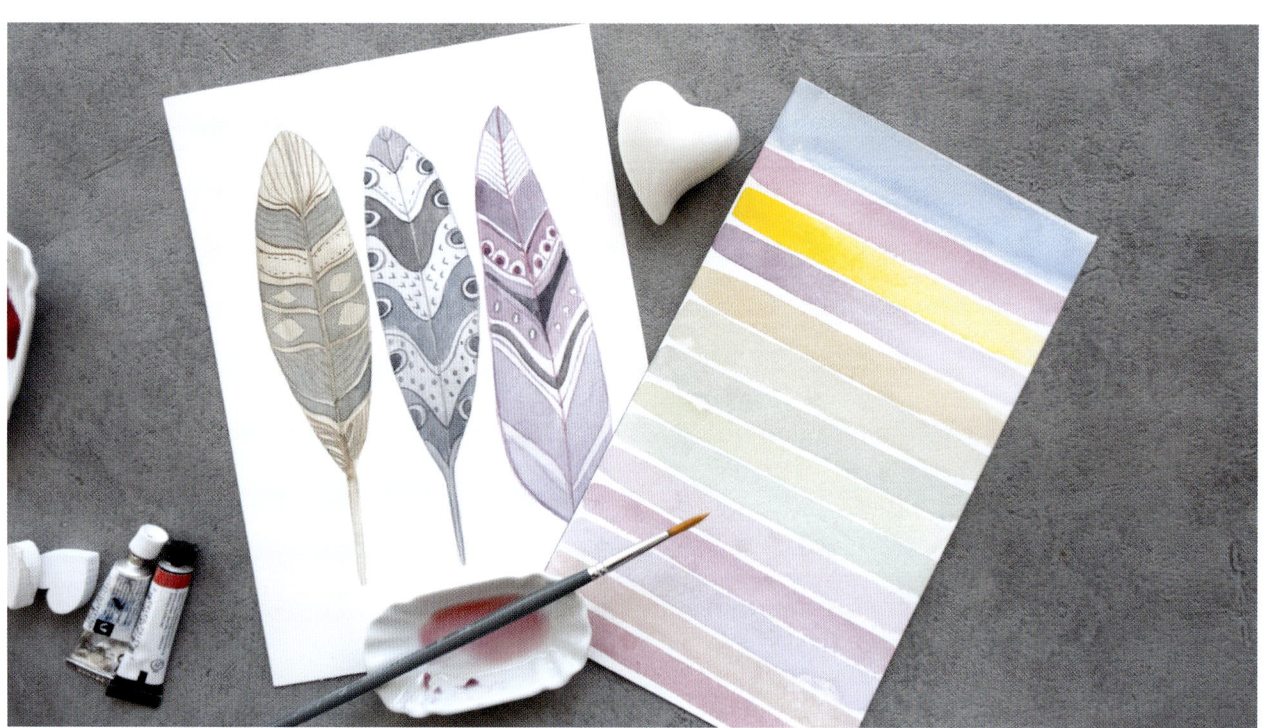

Weitere Malmittel

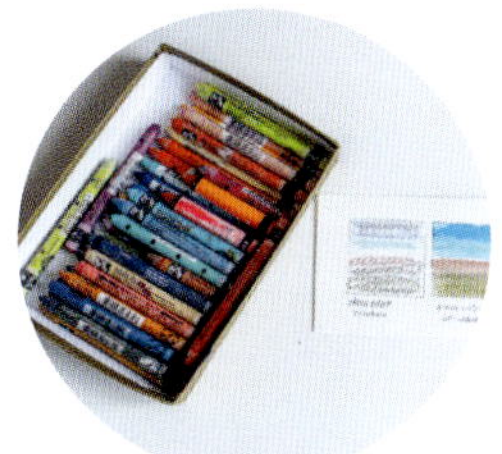

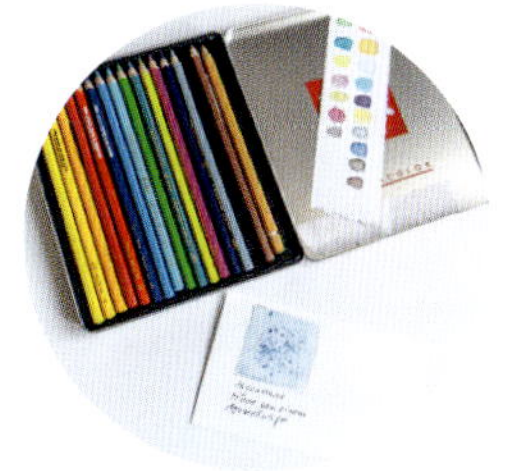

AQUARELLWACHSPASTELLE

Außer den klassischen Aquarellfarben gibt es u.a. auch Aquarellwachspastelle (z.B. von der Schweizer Marke Caran D'Ache, die Neocolors). Sie sehen aus wie Wachsmalstifte und haben im trockenen Zustand auf dem Papier auch die gleiche Textur. Ich mag ihr Erscheinungsbild gerade auch in Skizzenbüchern, wo man mit nur wenig Wasser arbeitet. Wenn sie aber erstmal mit Wasser in Berührung kommen, staunt man, welche Farbintensität sie entwickeln.

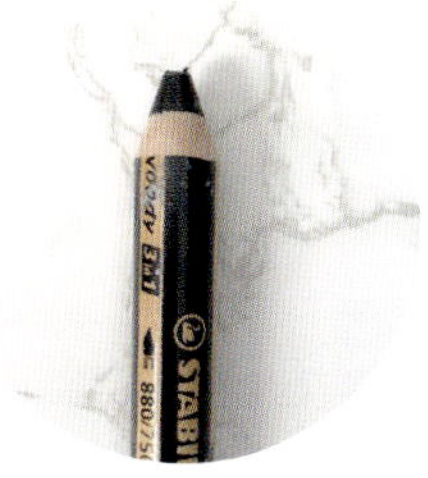

Nicht missen möchte ich den Aquarellstift Woody 3 in 1 in Schwarz. Es ist eigentlich ein Stift für Kinder und ein Buntstift, Wachsmalstift und Wasserfarbe in einem. Ich glaube, meiner ist schon 20 Jahre alt. Ich setze ihn gerne in der Landschaftsmalerei ein. Vor allem wenn du Berge malen willst, ist er unheimlich hilfreich, da man mit ihm starke Linien ziehen kann, und mit einem feuchten Pinsel kann man dann das Schwarz nach unten ziehen.

AQUARELLSTIFTE

Aquarellstifte oder wasserlösliche Buntstifte gibt es in mehreren Ausführungen. Sie sind viel weicher als herkömmliche Buntstifte. Man kann sie zum Skizzieren trocken verwenden, und da sie nicht wasserfest sind, lassen sie sich mit dem Pinsel vermalen. Ideal auch für das Skizzieren unterwegs, wenn es schnell gehen soll. Ich benutze sie häufig zur Vorzeichnung und für kleine grafische Details. Darüber hinaus kann man mit ihnen schöne Texturen erzeugen, indem man mit einem Messer etwas von der Mine abschabt. Wenn die Körnchen auf nasses Aquarellpapier treffen, breiten sie sich als kleine Pünktchen aus, und es entstehen überraschende Strukturen. Beim Malen einer Baumkrone, eines Gebüschs, einer Baumrinde oder bei der Gestaltung von Himmelskörpern ist dies ein tolles Gestaltungsmittel.

Neben den genannten Malmitteln können Aquarellkreide, Aquarellpulver oder Aquarellfarbpapiere als Ergänzung in einem Aquarellbild Verwendung finden. Zudem können mit wasserlöslichen und wasserunlöslichen Tuschen wunderbare Aquarelleffekte erzielt werden. Hier werden der künstlerischen Ausdruckskraft keine Grenzen gesetzt.

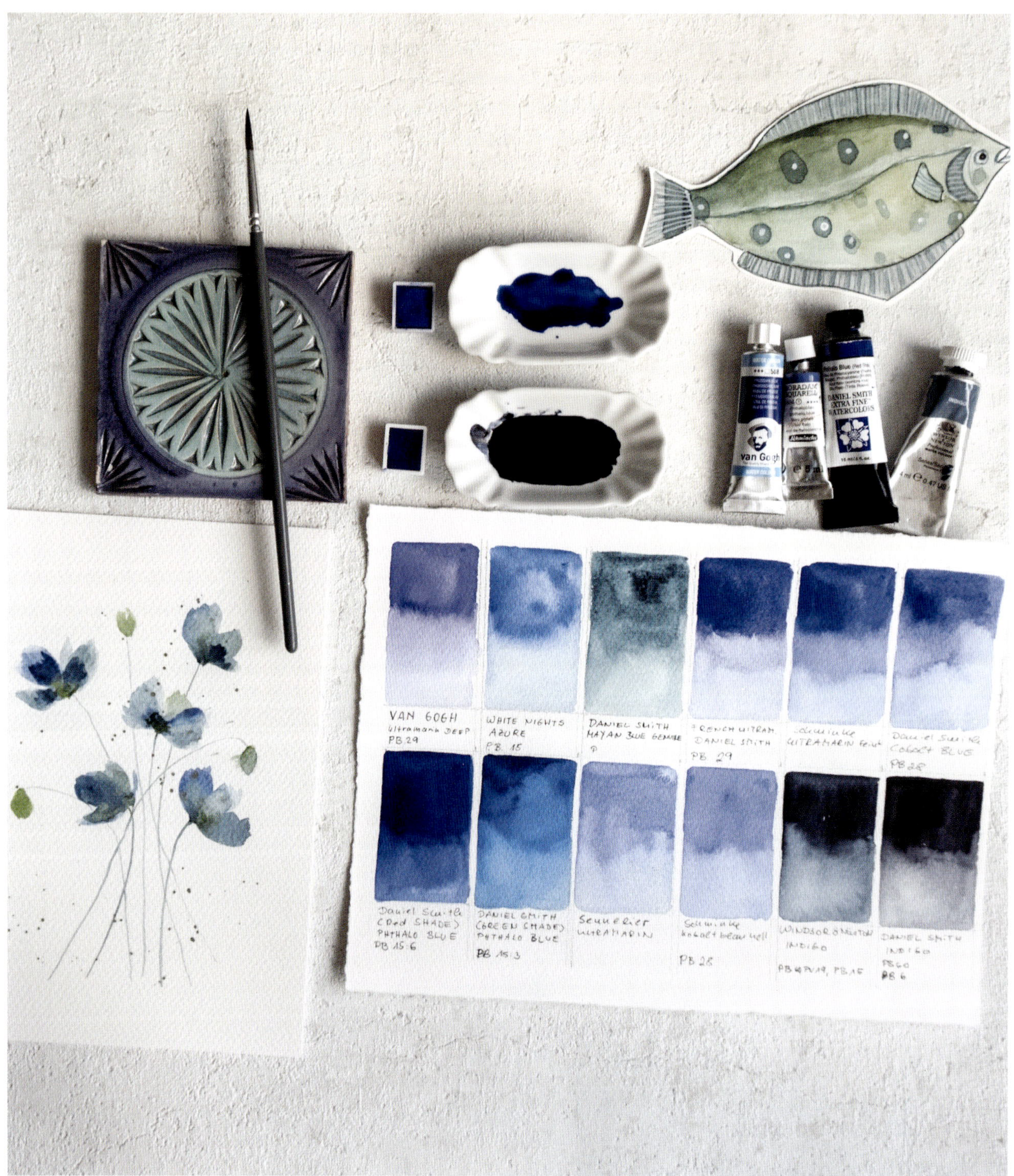
van Gogh
DANIEL SMITH EXTRA FINE WATERCOLORS
VAN GOGH
PB 29
WHITE NIGHTS
AZURE
P.B. 15
DANIEL SMITH
FRENCH ULTRAM.
DANIEL SMITH
PB 29
COBALT BLUE
PB 28
(RED SHADE)
PHTHALO BLUE
PB 15:6
DANIEL SMITH
(GREEN SHADE)
PHTHALO BLUE
PB 15:3
ULTRAMARIN
INDIGO
PB 60
PB 6

Wie kann ich mir meine eigene Palette zusammenstellen?

Gerade wenn du am Anfang stehst, rate ich dir, mit einem kleinen Sortiment an Farben anzufangen. Nach und nach kannst du, entsprechend deiner Bedürfnisse, deine Farbpalette erweitern. Mit ein paar Farben zu beginnen ist günstiger, und es kann außerdem befreiend sein, wenn man weniger Auswahlmöglichkeiten hat. Ein großer, bunt bestückter Farbkasten mag zwar verführerisch aussehen, aber das garantiert nicht, dass du schönere Bilder malst. Eher im Gegenteil: Bei einer begrenzten Farbpalette ist die Wahrscheinlichkeit höher, dass deine Bilder harmonischer werden.

Ich werde dir in diesem Buch Möglichkeiten zeigen, wie du eine begrenzte Farbauswahl optimal einsetzen kannst. Später kannst du deine Farbpalette immer noch erweitern. Als erstes Auswahlkriterium würde ich dir Folgendes raten:

- Verwende die Farbtöne, mit denen du jede erdenkliche Farbe ermischen kannst. Unerlässlich sind dabei die Primärfarben: Rot, Blau und Gelb. **Wichtig:** Da ein bestimmtes Rot einen größeren Gelbanteil enthält und ein anderes Rot einen höheren Blauanteil und dies sich bei Blau und Gelbtönen ebenso verhält, ist es ratsam, sich jeweils 2 Rottöne, 2 Blautöne und 2 Gelbtöne anzuschaffen.
- Wähle zusätzlich Farben, die du oft verwendest, denn obwohl du alle Farben mischen kannst, spart es Zeit, wenn du dies nicht immer tun musst.
- Du musst nicht bei einer bestimmten Marke bleiben. Vielleicht magst du die Rottöne einer bestimmten Marke und von einer anderen Marke lieber die Blautöne. Im Laufe der Zeit habe ich viele Farben von unterschiedlichen Herstellern gekauft und mische diese auch untereinander, was überhaupt kein Problem ist.

Mit einem Sortiment von höchstens 14 Farben kannst du dir eigentlich jede Farbe mischen, die du dir wünschst.

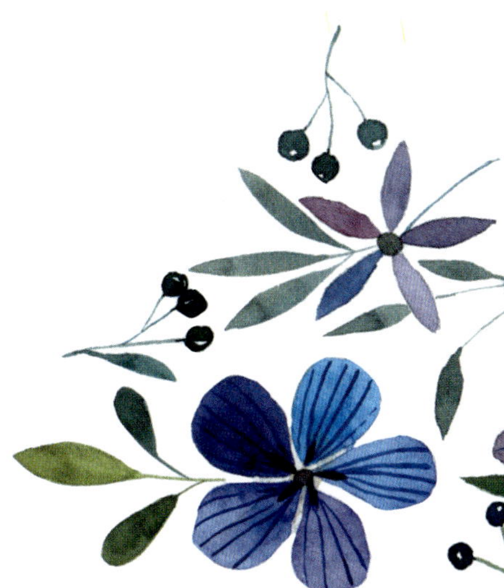

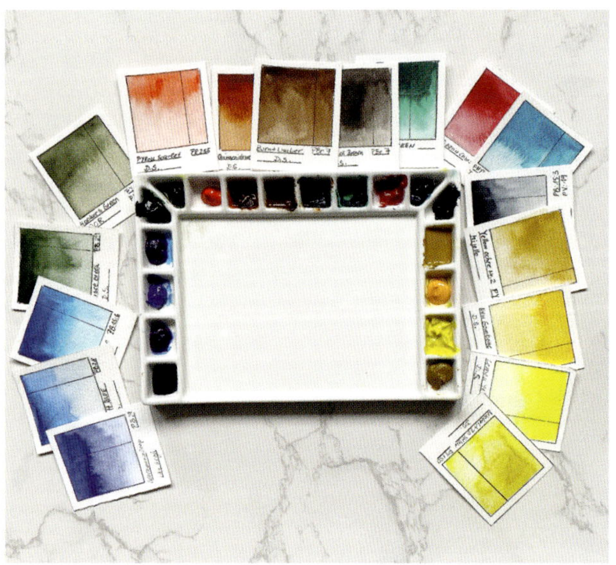

Meine Farbpalette

Ich verwende Farben von der Firma Daniel Smith. Diese oder ähnliche Farbtöne gibt es auch bei anderen Herstellern, sie können dann aber anders heißen.

Diese Farben dürfen in keinem Aquarellkasten fehlen:

- ein **warmes Gelb**, z. B. New Gamboge / Indischgelb
- ein **kaltes Gelb**, z. B. Zitronengelb (Lemon Yellow)
- ein **warmes Blau**, z. B. Französisch Ultramarin
- ein **kaltes Blau**, z. B. Phthaloblau grünlich (Phthalo Blue Green Shade)
- ein **warmes Rot**, z. B. Pyrrol Scharlachrot
- ein **kaltes Rot**, z. B. Alizarin-Karmesin

Ich selbst habe noch einige Farbtöne mehr, da ich sie sehr nützlich finde. Es ist z. B. von Vorteil, ein oder zwei fertige Brauntöne zu haben, wie z. B.

- **Siena gebrannt (Burnt Sienna):** Ein grundlegendes neutrales, dunkles Orange, das beim Mischen viel Wärme in einen Farbton bringt.
- **Umbra gebrannt (Burnt Umber) und Van Dyck Braun:** Diese Brauntöne sind transparent und eignen sich hervorragend zum Mischen erdiger Grüntöne, aber auch, um bestimmte Hauttöne zu erzeugen, sind sie sehr hilfreich.

Unverzichtbar für mich ist auch **Lichter Ocker (Yellow Ochre)**, ein auf den ersten Blick sehr unspektakulärer Farbton, aber ideal, um Farben zu entsättigen, und zum Mischen von Grün- und Hauttönen.

Phthalogrün (Phthalo Green), ein sehr künstlich aussehendes Grün, was ich pur nie verwenden würde, aber es ist eine hervorragende Mischfarbe, bei der man ins Schwärmen kommt. Im Zusammenspiel mit Zitronengelb entwickelt sich ein herrliches Maigrün, mit einem dunkleren Gelb erhält man eine Variation von satten Grüntönen. Gemischt mit Alizarin-Karmesin und etwas Blau, kann man hervorragende Graumischungen bis hin zu Schwarz erreichen.

Schwarz ist unter den Aquarellisten der „alten Schule" verpönt, es kann aber einfach praktisch sein, um ein neutrales Grau zu erzeugen und um einen Farbton zu schwächen oder aber auch um in einem Landschaftsbild für eine gewisse Textur zu sorgen. Wenn ich ein Schwarz empfehlen müsste, dann wäre es Neutraltinte, da es transparent ist und nicht sehr stark granuliert. Von der Firma Schmincke habe ich ein Eisenoxidschwarz, was sehr granulierend ist und das man wunderbar in der Landschaftsmalerei einsetzen kann. Wenn du z. B. einen Baumstamm malst, hast du schon mit einem einzigen Pinselstrich eine geeignete Textur.

Viel lieber als auf Schwarz greife ich im Allgemeinen aber auf ein **Paynesgrau (Payne's Grey)** zurück. In konzentrierter Form ist es ein sehr dunkles Grau, aber wenn man es z. B. mit Magenta oder Alizarin-Karmesin mischt, bekommt man ein sehr tiefes, wunderschönes Violett, im Zusammenspiel mit Französisch Ultramarin erhält man ein sehr tiefes Blau, was für einen Nachthimmel eine ausgezeichnete Wahl ist, und im Zusammenspiel mit Phthalogrün kann man ein sehr dunkles, kaltes Grün mischen, ideal z. B. für einen Wald.

Obwohl man sich jeden erdenklichen Grünton mischen kann, habe ich drei Grüntöne in meiner Palette aufgenommen, da ich sie sehr oft verwende und es Zeit spart, wenn ich sie nicht anmischen muss. Darunter ist mein geliebtes **Perylengrün (Perylene Green)**, was ich im Zusammenspiel mit Rosatönen in floralen Motiven einfach schön finde und oft verwende.

Ich habe mich dazu entschieden, kein Lila in meiner Palette zu haben, da es so einfach zu mischen ist. Man braucht dazu allerdings die richtigen Pigmente in der Palette, um ein sauberes Lila mischen zu können. Daher habe ich mich dazu entschieden, ein **Quinacridon Rosa** mit in meine Palette aufzunehmen. Das ist ein schöner Farbton für Blumenarbeiten und lässt sich mit Utramarin zu einer Vielzahl zarter und auch kräftigerer Lilatöne mischen.

TIPP:
Falls ihr Farben, bevor ihr sie kauft, testen wollt, empfiehlt es sich, sich eine sogenannte Dotcard zuzulegen. Diese gibt es von den meisten Herstellern. Auf dieser Punktekarte ist ein kleiner Punkt mit dem Pigment aufgebracht, den man mit Wasser aktivieren kann. So kannst du die Farbe auf dem Papier sehen und entscheiden, ob du sie deiner Palette hinzufügst. Eine Dotcard ist eine großartige Möglichkeit, eine Auswahl an Farben auszuprobieren, und Fehlkäufe können einfacher vermieden werden.

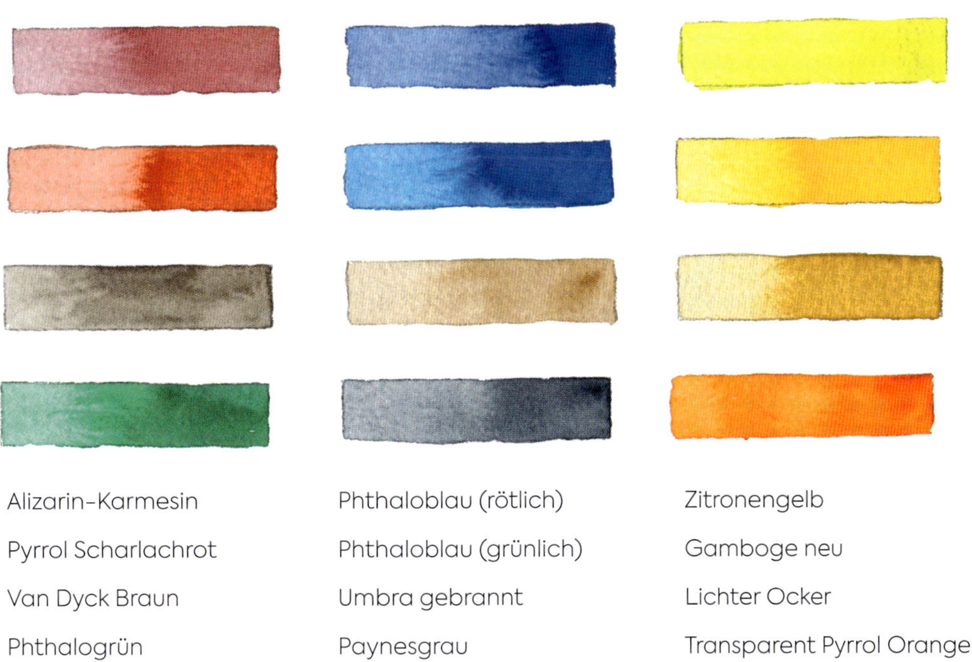

Weiteres Zubehör

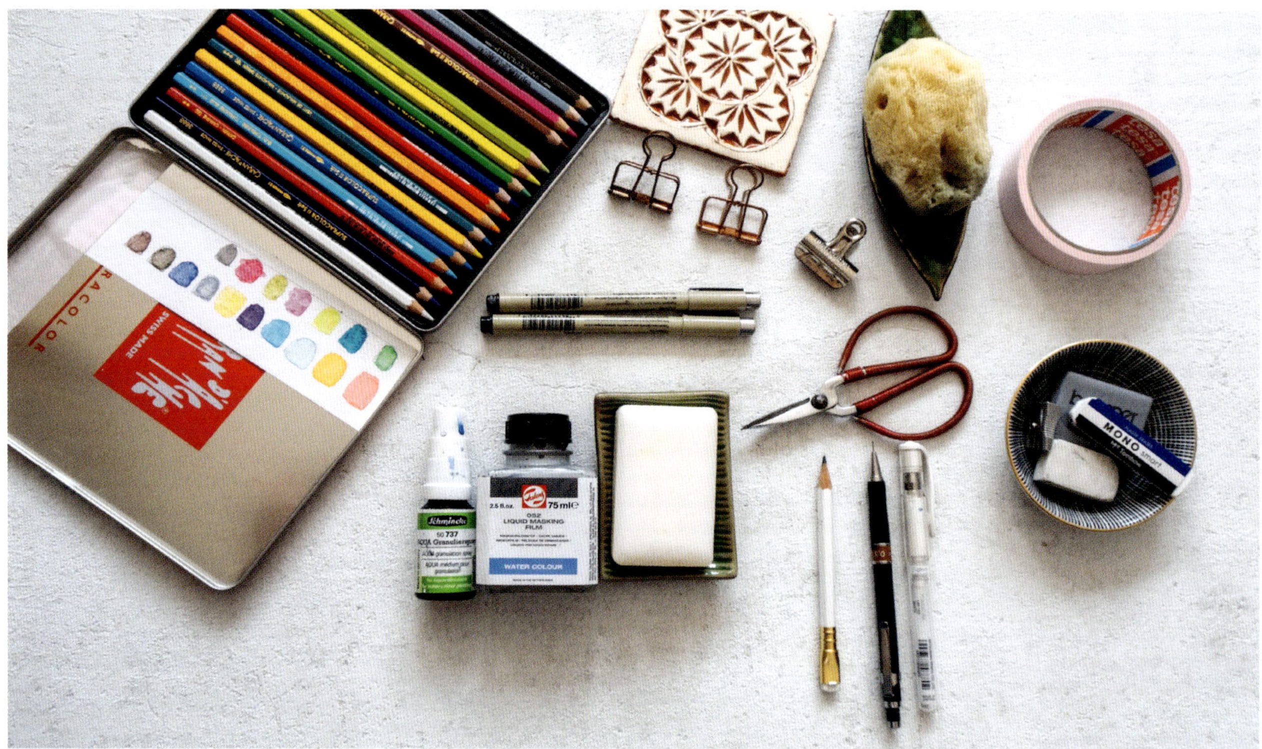

Malerkrepp/Washi Tape

Wenn ich lose Aquarellblätter bemale, benötige ich eine Rundumbefestigung, damit sich das Papier im Kontakt mit Wasser nicht wellt. Ich habe viel Magic Tape ausprobiert und mich oft geärgert, wenn das darunterliegende Aquarellpapier beim Lösen eingerissen ist. Ich nehme daher nur noch eine einzige Marke, bei der dies nicht passiert, und empfehle daher das Tesa Professional Sensitive.

Ein schöner Nebeneffekt: Durch das Abkleben erhalten deine Werke gleichzeitig einen Rahmen, was ein schönes Gestaltungmittel sein kann. Ich verwende das Tape auch mehrmals, das spart Kosten und Müll.

Bleistift für die Vorzeichnung

Bleistifte gibt es in verschiedenen Härtegraden. Generell lässt sich sagen, dass sich mit harten Minen besser vorzeichnen lässt, da sie wenig Grafit abgeben und damit nicht so schnell verschmieren.

Zum Skizzieren verwende ich meinen Lieblingsbleistift, den weißen Palomino von Blackwing Pearl (4B). Sein besonderes Erkennungsmerkmal ist die abgeflachte Messinghülse und der pinselartig eingefügte Radiergummi. Ich liebe diesen Bleistift, da man von sehr zarten Strichen bis hin zu sehr dunkel malen kann. So kann ich schon in einer Skizze die hellen und dunklen Bereiche (Tonwert) berücksichtigen, die mir später bei der Erstellung meines Gemäldes helfen werden. Es gibt ihn in drei weiteren Gradationen.

Auf den Bleistiften ist der Härtegrad angegeben durch folgende Buchstaben:

F (firm = fest), **H** (hard = hart) und

B (black = schwarz)

HB steht für einen Mittelwert und ist am weitesten verbreitet.

Radiergummi

Wir benötigen einen Radiergummi, um die Skizze vom Papier zu entfernen bzw. das Grafit des Bleistiftes zu minimieren. Der Radiergummi sollte das Papier nicht beschädigen. Deshalb empfehle ich, einen Knetradiergummi zu verwenden. Sobald meine Skizze auf dem Papier ist, drücke ich den Knetradiergummi auf die Zeichnung (nicht reiben!), um den Überschuss an Grafit vom Blatt abzuheben und gleichzeitig die Bleistiftlinien zu verblassen, denn sobald Farbe draufkommt, kann man diese nur noch schwer entfernen.

Naturschwamm

Mit einem Naturschwamm kann man das Papier anfeuchten oder aber auch beim Malen schöne Strukturen erzeugen, indem man den Schwamm nicht allzu feucht in konzentrierte Farbe tupft und damit dann leicht auf das Papier drückt. Dadurch erzeugt man schnell und problemlos das Blattwerk einer Baumkrone. Probiere es mal aus und lass dich überraschen. Da die Farben transparent sind, kannst du, nachdem sie getrocknet sind, eine weitere Schicht, vielleicht mit einem kräftigeren Grün, drüberlegen.

Schwarze Fineliner

Mit einem schwarzen Fineliner, der wasserfest sein sollte, kannst du schöne Akzente setzen. Ich empfehle dir die Micron Pens von Sacura. Es gibt sie in verschiedenen Stärken, und sie lassen sich auf den unterschiedlichsten Aquarellpapieren wunderbar einsetzen.

Maskierflüssigkeit (Rubbelkrepp)

Ehrlich gesagt verwende ich es eher selten, aber um Stellen in deinem Bild abzudecken und problemlos darübermalen zu können, kann das Masking Fluid sehr hilfreich sein. Ich empfehle das Artist Masking Fluid von Daniel Smith oder den Liquid Masking Film der Firma Royal Talens. Beide sind sehr flüssig im Vergleich zu Produkten anderer Anbieter und lassen sich gut mit einem Pinsel mit Silikonspitze (z.B. dem Colour Shaper von van Gogh) auftragen. Und wenn alles getrocknet ist, lässt es sich problemlos abrubbeln.

TIPP:
Einen normalen Pinsel kannst du mit dem Masking Fluid schnell ruinieren, da der Kleber die feinen Haare verklebt und im schlimmsten Falle unbrauchbar macht. Also bitte nicht deinen besten Pinsel dafür verwenden!

Wasserbehälter

Auf meinem Tisch stehen immer zwei Wassergläser. In dem einen Glas wird der Pinsel ausgewaschen, das andere ist zum Aufnehmen von sauberem, pigmentfreiem Wasser. Bevor du die Gläser reinigst, empfehle ich dir zu warten, bis sich die Pigmente am Boden abgesetzt haben. Das Wasser kann dann ausgegossen werden und die Pigmente lassen sich mit einem Papiertuch entfernen. So gelangen keine giftigen Pigmente ins Abwasser.

Geodreieck

Ich skizziere meistens erstmal freihändig, aber wenn ich wirklich ganz gerade Linien zeichnen möchte, dann brauche ich ein Lineal. Ich greife dann direkt zum Geodreieck, denn damit ist es auch problemlos möglich, die Mitte des Arbeitsblattes zu ermitteln, wenn ich mein Motiv dort platzieren möchte.

Transparentpapier

Ich übertrage oft meine Skizzen zunächst auf ein Transparentpapier. Um das Motiv auf mein Aquarellpapier zu übertragen, ist es notwendig, die Skizze auf der Rückseite noch einmal mit dem Bleistift nachzuziehen. Dann kannst du das Transparentpapier wieder umdrehen, auf dein Papier legen und musst nun noch einmal mit dem Bleistift die Linien nachziehen. Dadurch drückt sich das Grafit ab und die Vorlage erscheint auf deinem Papier. Es ist vielleicht etwas umständlich, hat aber den Vorteil, dass weniger Grafit auf dem Papier landet. Noch einfacher kannst du dein Motiv mit einem Leuchttisch auf dein Papier übertragen. Ich habe auch schon Kohlepapier ausprobiert, fand aber, dass sich die Linien zu stark durchgedrückt haben, deshalb verwende ich es nicht und empfehle es auch nicht.

Weiße Stifte

Ein weißer Gelstift eignet sich hervorragend, um gegebenenfalls zum Schluss noch weiße Texturen in dein Bild einzufügen.

Mallappen

Es ist sinnvoll, einen Mallappen auf dem Tisch haben. Damit kannst du überschüssige Farbe oder auch Wasser von einem Pinsel abtupfen oder aber auch schnell Wasser aufsaugen, wenn dir mal aus Versehen das Wasserglas umkippt.

Sprühflasche

Bevor ich mit dem Malen beginne, „wecke" ich meine Farben mit einer kleinen Dusche auf, indem ich sie mit Wasser besprühe. So können sich die Pigmente schon mal aktivieren, und man läuft nicht Gefahr, gleich zu viel Pigment auf dem Pinsel zu haben. Denn zu viel Pigment auf dem Pinsel ist einer der häufigsten Anfängerfehler.

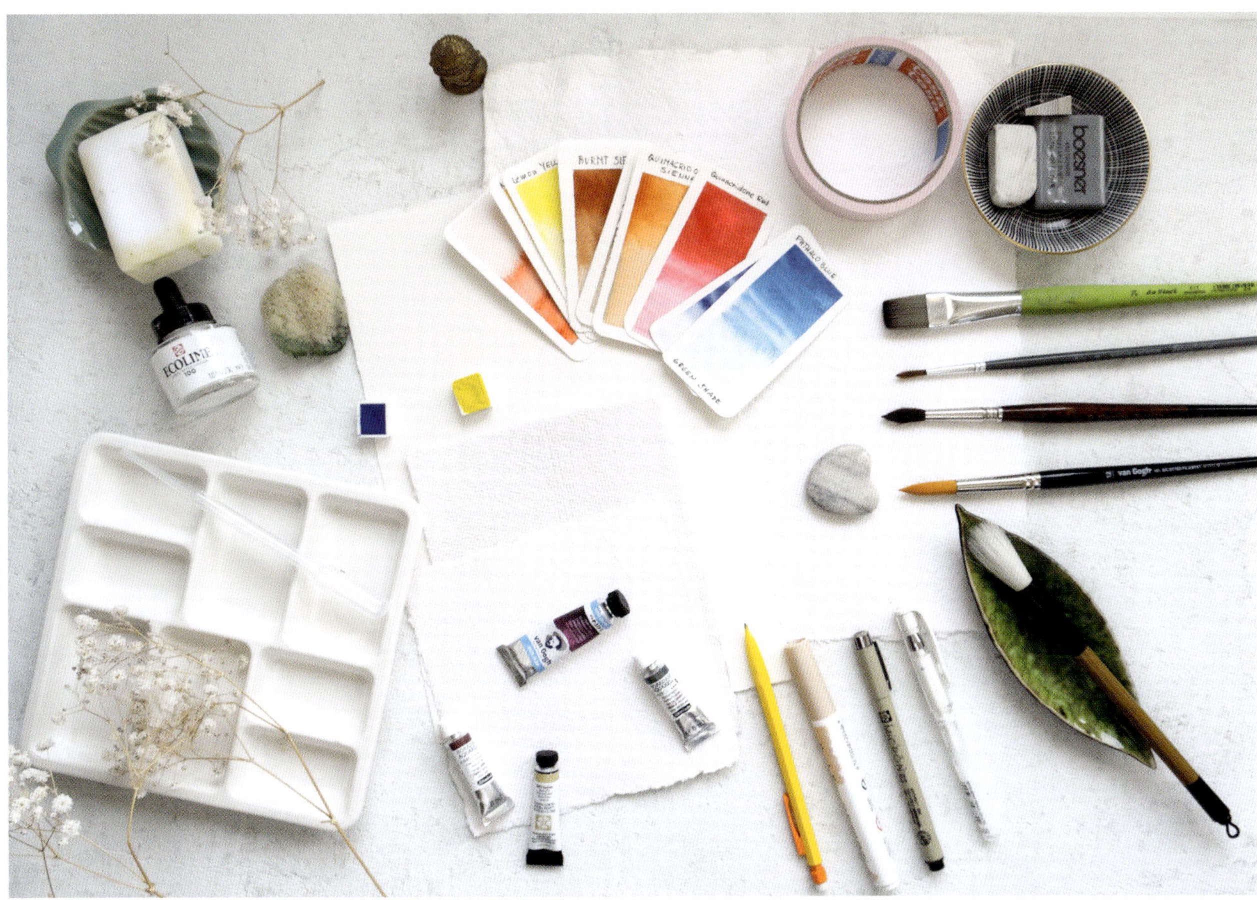

Keramikmischpaletten

Mit einer Malpalette kann man das Pigment mit viel mehr Wasser anmischen, sodass zartere Töne entstehen und die Pigmente sich besser entfalten können.

Außerdem ist eine Malpalette von Vorteil, da sie 6 bis 8 Vertiefungen hat, wo man die Farben in konzentrierter Form einbringen kann, und in der Regel gibt es eine flache Stelle für das Mischen der Farben.

Ich benutze mittlerweile mehrere Farbpaletten, da ich viel öfter Tuben verwende als früher und ich die übriggebliebenen Farben auch dann, wenn sie angetrocknet sind, wieder mit Wasser aktivieren und weiterverwenden kann. Ein weiterer Vorteil von Keramikpaletten ist, dass man besser sehen kann, wie die Farben gemischt aussehen, und man bekommt sie ohne Rückstände wieder sauber.

Plastikpaletten dagegen sind kostengünstiger und natürlich leichter beim Transport, allerdings haben sie den Nachteil, dass sie sich verfärben, und gerade Blaurückstände bekommt man nicht mehr entfernt. Selbst wenn du sie gesäubert hast, kann es passieren, dass sich noch mal Pigment löst und sich dein Gelb dann unbeabsichtigt zu einem Grün vermischt. Es ist außerdem nicht leicht, das richtige Mischverhältnis zu finden, denn der Kunststoff stößt das Wasser und die Farbe ab, sodass sich die Farbe nicht verteilt, sondern lediglich auf der Oberfläche perlt.

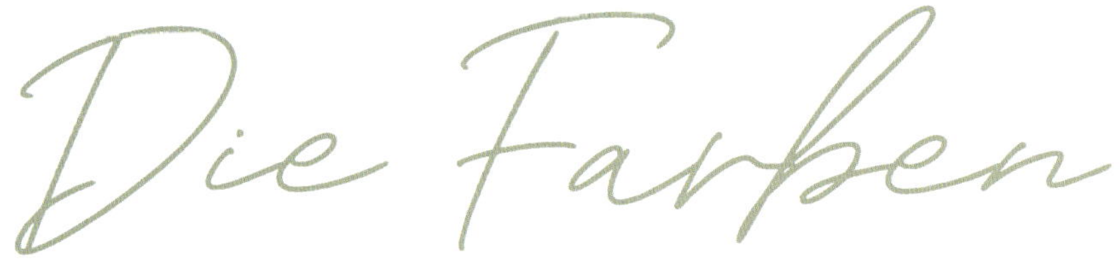

Farben haben die allergrößte Wirkung in deinen Bildern. Wie nehmen wir Farben wahr, welche Farben passen zusammen, wie kombiniere ich Farben so, dass ein harmonisches Gesamtbild entsteht? Auf all diese Fragen findest du hier Antworten.

Der Farbkreis

Die Verwendung eines Farbkreises ist ein nützliches Werkzeug, um Farben in einem leicht lesbaren Format zu klassifizieren. Ein Farbkreis hilft dir, Farbschemata zu entwerfen und auch ein besseres Verständnis für das Mischen von Farben zu erhalten.

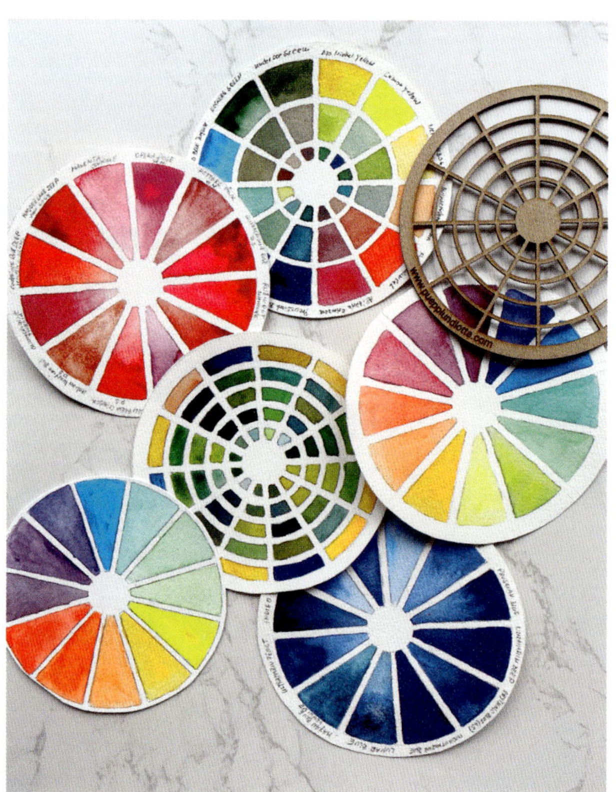

Genau wie in einem Regenbogen werden die Farben nach den Farben des Lichtspektrums organisiert.

Die Grundlage des Farbkreises sind die drei Grundfarben, die sogenannten Primärfarben Gelb, Rot und Blau.

Wenn du zwei Primärfarben miteinander kombinierst, entsteht eine Sekundärfarbe.

Blau und Rot werden zu Lila,

Gelb und Blau werden zu Grün,

Gelb und Rot werden zu Orange.

Die Sekundärfarben sind also: Grün, Orange und Lila. Wenn du nun eine Sekundärfarbe mit einer Primärfarbe mischst, entsteht eine Tertiärfarbe.

Die Tertiärfarben sind Rot-Orange, Gelb-Orange, Gelb-Grün, Blau-Grün, Blau-Lila, Rot-Lila.

Pigmente sind die Träger von Farben. Jede Farbe erzeugt ihr eigenes Farbbild und entsprechend auch Mischergebnis.

Es ist sehr schwierig, Farben zu finden, die man als reine Farben bezeichnen kann. Infolgedessen haben die meisten Farben das, was wir als warme oder kühle Voreingenommenheit bezeichnen. Der Farbkreis hilft uns, Farben in warme oder kühle Farbfamilien zu kategorisieren.

Der ideale Farbkreis

Wenn du selbst einen Farbkreis erstellst, lernst du sehr viel über deine Farben und in welcher Beziehung sie zueinander stehen. Außerdem ist es ein dekoratives Bild, was du dir an die Wand hängen und immer wieder anschauen kannst, wenn du über Farbkombinationen nachdenkst.

Folgende Farben verwenden wir:

Gelb: Das New Gamboge enthält einen kleinen Rotanteil und ist daher ein warmes Gelb. Das Zitronengelb dagegen wirkt etwas grünlich. Das liegt daran, dass es einen geringen Blauanteil enthält. Zitronengelb ist daher ein kühles Gelb.

Rot: Das Pyrrol Scharlachrot tendiert im Vergleich zu dem Alizarin-Karmesin leicht zu Orange. Das liegt daran, dass das Pyrrol Scharlachrot einen gelblichen Unterton hat, und deshalb ist Pyrrol Scharlachrot ein warmes Rot.

Das Alizarin-Karmesin hat einen bläulichen Unterton und tendiert leicht zu Violett. Das Alizarin-Karmesin ist darum ein kühles Rot.

Blau: Dasselbe gilt für Phthaloblau grünlich. Dieser Farbton tendiert zu Grün und ist daher ein kalter Farbton, während Französisch Ultramarin einen rötlichen Unterton hat und zu Violett tendiert, somit ist es ein warmes Blau.

Bevor wir den idealen Farbkreis malen, schauen wir uns die zwei Farbkreise auf der rechten Seite einmal genauer an.

Bei dem ersten Farbkreis wurde ein warmes Rot, das Pyrrol Scharlachrot verwendet, bei dem zweiten Farbkreis die Farbe Magenta. Du kannst sehen, dass die Lilatöne beim ersten Farbkreis sehr gedämpft sind, während sie bei dem zweiten Farbkreis strahlender aussehen. Wir brauchen also für einen idealen Farbkreis beide Farbtöne.

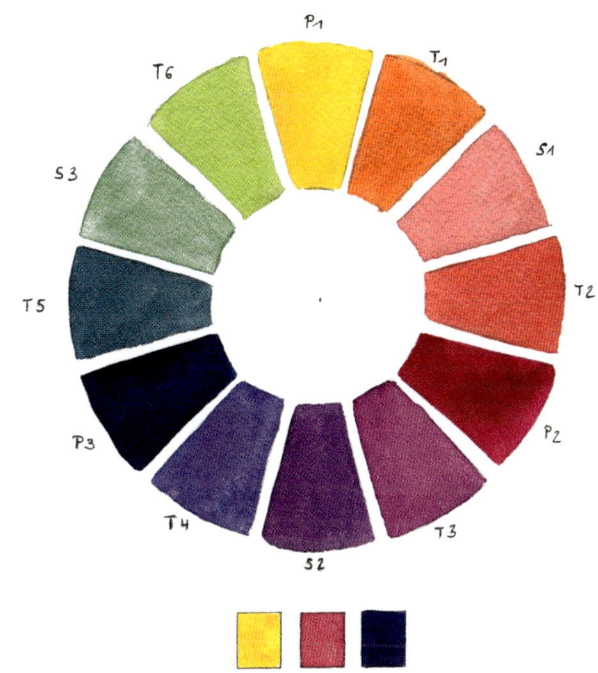

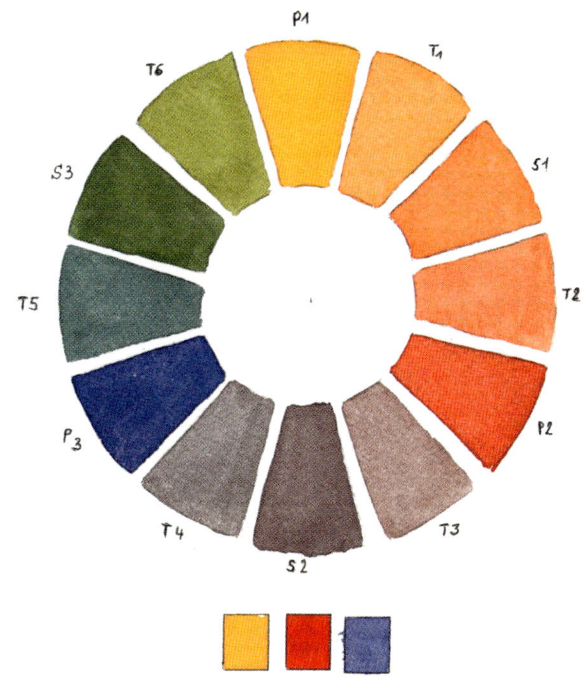

Anleitung für den idealen Farbkreis

1. Nimm dir einen Teller, auf dem du die Farben an der Seite kreisförmig anordnest. Zeichne dann das Layout eines Farbkreises auf dein Aquarellpapier.
2. Beginne mit dem Auftrag von warmem Gelb (New Gamboge) auf Position 1 (P1). Daneben kommt das kalte Gelb (Zitronengelb). Drei Farbfelder lässt du frei, bevor du das warme Blau (Französisch Ultramarin) auf P3 aufträgst und direkt daneben das kalte Blau (Phthaloblau grünlich). Wieder lässt du drei Positionen frei, dann kommt das kalte Rot (Alizarin-Karmesin) auf P5 und das warme Rot (Pyrrol Scharlachrot) auf P6.

TIPP:
Es ist wichtig, deinen Pinsel vor jedem neuen Farbauftrag immer gut auszuspülen.

3. Nun malen wir die dazwischenliegenden Positionen mit den Sekundärfarben aus. Beginne, indem du das kalte Blau mit dem kalten Gelb mischst und einen strahlenden Grünton erhältst. Aus dem kalten Rotton und dem kalten Blau erhältst du einen klaren Violettton. Setze zwischen Gelb und Rot die Mischung aus dem warmen Gelb und dem warmen Rot. Die Sekundärfarben sind also: Orange, Violett und Grün.
4. Jetzt mischst du dir die Tertiärfarben, indem du eine Primärfarbe mit einer benachbarten Sekundärfarbe zu jeweils 75% und 25% anrührst. Die Tertiärfarben befinden sich auf dem Farbrad in den Lücken zwischen den Primär- und Sekundärfarben. Es entstehen die Farbtöne Rot-Orange, Gelb-Orange, Gelb-Grün, Blau-Grün, Blau-Violett und Violett-Blau.

Nun ist unser Farbkreis mit 6 Primärfarben, drei Sekundärfarben und 6 Tertiärfarben fertig.

Dieser Farbkreis berücksichtigt sowohl die kühlen sowie die warmen Farben, die in einer idealen Farbpalette vorhanden sein sollten.

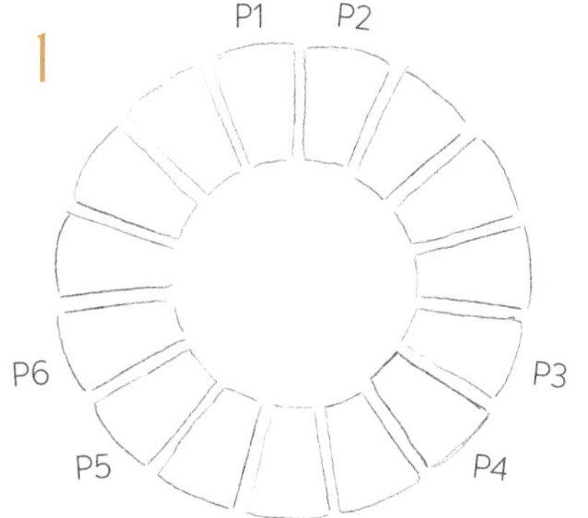

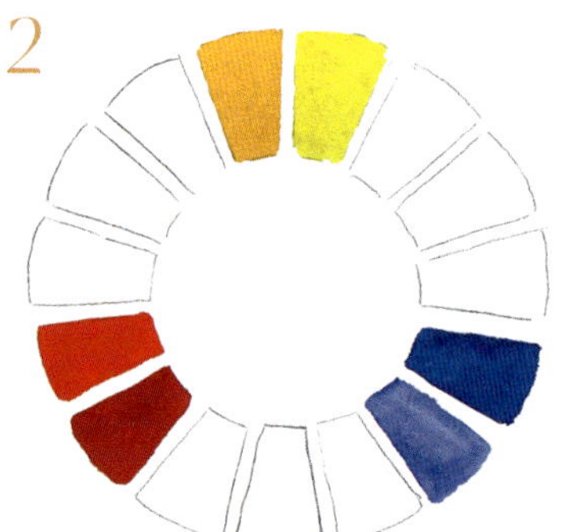

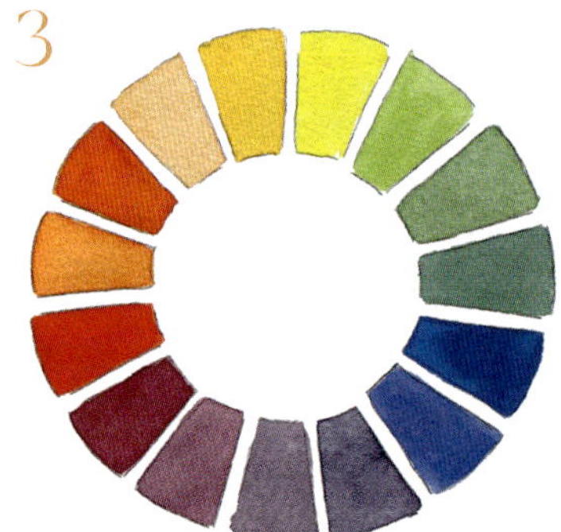

Wenn wir einen Farbkreis mit nur drei Primärfarben, z. B. Rot, Gelb und Blau, hergestellt hätten, wäre der Grünton weniger strahlend, und es gäbe eher ein Braun als ein Lila.

Hätten wir den Farbkreis mit den Farben Magenta, Cyan und Gelb hergestellt, wären die Orangetöne weniger strahlend geworden.

Deshalb ist der Farbkreis, in dem wir alle diese Farben integriert haben, für uns Maler*innen die beste Ausgangsposition, um Farben zu verstehen und eine Vielzahl schöner Mischungen herzustellen. Das wird uns nun ermöglicht, da wir gelernt haben, die Untertöne, die man als warm oder kalt deutet, zu verstehen.

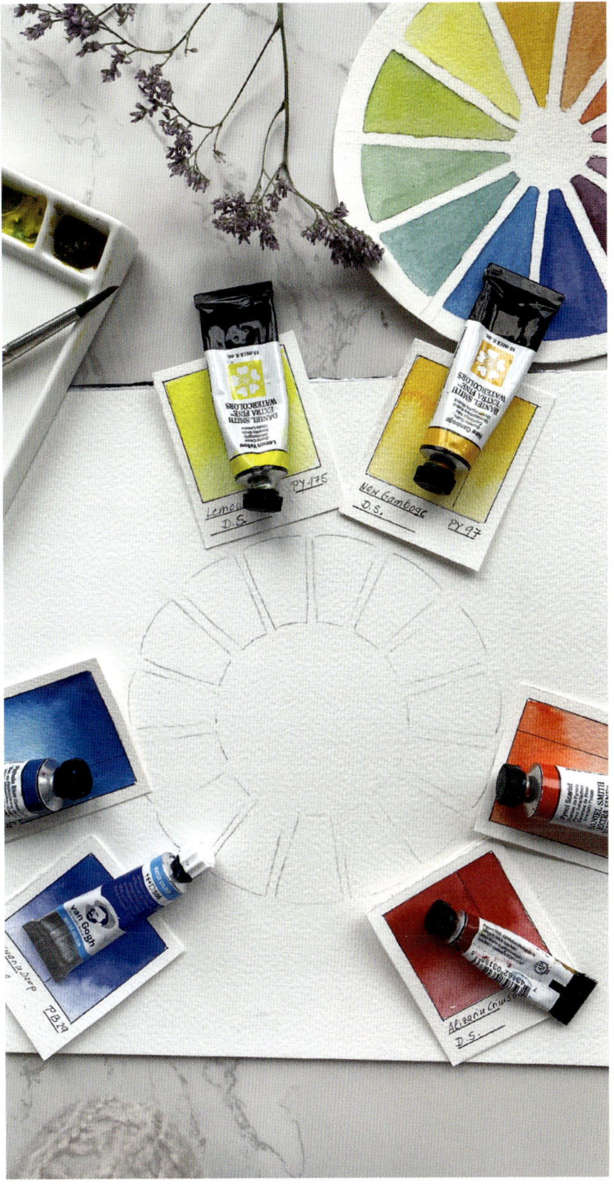

Farbharmonie

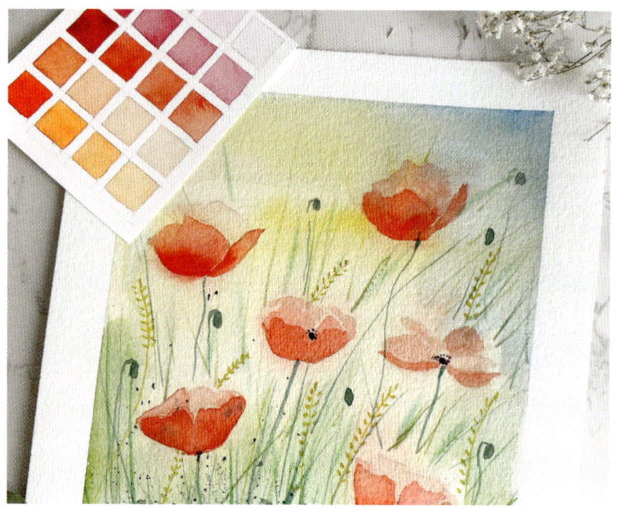

Durch die Verwendung bestimmter Farbschemata kannst du Bilder malen, die auf den Betrachtenden harmonisch wirken, da sie ein Gefühl der Einheit in deinen Aquarellen erzeugen. So unterscheidet man eine Reihe von Möglichkeiten, die man für eine harmonische Farbzusammenstellung in einem Bild verwenden kann.

Dies kannst du bereits im Voraus planen, indem du dir ein geeignetes Farbdesign auswählst, natürlich abhängig von dem Thema und dem, was du ausdrücken möchtest. Hier zeige ich dir einige bekannte Farbschemata, die dir helfen, Farbbeziehungen zu finden, die gut funktionieren.

Monochromatisch

„Mono" bedeutet einzeln oder allein, „chroma" bedeutet Farbe – so besteht ein monochromatisches Bild aus nur einer Farbe und deren tonalen Abstufungen bzw. Tonwerten. Da wir im Aquarell kein Weiß verwenden, wird die Helligkeit durch die Zugabe von Wasser erreicht. Monochrome Bilder sehen minimalistisch aus und sind für das Auge angenehm. Das Entscheidende bei diesem Malstil ist es, genügend Farbabstufungen zu verwenden, damit das Bild trotzdem lebendig aussieht.

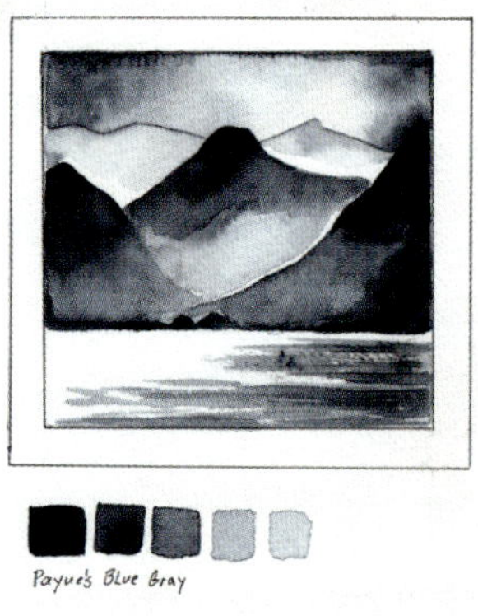

Primärfarben-Schema

Hierbei werden nur die drei Primärfarben (Rot, Blau, Gelb) und deren Mischungen verwendet. Dadurch erhält das Bild Harmonie. Es ist jedoch ratsam, dass man eine Farbe als Hauptfarbe einsetzt und die beiden anderen z. B. für Details verwendet.

Komplementärfarben (1)

Komplementärfarben sind Farben, die im Farbrad gegenüberliegen und erzeugen den größten Farbkontrast. Paare von Komplementärfarben passen normalerweise gut zusammen und ergeben eine starke Komposition. Solche Farben sind z. B. Blau und Orange, Rot und Grün, Gelb und Violett.

Tetrade (2)

Hier geht es um zwei unterschiedliche Paare von Komplementärfarben. Dieses Schema ist etwas komplizierter, da hier 4 Farben balanciert werden müssen. Die Farbtemperatur spielt daher eine große Rolle. Ich empfehle zwei kalte und zwei warme Farben auszuwählen, so kann ein harmonisches Bild entstehen.

Analoges Farbschema (3)

Analoge Farben sind drei Farben, die im Farbkreis nebeneinanderliegen. Es ist sehr einfach, mit diesen Farben ein harmonisches Bild zu malen.

Triadisches Schema (Dreiklang, 4)

Bei dem triadischen Schema werden drei Farben verwendet, die sich im Farbkreis in gleichen Abständen zueinander befinden, z.B. Blau, Gelb und Rot. Gehen wir auf dem Farbkreis eine Position weiter nach links, würde das ein Farbschema von Blau-Violett, Rot-Orange und Gelb-Grün ergeben.

Tetradisch (Vierklang, 5)

Bei diesem Farbschema werden vier Farben des Farbkreises verwendet, die mit einer verbundenen Linie ein Rechteck ergeben. Dabei gibt es immer automatisch zwei Paare von Komplementärfarben. Auch hier ist es ratsam nur eine dominante Farbe zu wählen und die anderen etwas dezenter einzusetzen.

Du musst also die Farben nicht dem Zufall überlassen. Sorgfältige Überlegungen können deine Arbeit verbessern:

- Bevor du mit dem Malen beginnst, denke über ein mögliches Farbschema nach und probiere es immer wieder auf einem Extrablatt aus.
- Nimm dir Zeit zu experimentieren. Betone die Unterschiede oder Ähnlichkeiten mit analogen oder komplementären Farbschemata.
- Versuche, die Anzahl deiner Farben zu begrenzen, um die Harmonie zu erhöhen.

Split-Komplementär (6)

Für ein gesplittet komplementäres Schema werden eine Farbe und die beiden Nachbarfarben der Komplementärfarbe verwendet, d.h. wir nehmen nicht nur eine kontrastreiche Farbe, sondern zwei. Zum Beispiel: Gelb und die beiden Nachbarfarben der Komplementärfarbe, nämlich Rot-Violett und Blau-Violett, also Tertiärfarben. Es werden demnach drei Farben verwendet und auch untereinander gemischt. So entstehen Kontraste, die jedoch nicht so hart sind.

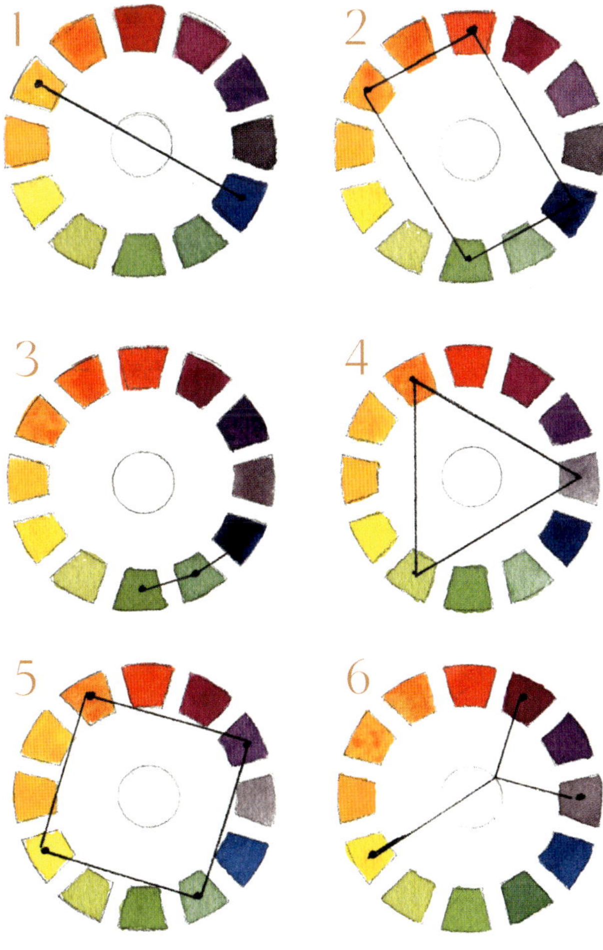

Warme und kalte Farben

Zu den warmen Farben gehören Gelb-, Orange- und Rottöne. Kalte Farben bestehen aus Lila, Blau und Grün. Mit dieser einfachen Übung wirst du lernen, wie du viele brillante Farbnuancen mit nur sechs Farben erzielen kannst.

Übung

Das Mischen von warmen und kalten Farben

1. Wähle zwei warme und eine kalte Farbe aus deinem Farbkasten aus. Ich habe das warme Gelb New Gamboge, den warmen Farbton Siena gebrannt und das kalte Rot Alizarin-Karmesin ausgewählt. Danach wählst du noch ein warmes Blau, wie z.B. Französisch Ultramarin und zwei weitere kalte Blautöne, wie z.B. Phthaloblau grünlich und Preußischblau.
2. Bereite deine Palette vor, indem du gleich viel Farbe und gleich viel Wasser miteinander verrührst. Ich nehme dazu eine Pipette, um die genaue Anzahl an Wassertropfen in die jeweilige Farbe zu geben.
3. Lege dir eine Tabelle mit 16 Quadraten (Größe jeweils ca. $2 cm^2$) an. Zwischen den einzelnen Quadraten sollte ein Abstand von ca. 5 mm sein, um ein Vermischen der Farben zu vermeiden.
   Bezeichne die waagerechten Zeilen mit den Buchstaben A bis D, die senkrechten Spalten mit den Ziffern 1 bis 4.
4. Fülle die Felder A2, A3 und A4 mit den Farben Französisch Ultramarin, Phthalo Green (GS) und Preußischblau. Die Felder B1, C1 und D1 werden mit den Farben New Gamboge, Siena gebrannt und Alizarin-Karmesin bemalt.
5. Nun beginne mit der Mischung von dem ersten warmen Farbton New Gamboge (B1) mit dem ersten warmen Blauton Französisch Ultramarin (A2) in das Feld B2. Mische diese Töne 1:1, indem du eine Pinselladung der jeweiligen Farbe auf die Mischpalette gibst und danach beide miteinander verrührst.
6. Nun mischst du den ersten warmen gelben Farbton New Gamboge (B1) mit dem zweiten Blauton Phthaloblau grünlich (A3) und danach wiederum mit dem dritten Blauton Preußischblau (A4).

	A	B	C	D
1				
2				
3				
4				

7. In der gleichen Art und Weise machst du dies auch mit der Farbe Siena gebrannt (C1) und mit dem kalten Rotton Alizarin-Karmesin (D1).

An deiner Tabelle kannst du nun sehen, welch leuchtende und kräftige Grüntöne sowie gedämpfte sehr dunkle Lilatöne und warme Brauntöne du selbst mischen kannst.

MISCHTABELLE FÜR WARME & KALTE FARBEN

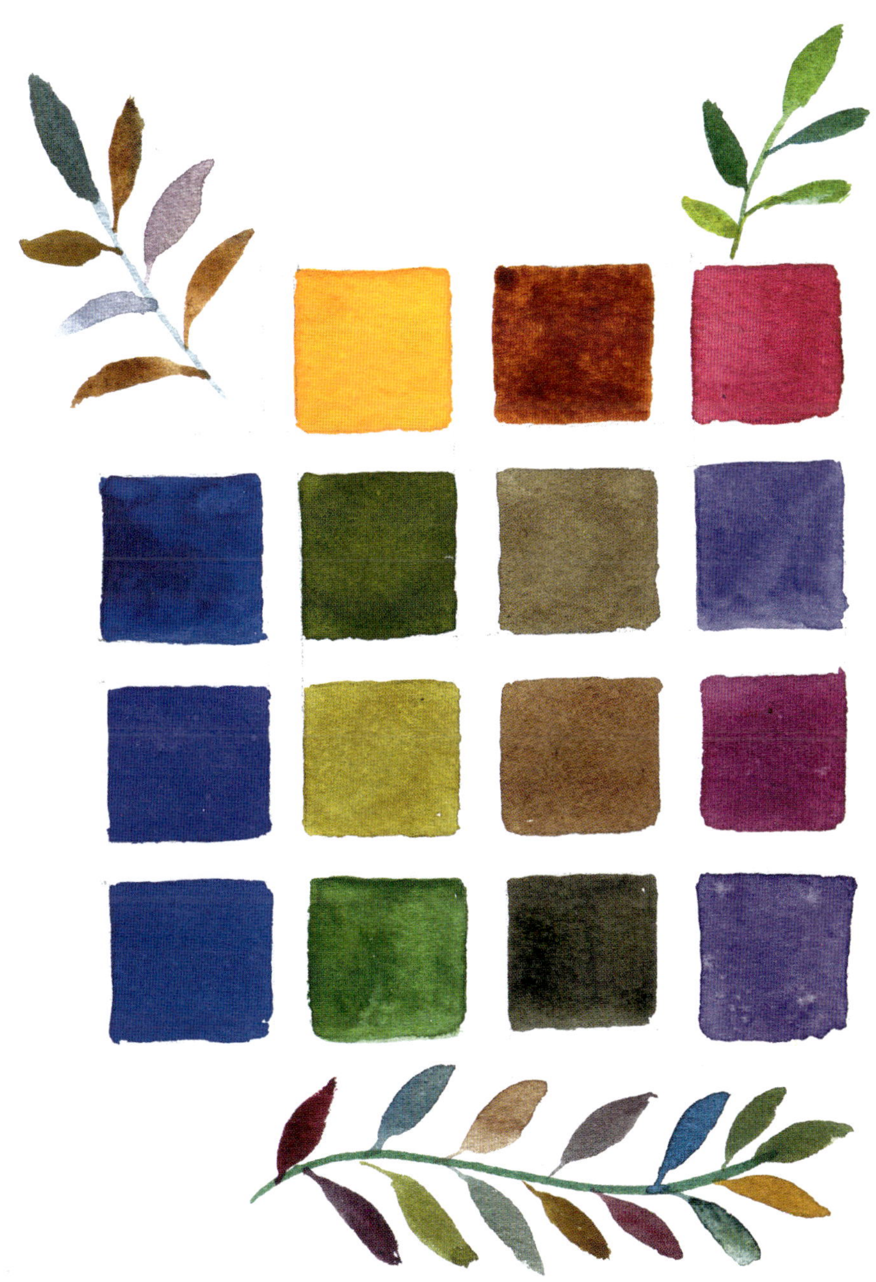

Neutrale Farben

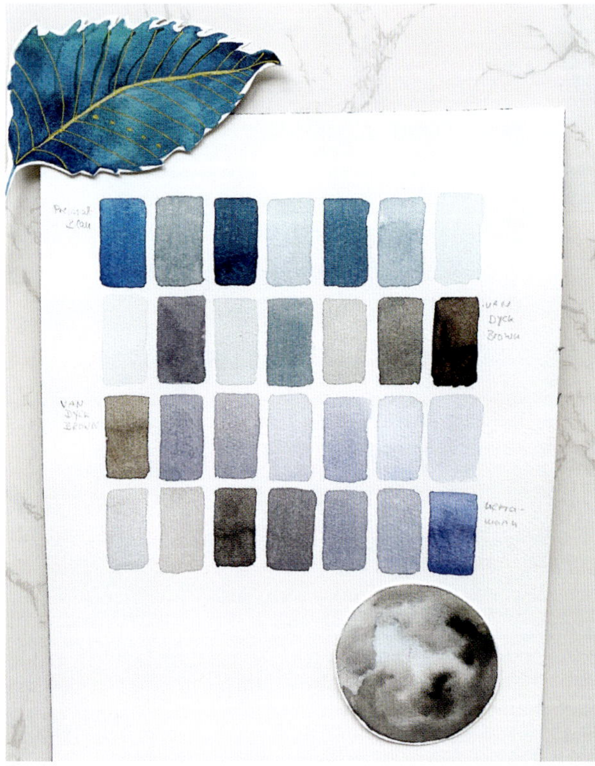

Weiß und Schwarz bezeichnet man auch als unbunte Farben, und alle Farben, die dazwischenliegen, als neutrale Farben. Sie tendieren nach Grau oder Beige. Weitere neutrale Farbtöne sind: Taupe, Braun, Grau-Grün, Blau-Grau. All diese neutralen Töne enthalten Rot, Blau und Gelb in einem unterschiedlichen Verhältnis.

Neutrale Farben ermöglichen es, hellere oder intensive Farben auszugleichen und eine schöne Harmonie zu erzielen. Durch ihre Verwendung werden andere, stärkere Farben optisch hervorgehoben.

Neutrale Töne mischen

Es gibt zwei Möglichkeiten, intensive Farben zu neutralisieren:

1. Füge ein wenig Paynesgrau bläulich (Payne's Blue Grey) oder Schwarz in die Farbe hinzu. Mit dieser Mischung erhältst du sehr schnell eine neutrale Farbe. Sei aber vorsichtig, denn wenn sich zu viele Farben mit schwarzem Pigment überlappen, kann deine Komposition schnell schmutzig erscheinen.
2. Durch das Mischen von Preußischblau oder Französisch Ultramarin mit Van Dyck Braun erhältst du eine breite Palette klarer, neutraler Farben. Je nach Mischungsverhältnis tendieren sie mehr in die blaue oder braune Richtung.

Gerade in der Landschaftsmalerei ist die Verwendung von neutralen Farben von entscheidender Bedeutung, denn die Farben der Natur sind nie so wie in deiner Farbpalette.

Um weiße Blumen darstellen zu können, wird oft ein neutrales Grau verwendet. Da wir in der Lage sind, je nach Mischverhältnis viele unterschiedliche Grautöne zu mischen, können wir das Weiß einer Blüte sehr variationsreich mit zarten Grautönen darstellen, sodass eine weiße Blüte auf einem weißen Blatt trotzdem noch weiß erscheint.

Hautfarben mischen

Jeder Mensch hat eine andere Hautfarbe. Deshalb gibt es logischerweise nicht den einen Hautton, der auf alle Gesichter passt. Ich verwende nie eine fertige Hautfarbe, die oft schon bei fertigen Paletten mit dabei ist, denn diesen Farben wird, um sie heller zumachen, oft zu viel Kreide beigemischt, und daher sind sie sehr deckend. Das sieht dann auf dem Papier wie eine zu dicke Make-up-Schicht aus, es wirkt künstlich und plakativ.

Der Hautton sollte transparent sein, und das gelingt, indem wir uns unseren Hautton selbst mischen, was gar nicht so schwierig ist. Im Allgemeinen fangen wir mit einem sehr transparenten Ton an und malen dann Schicht für Schicht. Dabei müssen wir auch die Schatten berücksichtigen, weshalb wir auch eine Schattenfarbe brauchen, um bestimmte Gesichtsfelder abzudunkeln.

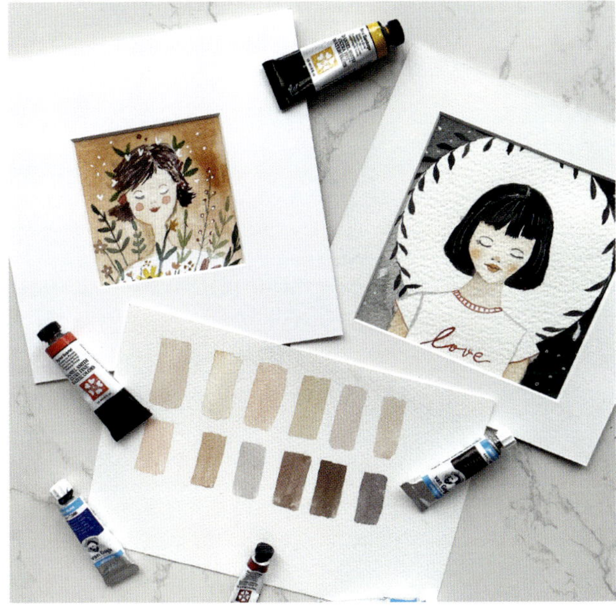

Einen Basis-Hautton mischst du mit den Primärfarben Rot, Gelb und Blau zusammen. Diese Farbe bildet den Ausgangspunkt für weitere Mischungen, in denen wir den Hautton individuell anpassen können. Du kannst ihn dunkler, heller, kühler oder wärmer machen.

So geht's:

1. Beginne immer mit der Basisfarbe.
2. Variiere das Mischverhältnis, um einen grundlegenden Hautton zu erzielen.
3. Verdünne die Mischungen, um unterschiedliche Tonwerte zu erhalten.
4. Um die Töne zu verdunkeln, füge kleine Mengen komplementäres Blau oder Grün hinzu.

Beim Malen von Hautfarben eignet sich die Lasurtechnik, d.h. du baust dein Bild nach und nach auf. Wenn du deinem Hautfarbton etwas rote Farbe hinzufügst, erreichst du einen natürlichen Rouge-Ton.

In der fortgeschrittenen Porträtmalerei benötigen wir noch eine Reihe anderer Farbnuancen. Hier habe ich einige Farbmischungen für dich zusammengestellt:

- Eine schöne Schattenfarbe entsteht aus dem kalten Rotton Alizarin-Karmesin mit Französisch Ultramarin.
- Siena gebrannt ist eine transparente Farbe, die z.B. mit Coelinblau hervorragend gemischt werden kann.
- Van Dyck Braun ist eine halbtransparente Farbe und eine hervorragende Mischfarbe. Eine Mischung mit Siena gebrannt ergibt einen hellen Braunton.
- Ein heller Hautton ergibt sich aus einem stark verdünnten Orangeton (gemischt aus einem warmen Rot und Gelb) und etwas von der Komplementärfarbe Cyanblau.

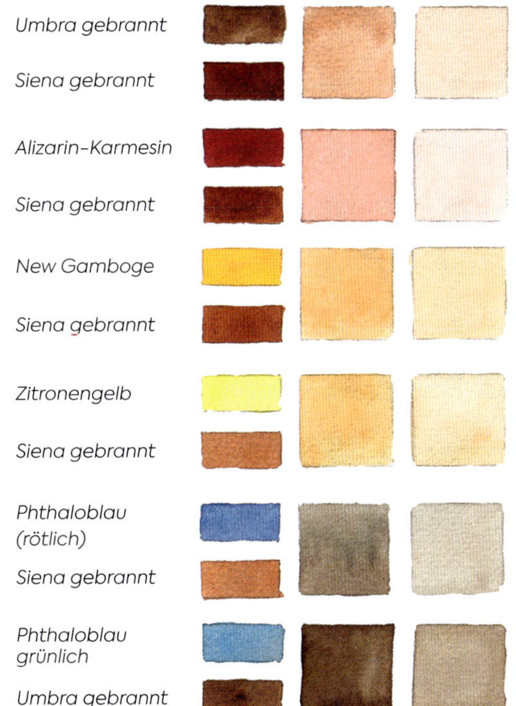

Begriffe in der Fachsprache

Es gibt viele Begriffe in der Malerei, die man hört und liest, aber nicht genau weiß, was damit gemeint ist. Deshalb hier eine kurze Zusammenstellung der gängigsten Begriffe und ihrer Bedeutung:

- Tonwert – die Helligkeit oder Dunkelheit einer Farbe.
- Farbton – ist ein anderer Name für Farbe.
- Farbsättigung - die Intensität einer Farbe.
- Farbtemperatur – gibt an, wie warm oder wie kühl eine Farbe ist.
- Kontrast – der Unterschied zwischen zwei Farben (z.B. Schwarz, Weiß).
- Farbproportion – die Verteilung von Farben.

Diese Begriffe werden auf den nächsten Seiten näher erläutert.

Der Tonwert

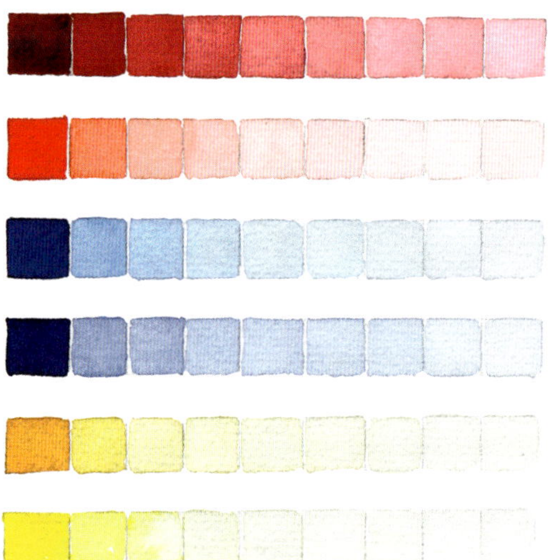

Der Tonwert ist entscheidend, um eine Form zu malen und dreidimensionale Effekte zu erzielen.

Der Tonwert ist die Bezeichnung für die relative Helligkeit oder Dunkelheit einer Farbe, unabhängig von ihrem Farbton. (Farbton ist das Farbbild rot, grün, blau usw.) In der Aquarellmalerei wird der Tonwert durch das Hinzufügen von Wasser aufgehellt. Maler*innen verwenden oft eine Grauskala, die von hell nach dunkel reicht, um Farbwerte zu erzeugen.

Probiere es aus und male eine Tonwertskala von dunkel nach hell. Du wirst dabei feststellen, dass jede Tonwertskala ihr eigenes Spektrum hat.

Die Helligkeit oder Dunkelheit von Oberflächen in einem Bild vermittelt ein Gefühl von dreidimensionalem Raum oder auch die Tiefe oder Entfernung einer Szene. Er ist einer der wichtigsten Faktoren, den es in der Malerei zu berücksichtigen gilt. In der Aquarellmalerei erreichen wir unterschiedliche Tonwerte, indem wir die Farben schichten und damit Hell-Dunkel-Abstufungen erzeugen können.

Wenn du sehr oft von einem Foto abmalst, empfehle ich dir eine schwarz-weiße Version des Fotos als Vorlage zu verwenden, denn dann kannst du viel besser die verschiedenen Tonwerte ermitteln.

Farbton

Der Farbton ist ein Begriff für die einzelne Farbe, so wie sie aus dem Näpfchen oder der Tube kommt. Die Namen entsprechen den Farben des Spektrums: Rot, Gelb, Grün, Blau, Violett. Dies sind reine Farbtöne mit intensiver Farbe.

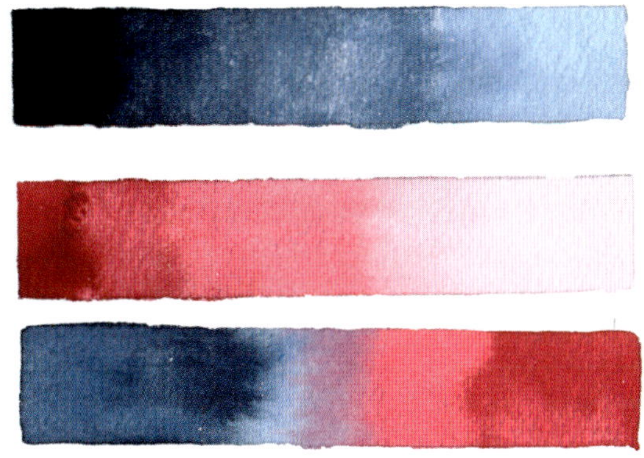

Farbsättigung

Unter Farbsättigung versteht man die Intensität einer Farbe, d.h. wie strahlend und leuchtend sie wahrgenommen wird. Eine hohe Sättigung bedeutet intensive Farben, und eine geringe Sättigung führt zu stumpferen Farben.

Manchmal sind die Farben, die aus der Tube oder aus dem Näpfchen kommen, sehr intensiv und wirken sehr künstlich. Grüntöne, so wie sie aus der Tube bzw. dem Näpfchen kommen, existieren in der Natur nicht, denn die Natur kennt keine reinen Farbtöne, sondern nur gebrochene.

Um eine Farbe zu dämpfen, mische sie mit einer anderen Farbe, z.B. einer Komplementärfarbe oder mit Lichtem Ocker, dies ist ein idealer Farbton, um eine sehr intensive Farbe zu entsättigen.

Farbtemperatur

Überall stehen wir mit Farben in Verbindung: In der Natur erleben wir durch die Jahreszeiten ein Wechselspiel der Farben, mit der Wahl unserer Kleidung unterstreichen wir unsere Persönlichkeit und mit der Wandfarbe in unserem Zuhause können wir Gemütlichkeit, Eleganz und Harmonie ausdrücken. Farbe ist auch ein Werkzeug in der Werbung, um uns Verbraucher*innen auf ein bestimmtes Produkt zu konditionieren.

Kein Wunder also, dass es eine Farbpsychologie gibt, die dieses Thema erforscht hat und sagt, dass Farben, je nachdem ob es warme oder kalte Farben sind, eine anregende oder eine beruhigende Wirkung auf den Menschen haben. Warme Farben, wie z.B. Rot, Orange und Gelb, vermitteln uns ein Gefühl von Wärme und Energie. Wir begegnen ihnen im Sommer, bei einem romantischen Sonnenuntergang oder bei einem Herbstspaziergang, wo sich die Blätter von Grün zu orangen und warmen Brauntönen färben.

Farbproportion

Wie schon erwähnt, befassen sich auch Designer*innen und Innenarchitekt*innen mit Farben. In der Innenarchitektur gibt es die sogenannte 60-30-10-Regel. Diese besagt, dass eine Harmonie im Wohnbereich dadurch zustandekommt, dass eine Farbe zu 60% dominieren sollte. Zu 30% sollte eine zweite Farbe und zu 10% eine dritte Farbe verwendet werden. Diese Regel kann man ebenso auf ein Gemälde anwenden, um es harmonisch zu gestalten.

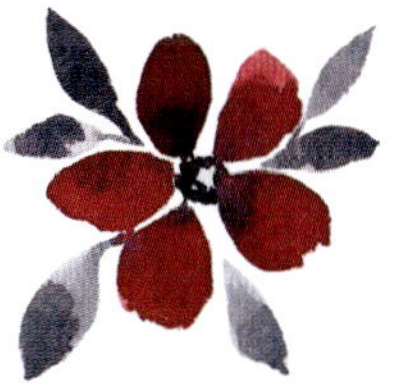

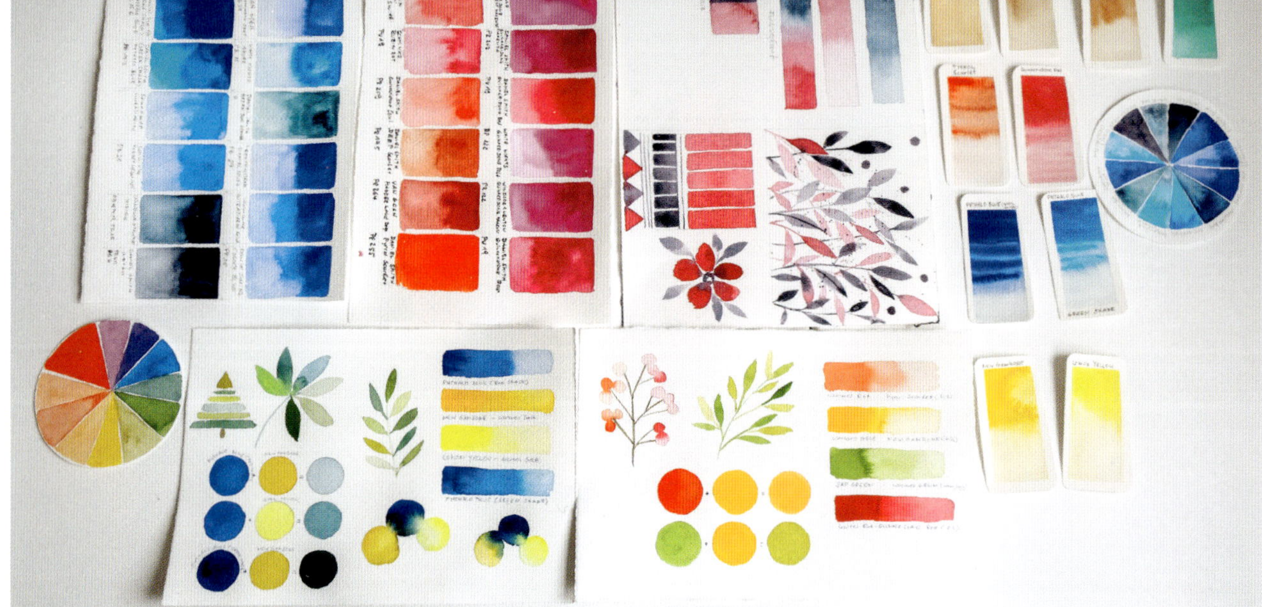

GRÜN

Grün bringen wir mit Natur in Verbindung, mit Frühling und Hoffnung. Diese Sekundärfarbe hat eine beruhigende, ausgleichende und harmonisierende Wirkung.

GELB

Gelb steht für das Strahlen der Sonne, für Wärme und Licht. Gelb ist die hellste Primärfarbe, die Farbe wirkt optimistisch, heiter, dynamisch. Der negative Aspekt ist die Assoziation mit Neid und Gefahr. Die Farbe Gelb ist die Farbe mit der intensivsten Leuchtkraft. Vor allem goldgelbe Schattierungen werden als besonders positiv wahrgenommen. Die Farbe macht den Betrachtenden sofort auf sich aufmerksam, da sie hervorsticht. Deshalb ist es wichtig, sie mit neutralen Farben oder Pastellfarben zu kombinieren oder aber die Helligkeit einer anderen Farbe zu erhöhen.

ORANGE

Orange ist eine Sekundärfarbe und steht zwischen Gelb und Rot. Es wirkt anregend, Energie spendend und fröhlich. In gedämpften Versionen bringen wir damit das Herbstlaub in Verbindung. Es ist eher eine sanfte Farbe, die allerdings in ihrer Wirkung mit Violett zusammen eine enorme Strahlkraft besitzt.

BLAU

Mit Blau assoziieren wir Meer, Himmel, Ozean, Horizont. Blau kann entspannend und harmonisierend wirken. Diese Primärfarbe bringt man in den dunkleren Farbtönen aber auch in Verbindung mit Autorität, Sicherheit oder Stabilität.

ROT

Mit Rot assoziieren wir Liebe, Feuer, Blut und Gefahr. Die positive Wirkung ist Energie, Vitalität, Erotik, Leidenschaft. Die negative Wirkung: laut, gefährlich, aggressiv. Die Farbe zieht sofort die Aufmerksamkeit auf sich. Um in der Malerei eine gewisse Wirkung zu erzielen, sollte man sie deshalb sehr gezielt einsetzen.

VIOLETT

Violett besteht aus Rot und Blau. Je mehr Blau sie enthält, desto kühler wirkt sie, je mehr Rot sie enthält, desto wärmer. Violett steht für Magie, Spiritualität, Esoterik, Religion, Luxus. Die positive Wirkung: sinnlich, fantasievoll, kreativ, würdevoll. Die negative Wirkung: eitel, exzentrisch, intrigant. Violett gibt es in den verschiedensten Abstufungen von Lila bis Lavendel. In der Malerei erreicht man mit Violett Tiefe im Bild, aber auch Verspieltheit oder Exklusivität.

Eine eigene Mischtabelle anlegen mit Gelb- und Blautönen

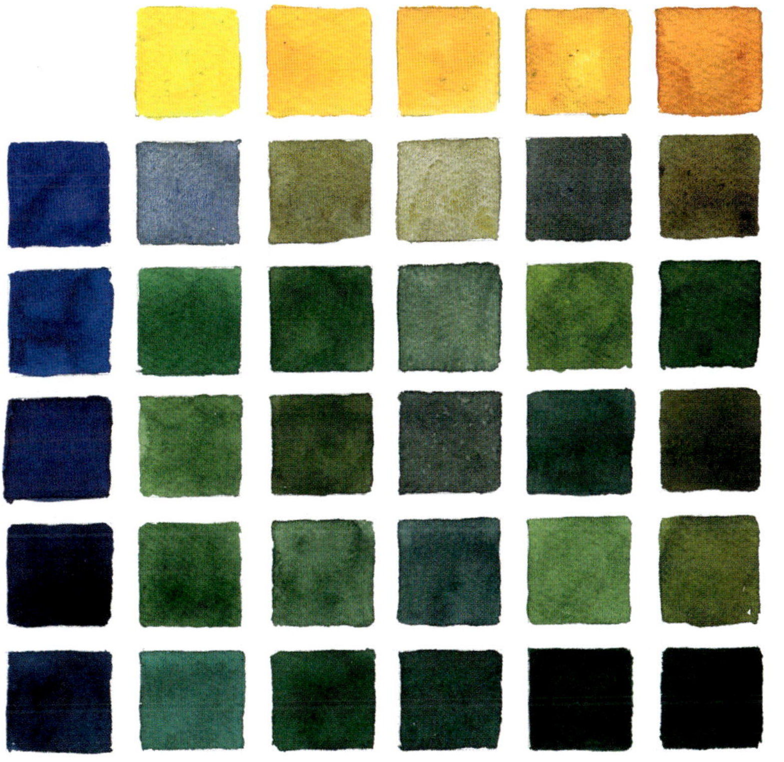

GELBTÖNE

Zitronengelb

New Gamboge

Lichter Ocker

Azo Nickel Yellow

Quinacridon Gold

BLAUTÖNE

Kobaltblau

Phthaloblau (grünlich)

Phthaloblau (rötlich)

Preußischblau

Phthalotürkis

Durch das Anlegen einer Mischtabelle bekommst du einen guten Überblick darüber, wie deine Farben miteinander agieren. In meiner Palette befinden sich beispielsweise keine Grüntöne, da man diese sehr schnell mischen kann. Eine Mischtabelle mit Gelb- und Blautönen zeigt dir, wie viele Grüntöne du dir mischen kannst.

Um eine Mischtabelle mit Grüntönen anzulegen, gehe folgendermaßen vor.

1. Erstelle ein Diagramm mit jeweils 6 x 6 Kästchen in der Größe von 2cm plus 0,5cm Abstand. In der ersten Reihe lässt du das erste Quadrat aus, in die vier anderen Quadrate malst du aus deinem Bestand fünf verschiedene Gelbtöne. Falls du weniger hast, machst du entsprechend weniger Kästchen.
2. Gib nun von den Gelbtönen jeweils eine kleine mit etwas Wasser verdünnte Pfütze auf deine Mischpalette. Ich nehme immer jeweils zwei Pinselladungen Wasser und Farbe auf die Palette. Im gleichen Farbe-Wasser-Verhältnis mische ich mir das erste Blau in der Reihe. Mische den ersten Grünton, indem du die beiden Farben miteinander gut verrührst. Den neu entstandenen Farbton malst du in das erste Feld unter das Gelb. Danach verfährst du mit jedem weiteren Blauton ebenso, sodass unter jedem gelben Kästchen ein neuer Farbton erscheint.

3. Wenn deine Tabelle fertig ist, wirst du sehen, wie viele unterschiedliche Grüntöne du durch das Mischen erzeugen kannst. Subtile Grüntöne kannst du mit einem warmen Gelb und Blau mischen. Die gedämpfteren Grüntöne eignen sich besonders für die Landschaftsmalerei oder auch für die Darstellung von Blättern im Herbst, während die Grüntöne, die mit einem kalten Gelb und Blau gemischt werden, sehr viel heller und leuchtender sind und sich besser für Pflanzen im Frühling eignen.

Solche Farbtabellen kannst du mit allen weiteren Farben deiner Palette erschaffen – wichtig ist, dass du auf die Untertöne achtest. Auch wenn deine Farben andere Bezeichnungen haben, funktioniert es trotzdem.

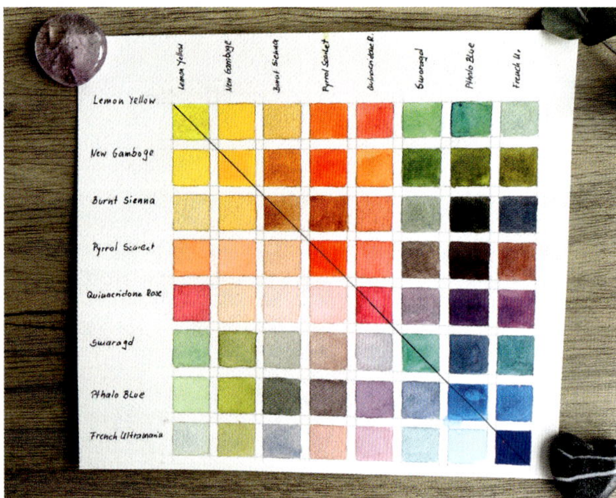

Wie erstellt man ein Farbmischdiagramm?

Wenn du dir das Bild oben anschaust, siehst du ein Mischdiagramm mit acht Farben, was es zu einem 8x8-Raster macht. Die Farben auf der Y- und X-Achse sind in der gleichen Reihenfolge beschriftet. Du kannst jede Farbe auf dem Diagramm diagonal dort sehen, wo sich die Farbbezeichnungen treffen.

Wenn du das Diagramm diagonal in zwei Hälften teilst, kannst du eine Seite mit gesättigten Farben (Mischverhätnis 50:50) und die andere Seite mit einer verdünnteren Version ausfüllen. Das ist nützlicher, als jede Farbe zweimal zu mischen.

Wenn du dir ein Fabdiagramm aus deinen Farben zusammenstellst, wirst du viel mehr über deine Farben erfahren und erstaunt sein, was für wunderbare Farben du selbst herstellen kannst.

1. Zunächst musst du dich entscheiden, mit wie vielen Farben du dein Diagramm erstellen willst. Ich empfehle, nicht mehr als 13 Farben zu nehmen, da das Diagramm sonst zu groß wird. Es ist wichtig, eine warme und eine kalte Version jeder Primärfarbe aufzunehmen. Dadurch ergibt sich eine größere Farbvielfalt. Neben den Primärfarben kann man auch grüne oder neutrale Töne integrieren.
2. Male mit dem Bleistift ein Raster auf dem Aquarellpapier. Meine Kästchen sind 2 x 2cm und dazwischen mache ich 0,5cm Abstand. So laufen die Farben beim Auftrag nicht ineinander.

3. Liste nun die Namen deiner Farben vertikal und horizontal in der gleichen Reihenfolge auf. Zeichne dann mit einem wasserfesten Fineliner eine diagonale Linie von der oberen linken bis zur unteren rechten Ecke. Male in der diagonalen Linie von links oben bis rechts unten die Kästchen in den reinen Farben aus, d. h., dass die Farben hier weder verdünnt, noch vermischt werden.

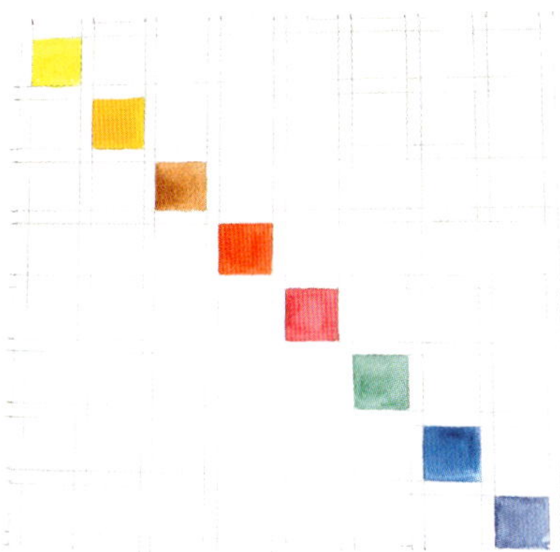

4. Ordne die Farben aus jeder Zeile und Spalte (wo sie sich schneiden) zu und male eine Mischung aus jeder in ein Quadrat. Rechts von der diagonalen Linie wird eine gesättigte Mischung aus den beiden Farben (50:50) eingemalt. Male links von der diagonalen Linie eine verdünnte Mischung, indem du einfach ein oder zwei Tropfen Wasser der Mischung hinzufügst. So machst du das mit jeder Farbe.

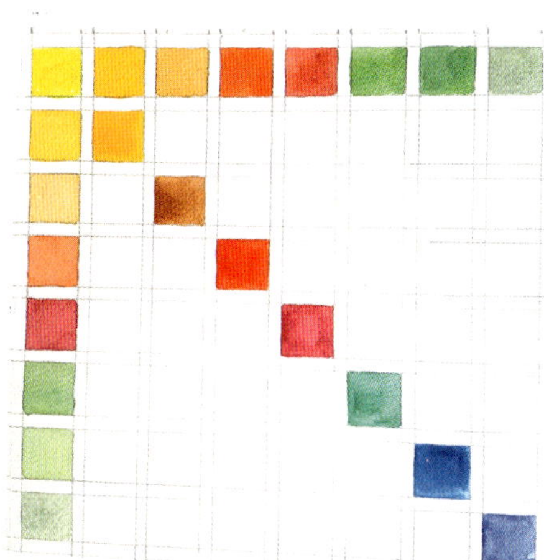

Dieses Diagramm hilft dir in Zukunft, deine Farben besser zu verstehen und sie gezielter einzusetzen. Das Farbdiagramm ist nicht nur ein hilfreiches Mittel, sondern auch ein sehr dekoratives Bild für jeden kreativen Arbeitsplatz.

Finde deine eigene Farbpalette

Mit der Wahl der Farben hast du ein Stilelement, das dich unverwechselbar machen kann. Um eine eigene Farbpalette zu entwickeln, sollte man sich überlegen, was man am liebsten malt. Wenn es eher mediterrane Themen sind, dann solltest du verschiedene Blauabstufungen in deiner Palette haben, bei naturalistischen Motiven solltest du hingegen auf verschiedene Grüntöne achten. Eine Entscheidung kann es auch sein, mehr in warmen Farben zu malen als in kühlen Farben, oder umgekehrt. Eine begrenzte Malpalette ist der beste Ausgangspunkt, um für sich die Farben zu finden, mit denen man sich am liebsten ausdrückt.

Mischtabellen anzulegen ist eine gute Unterstützung, um die passenden Farben zu finden. Deshalb habe ich für dich zehn Farbmischtafeln angelegt, die du auf den folgenden 6 Seiten findest. Sie zeigen, dass man mit nur zwei Farben eine ganze Reihe von weiteren spannenden Farbtönen erzielen kann.

In das erste Feld habe ich immer den konzentrierten Farbton genommen, so wie er aus der Tube kommt, danach den Pinsel einmal im Wasser ausgewaschen und das zweite Kästchen mit der verdünnten Farbe ausgemalt, danach noch mal den Pinsel ausgewaschen und mit dem Restpigment, was noch im Pinsel vorhanden war, das dritte Rechteck ausgemalt. In der letzten Reihe habe ich dies mit der zweiten Farbe ebenso gemacht.

Danach habe ich die beiden Farben 1:1 miteinander gemischt und in die dritte Reihe eingetragen. In die Felder 2 und 4 habe ich immer eine Mischung mit einmal 25% und einmal 75% gegeben.

Farbmischtabellen:

TRANSPARENT ORANGE & MAGENTA **SIENA GEBRANNT & ULTRAMARIN**

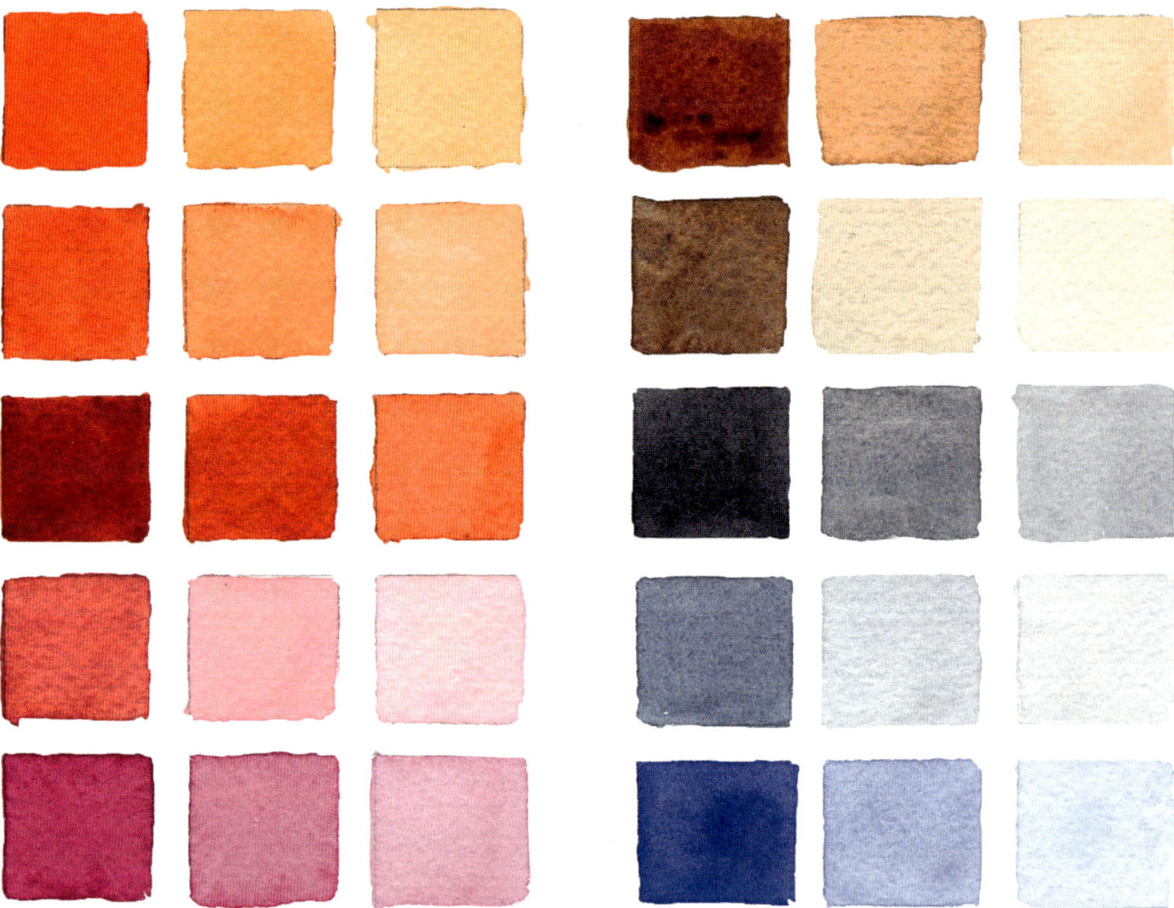

So kannst du sehen, dass man mit nur zwei Farben schon 13 Mischungen erreichen kann.

Diese Farbkarten bieten dir einen guten Überblick darüber, wie du sie in einem Bild einsetzen kannst. Probiere es doch auch einmal selbst mit deinen Farben. Du wirst begeistert sein und viel schneller zu deiner Lieblingsfarbkombination finden.

INDISCHGELB & COELINBLAU

MAGENTA & NEUTRALTINTE

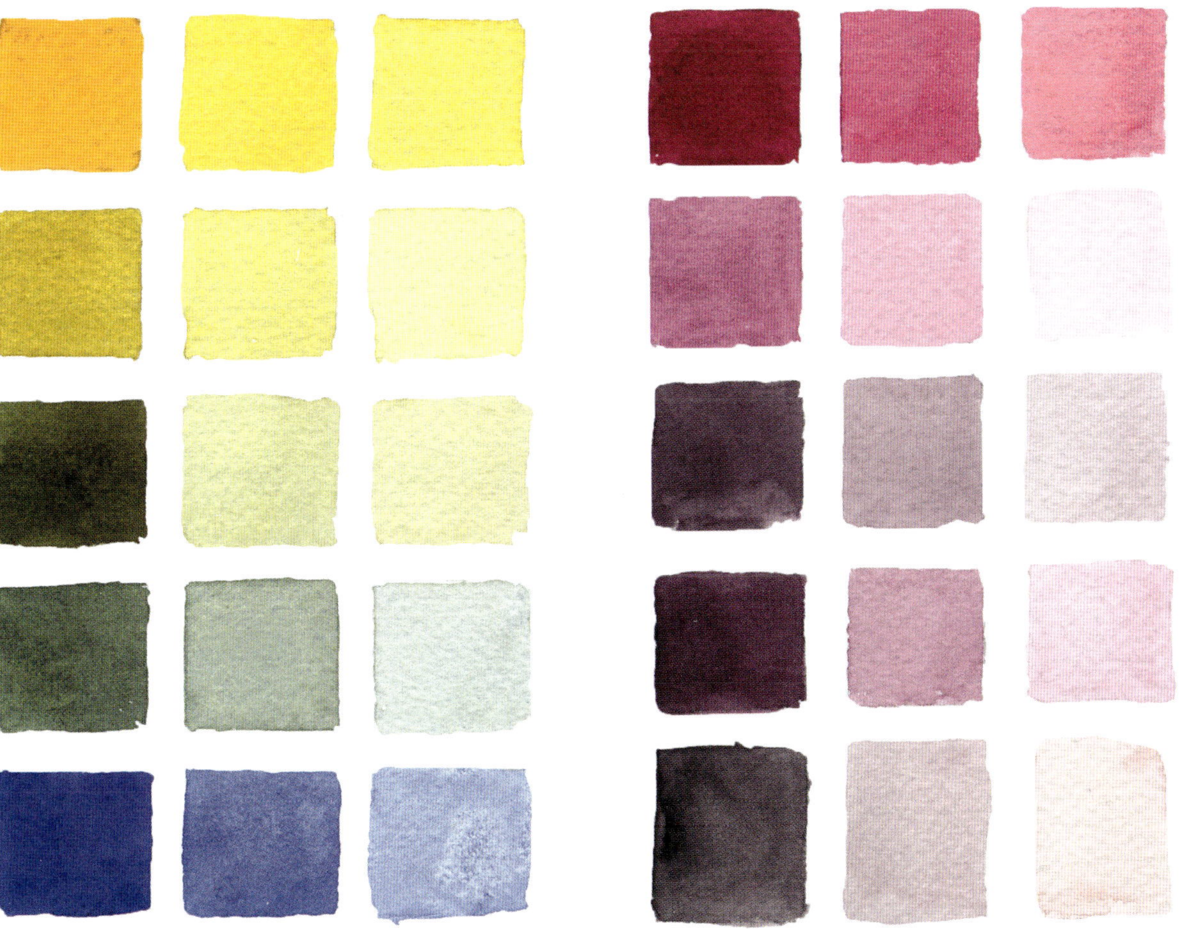

PREUSSISCHGRÜN & MAGENTA

LICHTER OCKER & PREUSSISCHGRÜN

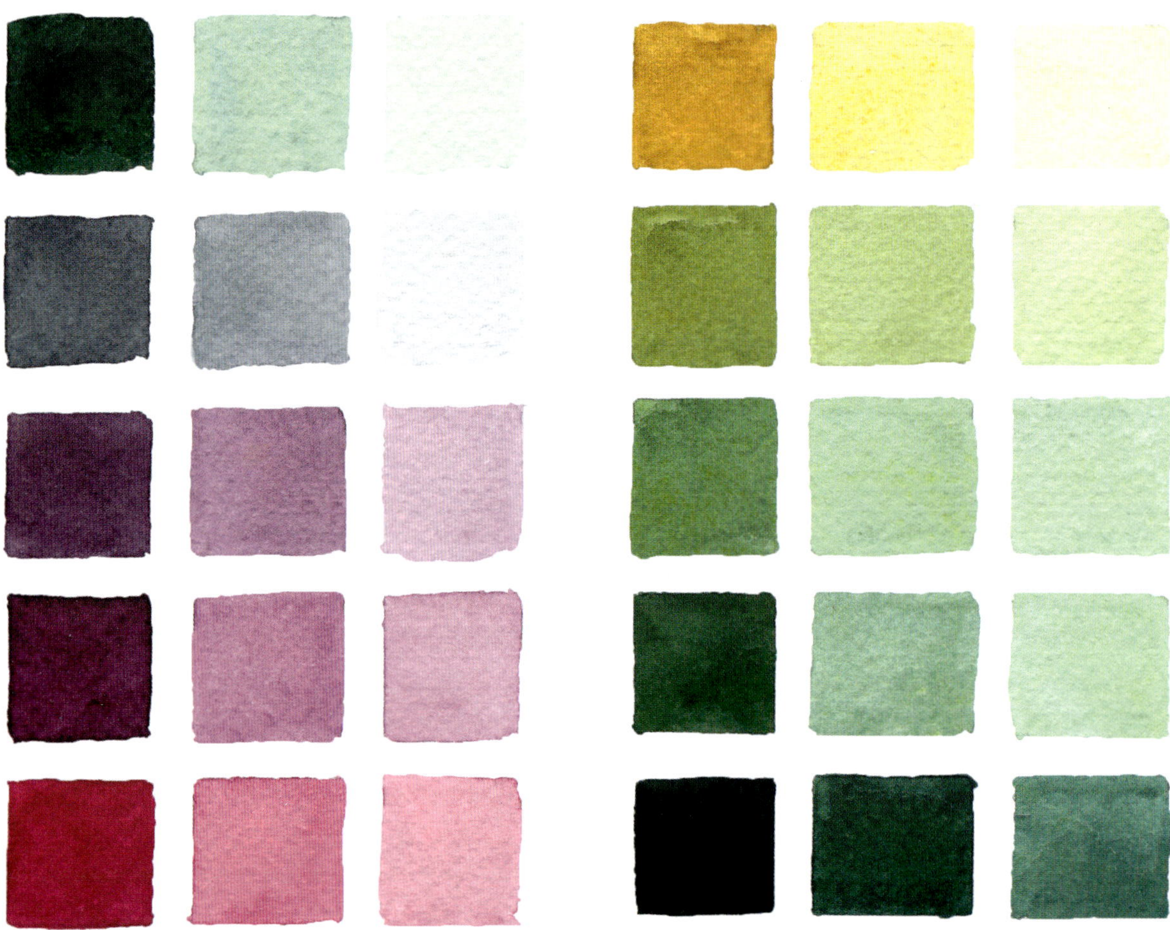

PYRROL SCHARLACHROT & QUINACRIDON GOLD

ZITRONENGELB & PHTHALOBLAU TÜRKIS

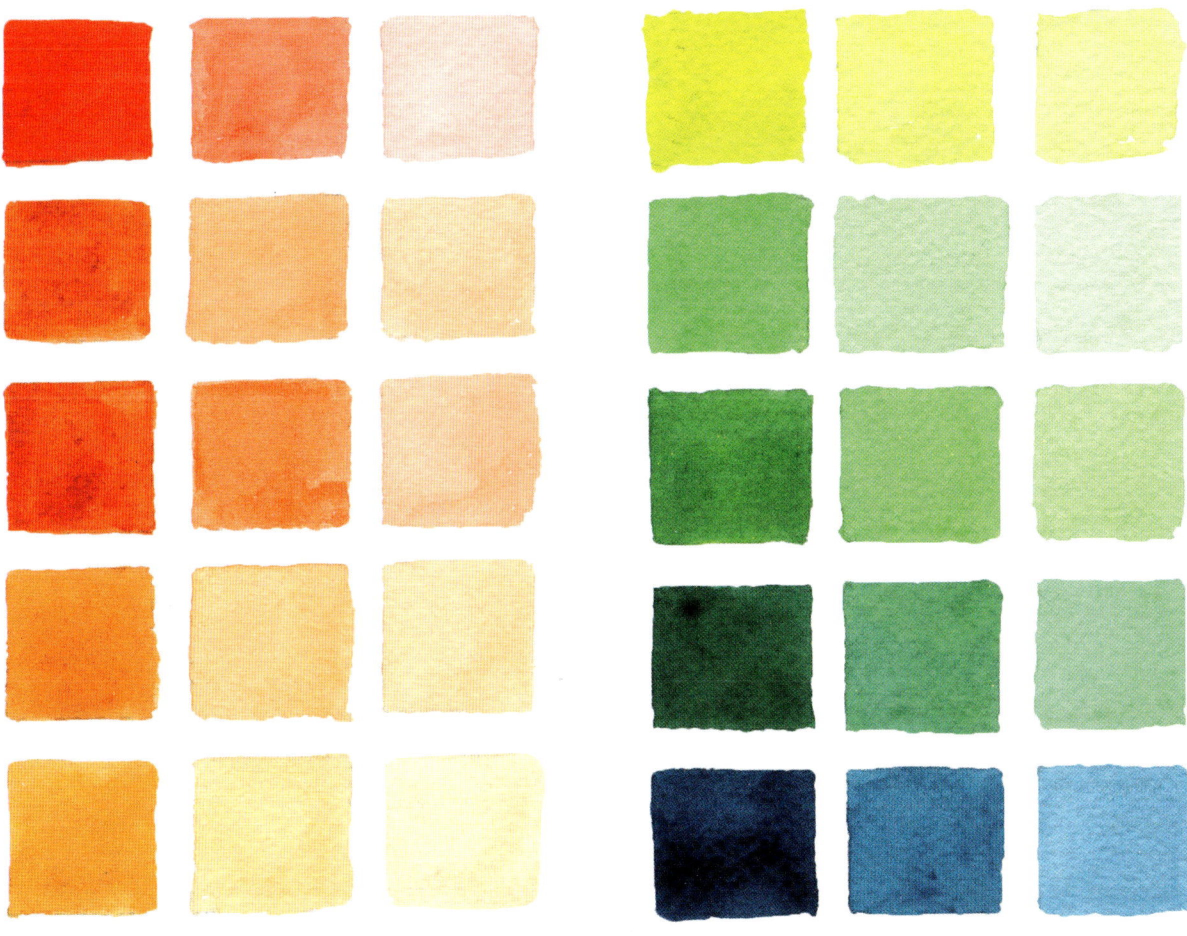

FRANZÖSISCH ULTRAMARIN & QUINACRIDON ROSA

SIENA GEBRANNT & PERYLENGRÜN

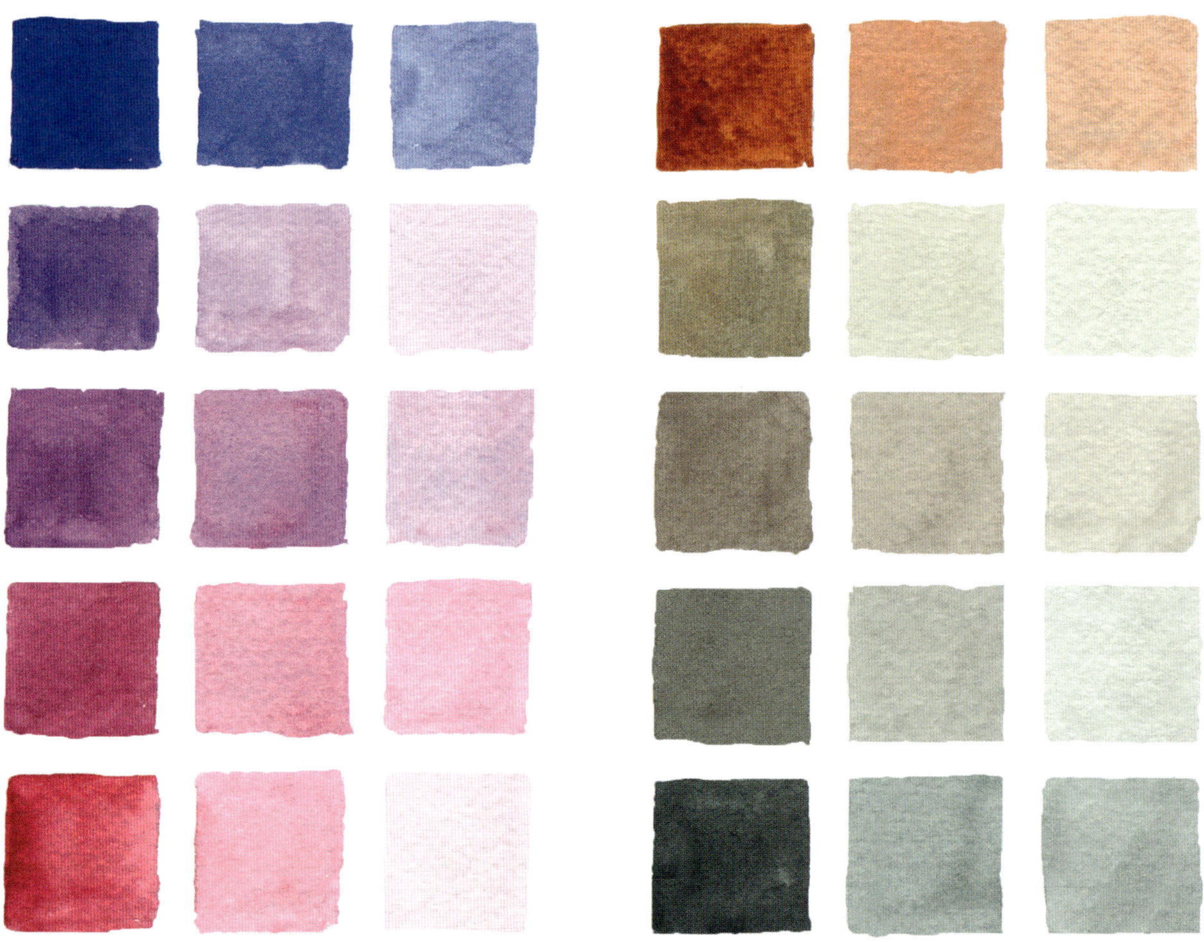

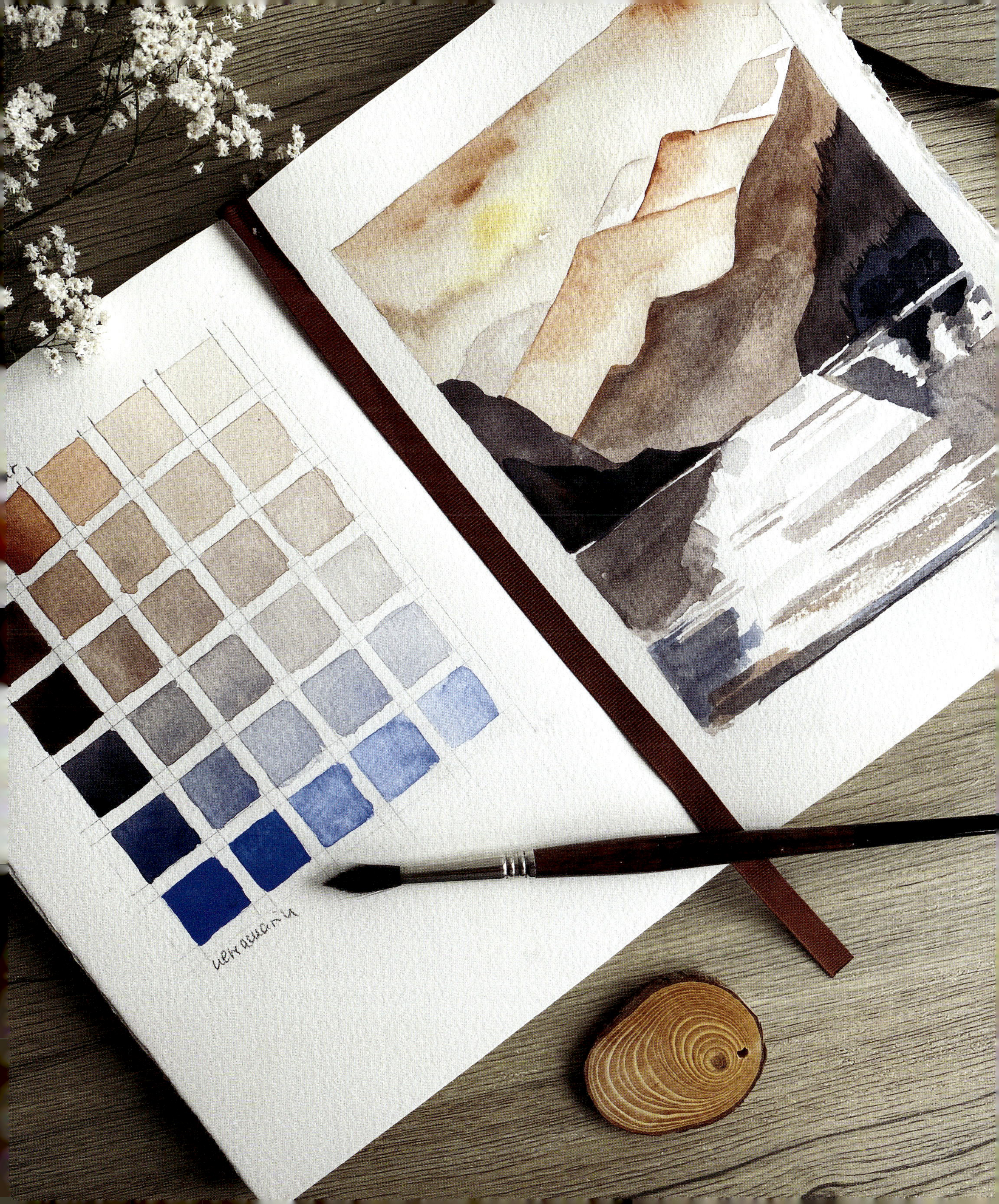
ultramarin

Maltechniken

Aquarellmalen besteht im Wesentlichen aus vier Techniken, die ich dir hier vorstellen möchte:

Lasieren (nass auf trocken)

Lasieren bedeutet, transparente Farben nach und nach übereinanderzulegen. Man nennt diese Technik auch Nass-auf-Trocken-Technik. Jede Schicht muss gut durchgetrocknet sein, bevor die zweite erfolgt.

Am besten probieren wir die Technik gleich mal aus und malen eine transparente Blüte. Wir beginnen immer mit einem hellen Auftrag. Ich habe mir dafür ein wenig Farbe (Magenta + Lichter Ocker) mit viel Wasser verdünnt und meinen Rundpinsel Nr. 6 von Escoda genommen.

1. Mit der Pinselspitze male ich in einer Linie das Blütenblatt. Direkt danach spüle ich den Pinsel kurz aus, sodass keine überschüssige Farbe mehr dran ist. Dann beginne ich mit dem feuchten Pinsel die Linie aufzulösen, indem ich die noch in der Linie vorhandene Feuchtigkeit in die Blattmitte streiche. Nun muss das Blatt vollständig trocknen.

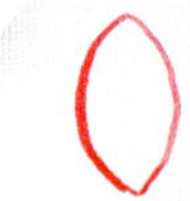
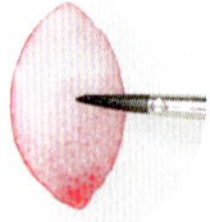

2. Im zweiten Schritt wiederholen wir diesen Vorgang bei einem weiteren Blütenblatt. Achte darauf, dass das zweite Blütenblatt das erste überlappt. Durch den halbtransparenten Farbauftrag kann man die darunterliegende Farbschicht noch erkennen. Pass auf, dass du nicht zu intensiv darüber malst, sonst aktivierst du die darunterliegenden Pigmente der bereits getrockneten Farbe wieder. Male also zügig, und falls du zu nass darübergemalt hast, kannst du die Feuchtigkeit mit einem trockenen Pinsel wieder aufnehmen. Wenn du eine Farbe verstärken willst, legst du eine weitere Schicht darüber.

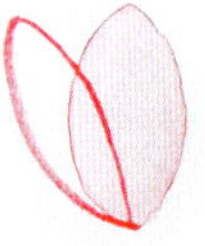
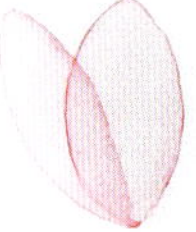

3. In dieser Art und Weise kannst du weitere Blütenblätter hinzufügen und die Transparenz wird da, wo die Blätter sich überkreuzen, sehr schön sichtbar.

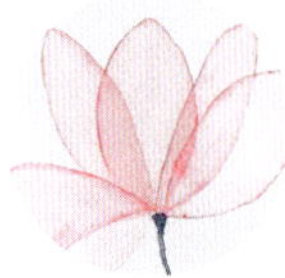

Wir können auch in der Landschaftsmalerei mit dieser Technik schöne Ergebnisse erzielen. Dazu legen wir eine erste Schicht in stark verdünnter Farbe an. Ist diese getrocknet, legen wir eine weitere Schicht darüber, bis wir zuletzt im Vordergrund die Dinge kräftig gestalten. Diese Art der Malerei erfordert etwas Geduld, da man warten muss, bis die vorherige Schicht getrocknet ist.

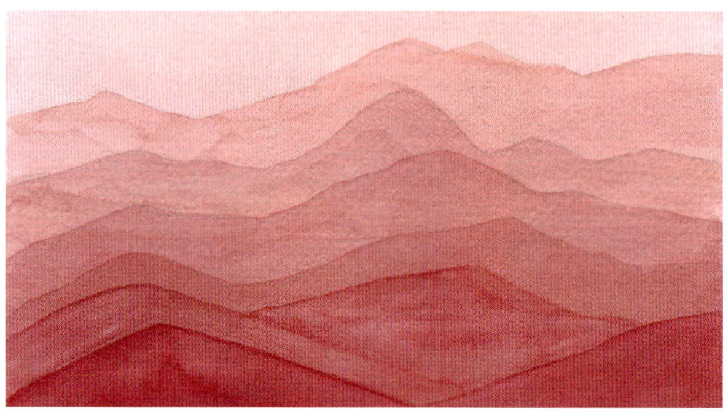

Lavieren (nass in nass)

Das Wort Lavieren ist von dem italienischen Wort Lavare abgeleitet und heißt so viel wie: waschen, befeuchten, wegwaschen. Für diese Technik bedeutet das, dass du dein Papier mit Wasser befeuchtest. Achte darauf, dass das Wasser auf dem Papier nicht zu viel ist. Wenn es einen leichten Glanz hat, dann ist es richtig. Danach tupfst du dann mit dem feuchten Pinsel die Farbe in die Fläche. Dadurch verteilen sich die Farbpigmente in alle Richtungen.

Da hier viel mit Wasser gearbeitet wird, ist es wichtig, dass du saugstarkes, gutes Papier verwendest. Die besten Ergebnisse wirst du mit Papier aus 100% Baumwolle erhalten. Wenn das Ergebnis getrocknet ist, hast du die Möglichkeit, auf dieser Schicht weiterzumalen. Du kannst deine Farbe intensivieren, wenn du in mehreren Schichten malst. Wenn du mit dem nassen Pinsel auf einen trockenen Untergrund malst, sprechen wir von der Nass-auf-Trocken-Technik

Beim Lavieren gibt es noch eine weitere Methode, die man als die Verlauf-Technik bezeichnet. Dabei ist es günstig, wenn du etwas unter deinen Block legst, sodass er sich etwas schräg nach unten neigt.

1. Wir beginnen mit einer ersten Linie, die wir mit einem verdünnten Phthaloblau ziehen.
2. Hat der Pinsel noch genügend Farbe, ziehe eine zweite Linie direkt unter der ersten und nimm dabei die nach unten fließende Farbspur aus der ersten Linie auf. Es sollte keine weiße Linie dazwischen entstehen.
3. Dann wäschst du deinen Pinsel kurz aus und ziehst eine weitere breite Linie, achte darauf, dass du immer die Farbpfütze auf dem Papier wieder aufnimmst und diese mit dem Pinsel entsprechend nach unten weiterführst und so, mit jeder weiteren Reihe, ein gleichmäßiger Übergang entsteht, bis zum Schluss das Papier nur noch weiß ist. So entsteht eine abgestufte oder gleichmäßig eingefärbte Fläche. Lass den Farbverlauf nun flach liegend trocknen.

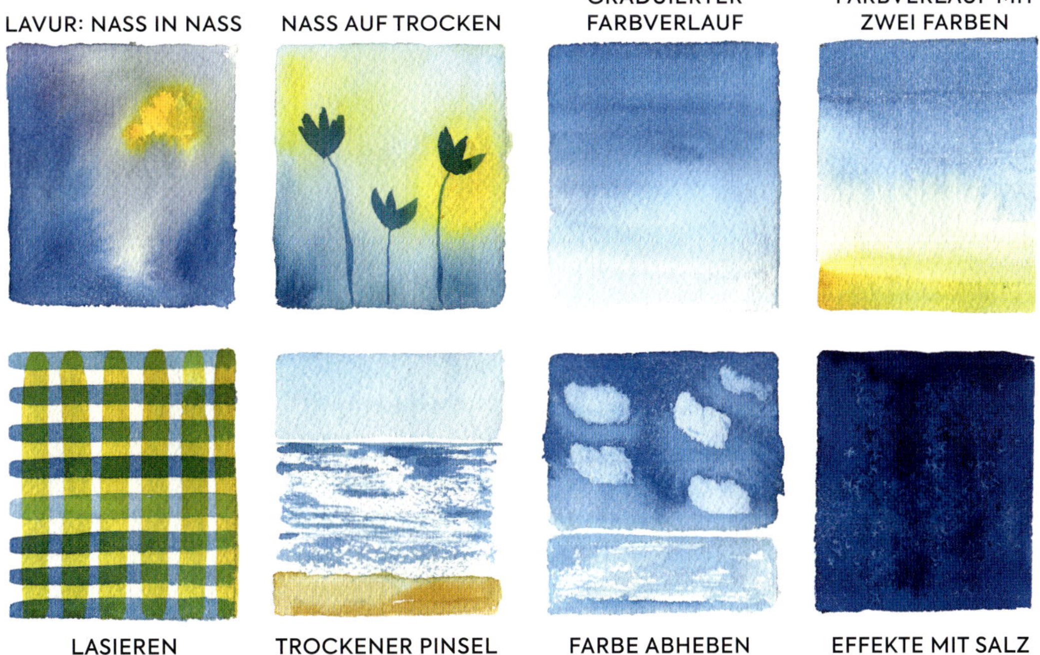

Granulieren

Granulieren heißt, dass du mit einem fast trockenen Pinsel in die Farbe gehst und dann über das Papier streichst. Dadurch setzt sich die Farbe nur an der Oberfläche ab und dringt nicht so tief in das Gewebe ein. Man nennt dies oft auch Trockenpinseltechnik. So kann man schöne Effekte erzielen, z.B. Holz eine Struktur geben oder auch Wellen im Meer andeuten.

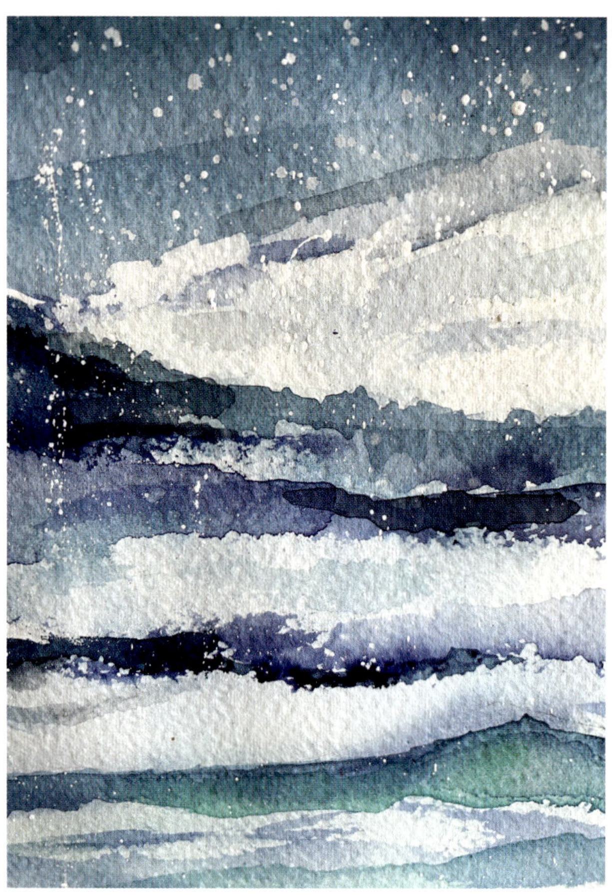

Bokeh-Effekt

Der Begriff kommt aus dem Japanischen und bedeutet Unschärfe. In der Fotografie wird diese Unschärfe durch spezielle Techniken und Objektive erreicht. Der Hintergrund wird unscharf, und auf den Fotos sieht man dann viele kleine helle Muster in Form von kreisförmigen Lichtern. Dies kann auch in der Aquarellmalerei ein ästhetisches Gestaltungsmittel sein.

Diese Lichtpunkte erzeugt man, wenn man aus der schon auf dem Papier aufgetragenen Farbschicht punktuell Farbe kreisförmig herausreibt. Dafür feuchtet man den Pinsel an, reibt kreisförmig die Farbe aus dem Papier und trocknet diese Stelle mit einem Tuch sofort ab, es entsteht die Illusion einer bestimmten Lichtdurchlässigkeit.

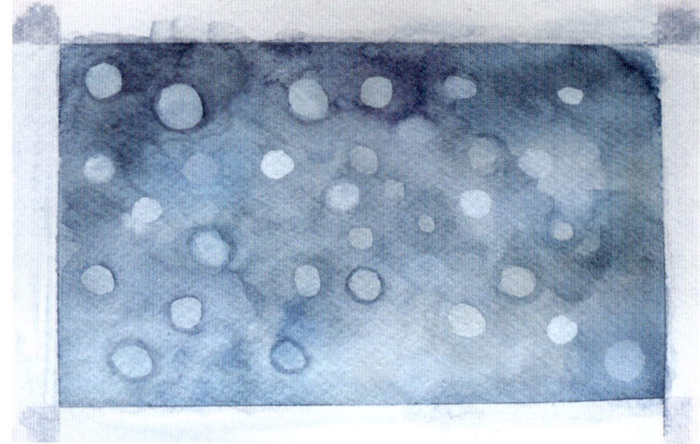

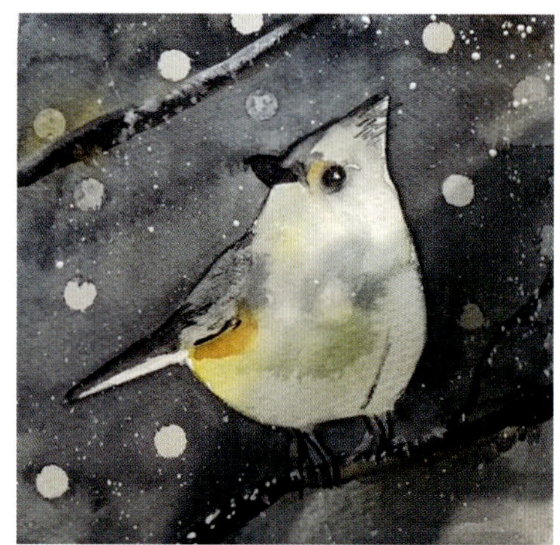

Negativtechnik

Diese Technik basiert auf einer Regel des Aquarellierens, dem Malen von hell zu dunkel. Ich mag diese Technik, da man damit sehr harmonische und interessante Bilder erstellen kann, die auch unter Umständen sehr mystisch wirken können. Es ist sicherlich eine Technik, die viel Geduld und etwas Umdenken erfordert, aber es lohnt sich, mal damit zu experimentieren. Ich rate dir, anfangs mit einem kleineren Format zu starten und unbedingt dickeres Papier zu verwenden, da wir mit mehreren Farbschichten arbeiten.

1. Man beginnt damit, sein Motiv auf das Papier zu zeichnen. Dann erfolgt in der Nass-in-Nass-Technik der sehr transparente erste Farbauftrag. Danach muss das Papier vollständig trocknen.
2. Im zweiten Schritt macht man das Gleiche, allerdings spart man, wie im Beispielbild, die erste Reihe der Vasen am unteren Rand des Gemäldes aus.
3. Man kann bei der zweiten Schicht etwas dunkler mit der Farbmischung werden, indem man etwas mehr Pigment in die Farbmischung gibt. Die zweite Reihe der Vasen wird jetzt ausgespart. So wiederholt man das bis zur letzten Reihe.

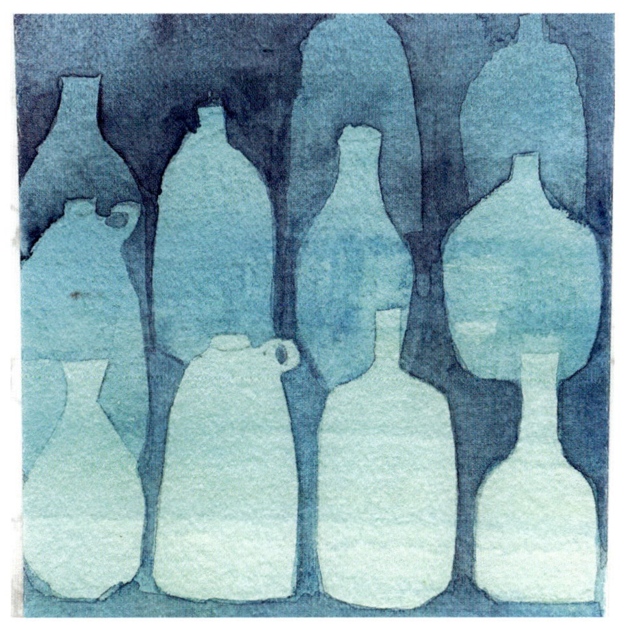

NEGATIV-TECHNIK

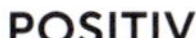

POSITIV

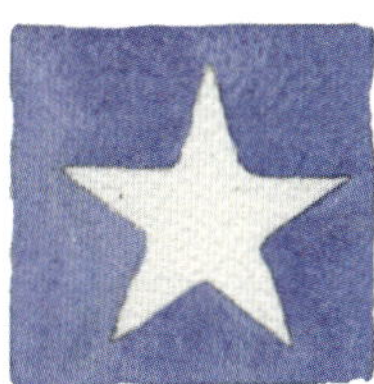

NEGATIV

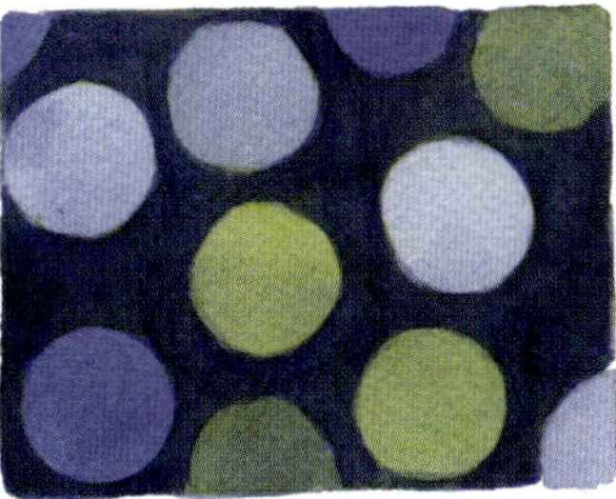

Licht & Schatten

Dieses Thema dürfen wir nicht vernachlässigen, denn es ist ungemein wichtig, um im Bild eine Dreidimensionalität darzustellen. Schatten verleihen einem Gemälde Tiefe und Form.

Kugel

Eine Kugel ist ein einfaches geometrisches Objekt, das sich gut dazu eignet, Licht und Schatten darzustellen.

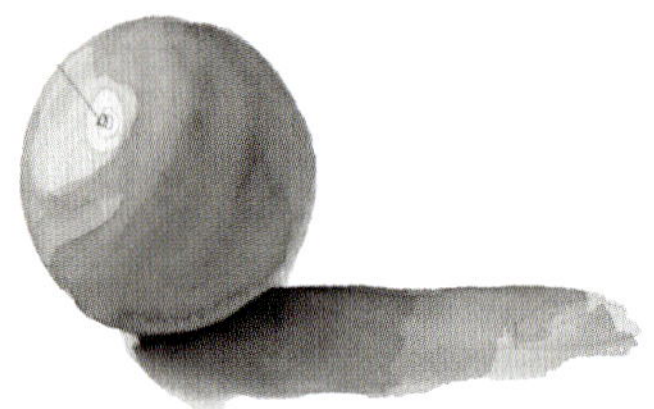

Wie du an dieser Kugel sehen kannst, hilft uns die richtige Verwendung von Tonwerten, die Form in drei Dimensionen auszudrücken. Wenn Licht auf ein Objekt triff, werden fünf Dinge sichtbar. Diese Bereiche sollte man im Hinterkopf haben, wenn man eine realistische dreidimensionale Form malen möchte:

- Das **Highlight** reflektiert die Lichtquelle vom Objekt.
- Die **Mitteltöne** befinden sich auf der Seite der Kugel, die von der Lichtquelle beleuchtet wird.
- Der **Formschatten** zeigt den Punkt, an dem die Kugel von Licht zu Schatten übergeht.
- Auf der Schattenseite der Kugel erhältst du oft **reflektiertes Licht**, bei dem Licht von der Oberfläche abprallt, auf der sich das Objekt befindet.
- Schließlich wirft die Kugel einen Schatten auf die Oberfläche, auf der sie sitzt. Das ist der **Schlagschatten**.

Schatten malen

Dank der Transparenz von Aquarellfarben können Gemälde in Schichten aufgebaut werden, wobei jede neue Farbschicht dem Gemälde mehr Tiefe und Ton verleiht. Im Aquarell kann es schwierig sein, die richtige Farbe für den Schatten zu finden, denn der Schatten hängt von den Farben der Objekte und der Beleuchtung der Szene ab, es geht also nicht immer darum ein Grau hinzuzufügen. Wenn man einmal genau hinschaut, ist ein Schatten nie ein durchgehender Graublock, sondern die Farben variieren.

Der dunkelste Teil befindet sich in der Nähe oder direkt unter dem Objekt. Je weiter der geworfene Schatten vom Objekt entfernt ist, desto heller ist der Tonwert des Schattens.

Auch Formschatten können in verschiedene Teile unterteilt werden und variieren in Farbe und Intensität.

Es gibt mehrere Möglichkeiten, einen Schatten zu malen:

- Der Schatten wird in der gleichen Farbe lasiert, d.h. da, wo es dunkler werden soll, setzt du eine weitere Schicht Farbe darüber. Denke daran, die Schicht gut trocknen zu lassen, bevor du die nächste darüberlegst.
- Eine analoge Farbe mit der Originalfarbe mischen. Wähle eine Farbe, die kühler, nicht wärmer ist.
- Die Farbmischung mit einer Komplementärfarbe ergänzen. So entstehen lebendig wirkende Schattenfarben.

Im Folgenden zeige ich dir drei Techniken, die du anwenden kannst, um eine Kugel zu malen.

Übung Kugel 1

Die erste Kugel habe ich in der Nass-auf-Trocken-Technik gemalt. Dazu habe ich mir einen orangenen Farbton aus einem warmen Gelb und warmen Rotton gemischt.

1. Ich beginne mit dem ersten Auftrag rund um das Highlight, das ich vorher eingezeichnet habe. Die Farbmischung intensiviere ich, indem ich mehr Rotanteile in die Mischung einarbeite.

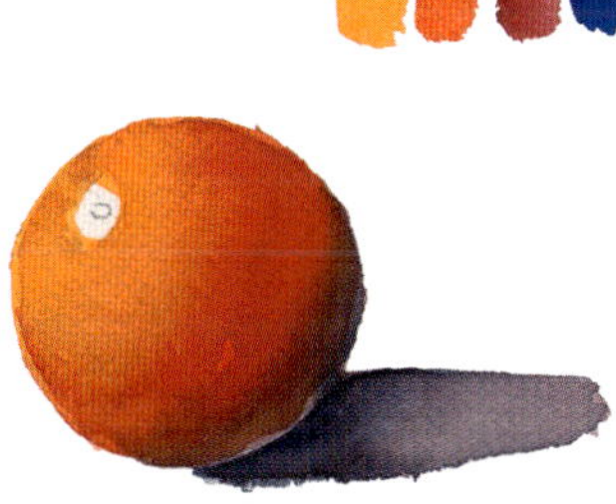

2. Aus Alizarin-Karmesin, Französisch Ultramarin und etwas Pyrrol Scharlachrot entsteht eine dunklere Farbmischung, mit der ich dann die Farbe weiter in die rechte äußere Hälfte der Kugel ziehe und gleichzeitig auch in den Schatten, den ich schon vorher in Form einer Ellipse eingezeichnet habe. Mit einem trockenen Pinsel ziehe ich am unteren rechten Rand wieder etwas Farbe aus der Kugel, damit der Lichtreflex entsteht.

Übung Kugel 2

1. Die zweite Kugel male ich von dunkel nach hell. Mit der dunkleren Farbmischung von Alizarin-Karmesin, Französisch Ultramarin und Pyrrol Scharlachrot male ich zuerst die rechte Halbkugel und den Schatten. Damit später weichere Übergänge entstehen, schließe ich diese Hälfte mit einem Wasserauftrag ohne Farbe ab und lasse das Ganze trocknen.
2. Im zweiten Schritt beginne ich mit der rotorangenen Farbmischung und werde immer heller.

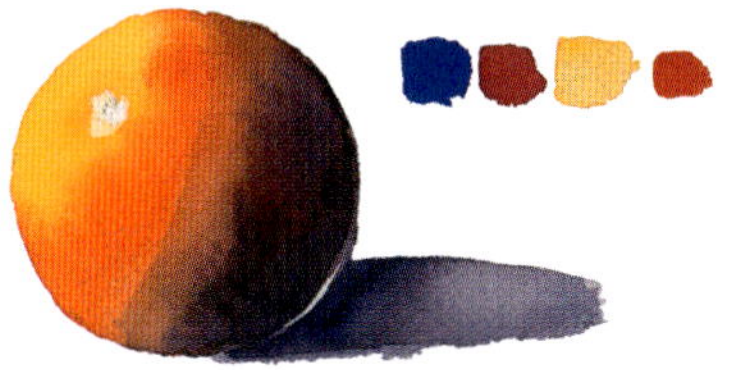

Übung Kugel 3

1. Die dritte Kugel entsteht durch die Nass-in-Nass-Technik. Dazu befeuchte ich die ganze Kugel mit Wasser.
2. Beim Farbauftrag beginne ich mit dem hellsten Orangeton, danach lasse ich Rot und am rechten Rand die dunklere Rotmischung einfließen. Durch das Wasser entstehen weiche Übergänge, die dunklere Farbe fließt in den Schatten.

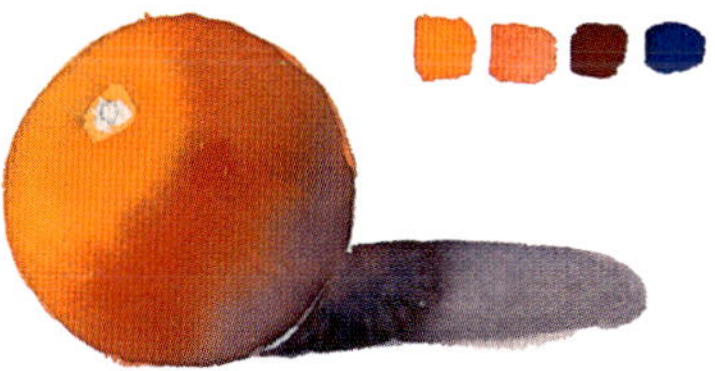

In meinem Beispielbild habe ich bei allen drei Kugeln den jeweiligen Vorgang wiederholt, um die Kugel farblich zu intensivieren. Verwendet habe ich dabei das Papier von Arches, Grain Fin, 300 g/m^2, cold pressed.

Probiere am besten einmal alle drei Möglichkeiten aus und finde für dich heraus, welche du am liebsten magst. Solche Basisübungen sind unverzichtbar, wenn du später einmal runde Gegenstände überzeugend darstellen willst.

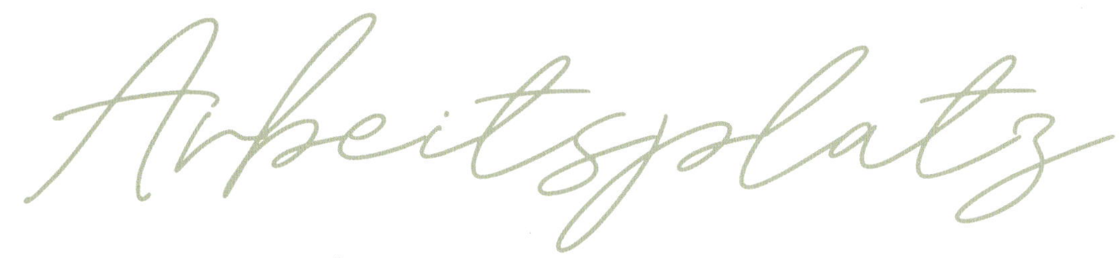

Im Vergleich zur Acryl- oder Ölmalerei benötigt man wenig Platz für die Aquarellmalerei. Das Schöne daran ist, dass man es überall ausüben kann, sei es draußen im Garten, im Restaurant oder unterwegs auf Reisen. Ich habe das Glück, ein eigenes kleines Kreativzimmer zu haben. Sobald ich dort an meinem Schreibtisch sitze, schalte ich automatisch in den Kreativmodus. Deshalb rate ich dir, dich regelmäßig immer an den gleichen Ort in deiner Wohnung zu setzen, denn nachgewiesenermaßen registriert unser Gehirn regelmäßige Abläufe und setzt dann die Kreativität frei. Auch wenn du kein eigenes Zimmer hast, reserviere dir einen Ort in der Wohnung, der nur dir und deiner Malerei gehört.

Woher bekomme ich meine Inspiration, und was mache ich, wenn ich ein sogenanntes ‚Krea-Tief' habe?

Es gibt viele Möglichkeiten, ein kreatives Tief zu vermeiden oder zu überwinden, ich nenne dir einige Möglichkeiten, damit umzugehen.

Ich versuche, mir meine eigenen Inspirationsquellen zu schaffen, indem ich viel fotografiere und immer nach besonders interessanten Dingen Ausschau halte. Das kann eine Straßenszene, ein Kleidungsstück, eine Vase, ein Blatt oder eine Blüte sein.

Auf Spaziergängen im Wald oder in unserem Garten sammle ich Pflanzen, Gräser, Blüten und Blätter und trockne sie in kleinen Büchern. So habe ich sie dann immer zur Hand, um die Formen und Farben zu studieren und ein Aquarell zu kreieren.

Ich überlege mir ein Thema, was mich interessiert, und male alles, was mir dazu einfällt. So habe ich schon eine ganze Reihe nur mit Meeresbewohnern, Hühnern oder Mädchenporträts gemalt. Ich arbeite dann meistens in extra dafür angelegten Skizzenbüchern.

Der Vorteil dabei ist, dass ich mir selbst keinen Druck mache, „etwas Vorzeigbares" zu produzieren, und ich experimentiere viel mehr mit Farben und Formen, als ich es sonst tun würde. Mir geht es dabei nicht um das Ergebnis, sondern darum, den Pinsel in die Hand zu nehmen, und um die Erfahrung, die ich während eines Malprozesses mache.

Instagram und Pinterest sind sehr beliebte Internetplattformen, um sich Ideen und Inspiration zu holen, aber auch um seine eigene Kunst zu zeigen. Aber dort muss man aufpassen, sich nicht im Konsumieren von Bildern zu verlieren, anstatt selbst tätig zu werden.

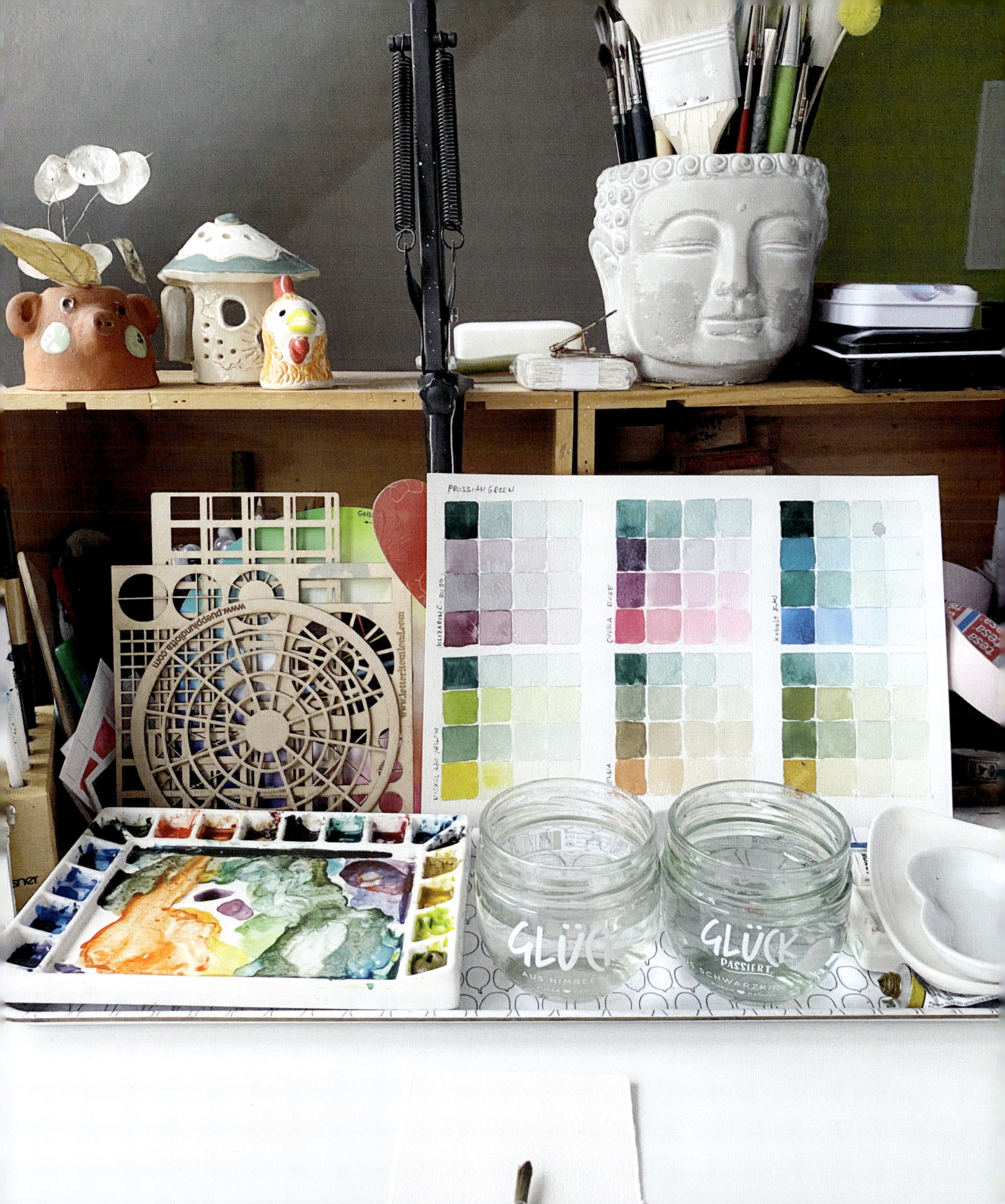
PRUSSIAN GREEN
GLÜCK
PASSIERT.

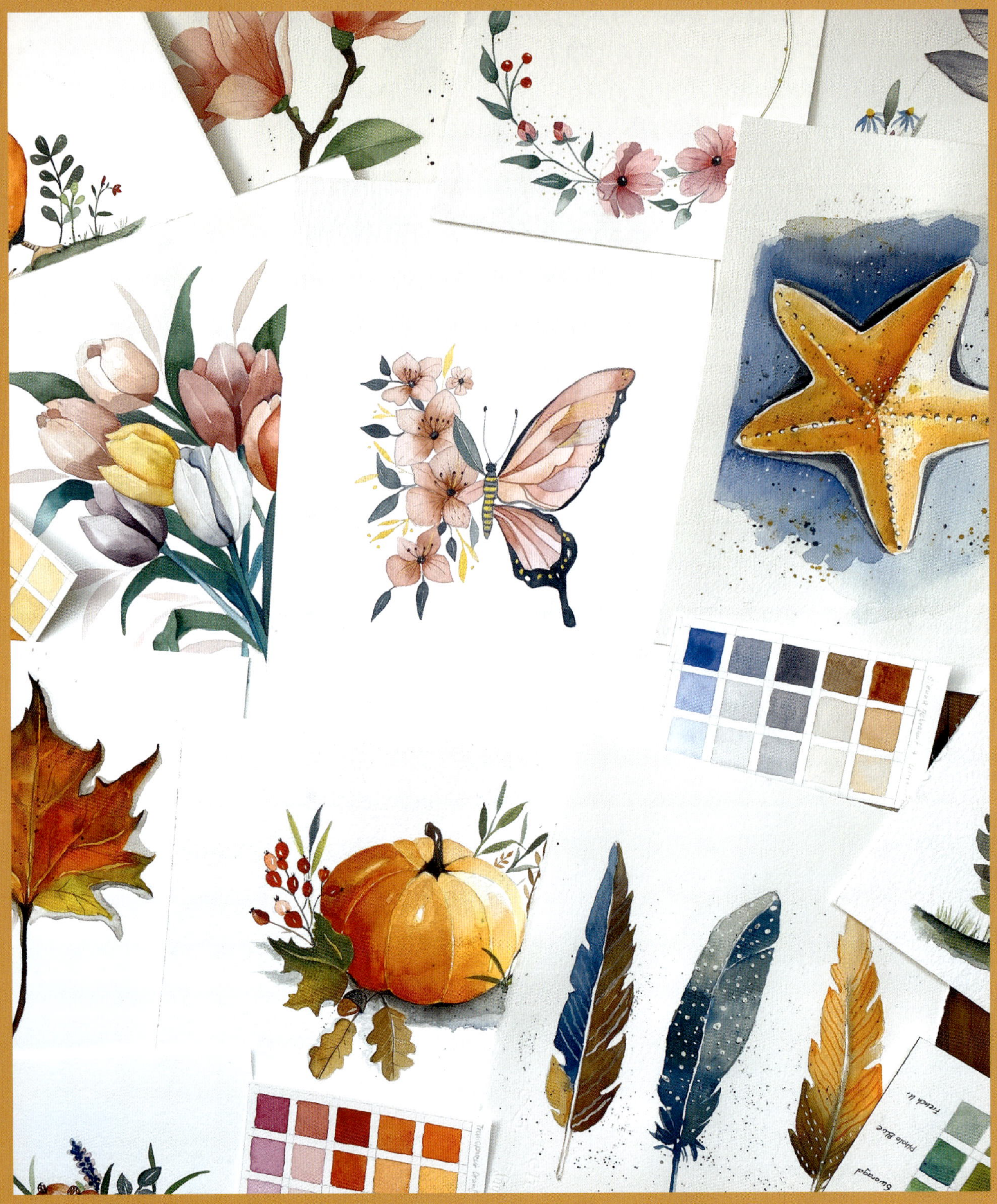

Projekte

Bis hierhin hast du viel zum Einsatz von Farben gelesen und unterschiedliche Techniken kennengelernt. Nun kannst du mit diesem Hintergrundwissen tolle Projekte Schritt für Schritt aufs Papier bringen.

Zu vielen Projekten findest du online die Vorlage. Öffne dazu diesen QR-Code oder suche das Buch auf www.emf-verlag.de und klicke auf den Download-Bereich.

Fahrplan
für die Projekte

Ein Bild zu malen setzt eine gewisse Planung voraus, deshalb habe ich einen Fahrplan entwickelt, der bei mir so aussieht:

1. **Skizze erstellen:** Wenn ich weiß, was ich malen möchte, erstelle ich zunächst eine Skizze. Dabei achte ich schon auf Hell-Dunkel-Abstufungen, die Skizze muss aber nicht genau ausgearbeitet sein.
2. **Skizze übertragen:** Ich übertrage meine Skizze auf Transparentpapier, drehe die Seite um und gehe auch auf der Rückseite mit dem Bleistift nach. Wenn ich es jetzt umdrehe und auf mein Aquarellpapier platziere, kann ich die Linien nochmals nachziehen, und das Grafit drückt sich vom Transparentpapier auf mein Blatt. Wie schon erwähnt, ist diese Methode vielleicht etwas umständlich, aber ich besitze keinen Leuchttisch, der die Sache vielleicht etwas vereinfachen würde. Man könnte auch die ganze Seite des Transparentpapiers oder eines anderen Papiers mit Grafit einfärben, das Motiv würde sich dann auch abzeichnen, aber diese Methode mag ich nicht, da viel mehr Grafit auf mein weißes Aquarellpapier kommt, als mir lieb ist.
3. **Farben vorbereiten:** Wenn ich zu Hause arbeite, bereite ich mir meine Farben auf einer Farbpalette vor, indem ich mir genügend Farbe anmische, und mache einen Farbverlauf auf einem extra Blatt, um zu sehen, ob die Konzentration stimmt. Wenn ich direkt aus dem Malkasten arbeite, aktiviere ich die Farbe, indem ich sie mit etwas Wasser aus einer Sprühflasche besprühe.
4. **Trocknungszeit einplanen:** Beim Malen sollten immer auch Trocknungszeiten eingeplant werden, das ist wichtig beim Aquarell, wenn man nach und nach weitere Farbschichten aufträgt und nicht will, dass die Farben miteinander verschmelzen. Oft arbeite ich parallel an zwei Bildern gleichzeitig, um nicht zu ungeduldig zu sein, wenn ich warten muss.
5. **Bild anschauen:** Ich habe eine Bilderleiste in meinem Kreativzimmer, wo ich das Bild draufstellen und es von der Ferne aus beurteilen kann. Um festzustellen, ob das Bild ausgewogen in der Komposition ist oder noch etwas Verstärkung in der Farbgebung benötigt, ist es wichtig, ein paar Schritte weiter weg zu gehen.
6. **Details ergänzen:** Die Details, die zum Schluss dem Bild noch „das gewisse Etwas" geben, kommen ganz zum Schluss. Das können ein paar Sprenkel sein, ein paar Goldapplikationen, ein paar Striche oder Punkte. Es sollte nur nicht zu viel sein.

Und nun wünsche ich dir viel Spaß mit den Projekten!

Meine Farbpalette

FARBNAME	TRANSPARENZ	PIGMENTANZAHL	PIGMENT	FARBTON
Zitronengelb (Lemon Yellow)	Transparent	1 Pigment	PY 175	
Gamboge neu (New Gamboge)	Transparent	2 Pigmente	PY 97 / PY 110	
Transparent Pyrrol Orange	Transparent	1 Pigment	PY 110	
Pyrrol Scharlachrot (Pyrrol Scarlet)	Semi-Transparent	1 Pigment	PR 255	
Quinacridon Rosa (Quinacridone Rose)	Transparent	1 Pigment	PU 19	
Alizarin-Karmesin (Alizarin Crimson)	Transparent	1 Pigment	PR 83	
Französisch Ultramarin (French Ultramarine)	Transparent	1 Pigment	PB 29	
Phthaloblau grünlich (Phthalo Blue Green Shade)	Transparent	1 Pigment	PB 15:3	
Preußischblau (Prussian Blue)	Transparent	1 Pigment	PB 27	
Lichter Ocker (Yellow Ochre)	Transparent	1 Pigment	PY 43	
Umbra gebrannt (Burnt Umber)	Semi-Transparent	1 Pigment	PBR 7	
Van Dyck Braun (Van Dyck Brown)	Semi-Transparent	1 Pigment	PBR 7	
Paynesgrau bläulich (Payne's Blue Grey)	Semi-Transparent	2 Pigmente	PB 60 / PBK 6	
Perylengrün (Perylene Green)	Semi-Transparent	1 Pigment	PBK 31	

Ahorn-blatt

Die Farben des Herbstes faszinieren jedes Jahr aufs Neue. Die Blätter werden von grün über gelb zu rot. Diese Art von Farbschema ist uns als analoge Farbpalette bekannt, und man kann kaum etwas falsch machen, wenn man mit diesen Farben ein Aquarell malt. Die Herbstfarben sind überwiegend warm (rot und gelb). Mit einem Hauch von kühlen Farbtönen (grün, lila) verschmelzen sie zu einem harmonischen Ganzen. Wir malen ein Ahornblatt, in dem sich die Harmonie dieser Farben wiederfinden wird. Dazu nutzen wir zwei grundlegende Technike: die Nass-in-Nass- und die Nass-auf-Trocken-Technik. Bereite daher deine Farben schon auf deiner Mischpalette vor und achte darauf, dass auch genug Farbe zur Verfügung steht, sodass du später nicht erneut Farbe anmischen musst.

Material

Papier

Fabriano Artistico, extra White, 300 g/m², cold pressed

Pinsel

Rundpinsel: Escoda, Nr. 10, Escoda Nr. 4

Farben

- Zitronengelb
- New Gamboge
- Transparent Pyrrol Orange
- Lichtes Siena gebrannt
- Lichtes Umbra gebrannt
- Französisch Ultramarin
- Van Dyck Braun

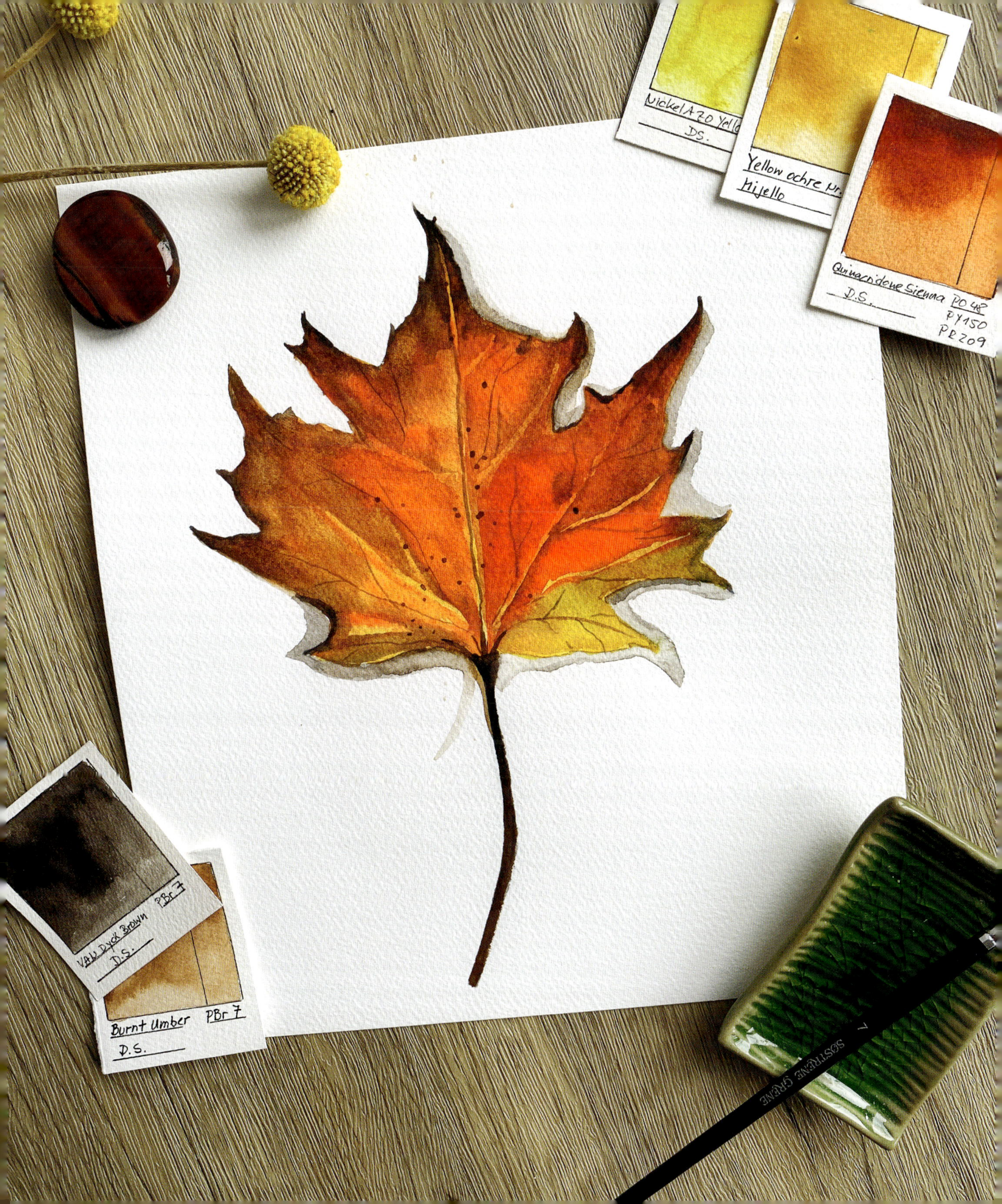
Mijello
Quinacridone Sienna PO 48
PY150
PR209
D.S.
VAN DYCK Brown PBr 7
D.S.
Burnt Umber PBr 7
D.S.

So geht's

1

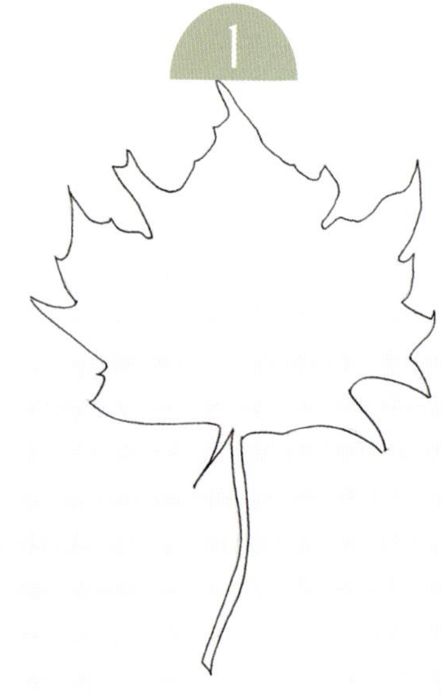

Übertrage deine Vorlage auf das Aquarellpapier. Entferne mit deinem Knetgummi den Überschuss an Grafit.

Mit dem 10er-Rundpinsel befeuchtest du das Blatt mit klarem Wasser. Wenn das Blatt sehr groß ist, kannst du zunächst mit der einen Hälfte des Blattes beginnen und nur diese Hälfte mit klarem Wasser befeuchten.

Schau von der Seite auf dein Blatt und stelle sicher, dass das Blatt gleichmäßig befeuchtet ist, es hat dann einen gewissen Glanz. Achte darauf, dass keine Pfützen entstanden sind. Falls an einer Stelle zu viel Wasser ist, kannst du dieses mit einem trockenen Pinsel wieder aufnehmen.

2

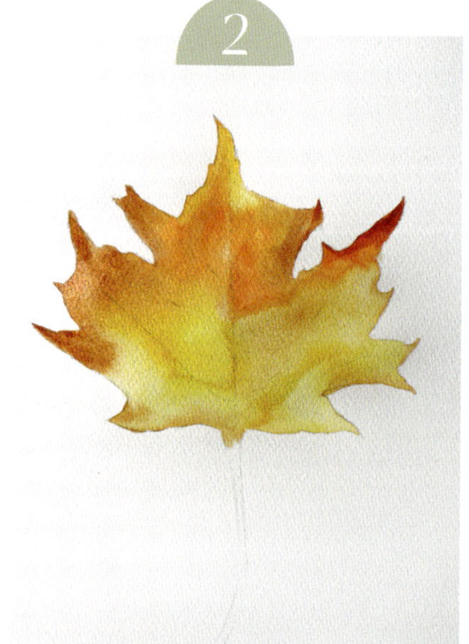

Beginne mit der ersten Farbschicht: Tupfe abwechselnd Zitronengelb, New Gamboge und Transparent Pyrrol Orange in das angefeuchtete Papier. Wenn du mit einer Hälfte des Blattes begonnen hast, wiederholst du dies auch auf der anderen Hälfte. Danach lässt du das Blatt vollständig trocknen.

TIPP:
Wenn du zuerst nur mit einer Hälfte beginnst, hat das den Vorteil, dass du nicht zu schnell arbeiten musst und keine Gefahr besteht, dass das Papier an einigen Stellen schon getrocknet ist, bis du dorthin kommst.

3

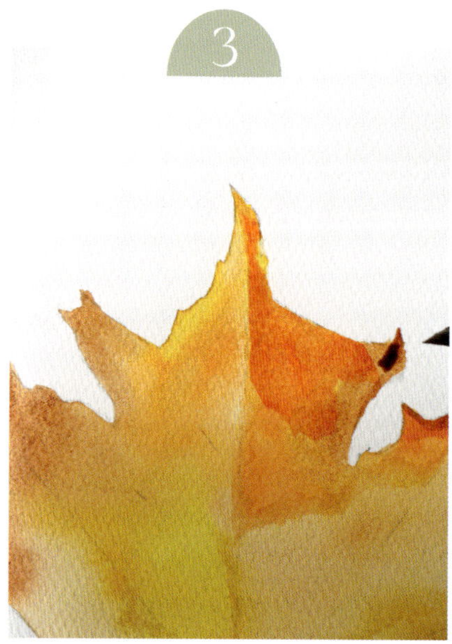

Nachdem das Blatt getrocknet ist, legst du die zweite Farbschicht an. Dieses Mal befeuchtest du das Blatt nicht, sondern wir legen mit den gleichen Farben eine Lasur über die erste Farbschicht.

Mit Französisch Ultramarin und Lichtem Siena gebrannt mische ich einen etwas dunkleren Braunton und färbe damit die Blattspitzen ein, denn der Verwitterungsprozess eines Blattes beginnt meistens dort.

Da alle Farben miteinander harmonieren, kannst du nichts falsch machen. Wenn das Blatt vollständig eingefärbt ist – es darf an einigen Stellen heller sein –, muss es wieder vollständig trocknen, bevor wir die dritte Schicht anlegen.

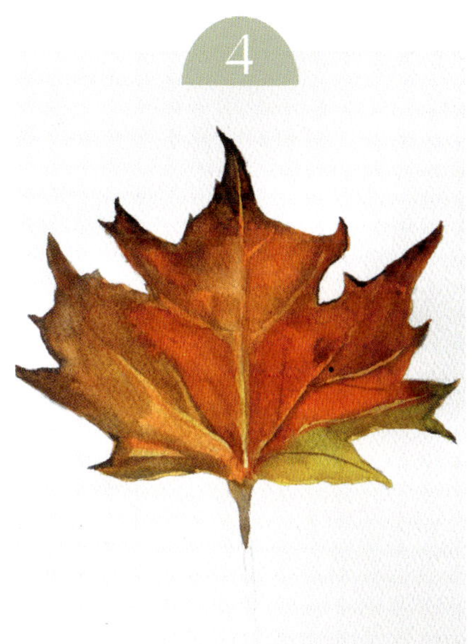

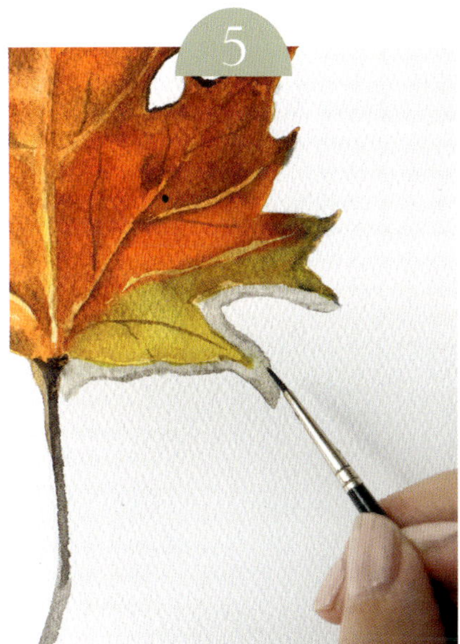

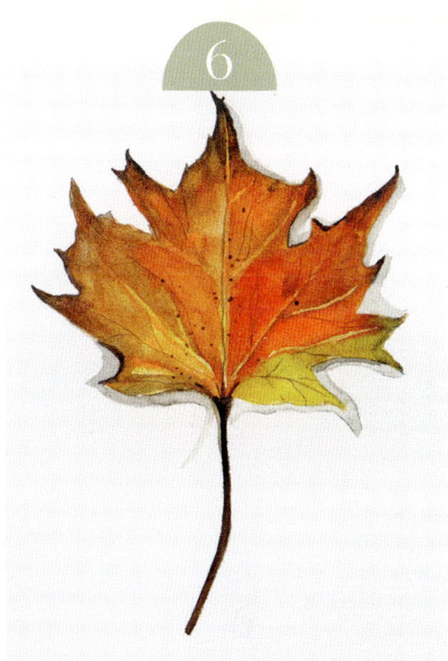

Mittels der Negativtechnik arbeitest du die Blattadern heraus, d.h. du lasierst eine weitere Farbschicht, lässt aber die Blattadern ausgespart.

Es darf gerne an der einen Stelle heller und an einer anderen Stelle dunkler sein. In der Natur sind die Blätter auch nicht gleichmäßig gefärbt. Du kannst selbst entscheiden, welche Farbe du mehr oder weniger intensivieren willst.

Um noch eine kleine grüne Stelle in das Blatt zu bringen, habe ich Französisch Ultramarin mit etwas Lichtem Umbra gebrannt gemischt und das Blatt rechts unten damit lasiert.

Aus einer Mischung der Farben Französisch Ultramarin und Van Dyck Braun malst du den Stiel. Nachdem dieser getrocknet ist, wiederholst du den Farbauftrag, wenn du den Stiel gerne etwas dunkler gestalten möchtest.

Verdünne die Mischung, bis eine Schattenfarbe entsteht. Am besten machst du auf einem anderen Blatt Papier eine kleine Farbprobe. Feuchte dann das Papier außerhalb des Blattes, aber sehr nah am Blatt an und füge die Schattenfarbe in die feuchte (nicht zu nasse) Fläche ein. Beachte, dass der Schatten an der einen Seite etwas ausgeprägter sein sollte als an der anderen Seite. So entsteht ein leichter 3D-Effekt.

Nachdem alles getrocknet ist, mischst du dir noch einmal eine dunkle Mischung aus Französisch Ultramarin und Van Dyck Braun, um Sprenkel auf das Blatt zu bringen. Dazu deckst du am besten den Bereich um dein Blatt mit Küchenpapier ab. Dann tauchst du einen kleineren Pinsel Gr. 4–6 in die Mischung und klopfst vorsichtig auf den Pinsel, sodass sich Sprenkel auf das Blatt legen. Bitte mach einen Versuch immer vorher auf einem Küchenpapier, damit sich nicht versehentlich zu viel Wasser im Pinsel befindet.

Tulpen

Nach einem langen Winter sehnen wir uns alle wieder nach Farbe, und Tulpen sind immer Vorboten des Frühlings. Ich kaufe oft mehrere Sträuße und dekoriere die Wohnung damit. Tulpen gibt es in unzähligen Farben und sind bestens geeignet für ein Aquarell. Meine Tulpen werden in der Nass-auf-Trocken-Technik und mit einem Farbverlauf von dunkel nach hell gemalt.

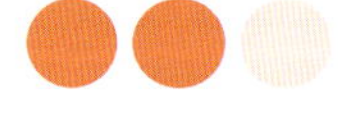

Material

Papier

Fabriano Artistico, extra White, 300 g/m^2, cold pressed

Pinsel

Rundpinsel: Escoda Nr. 10

Farben

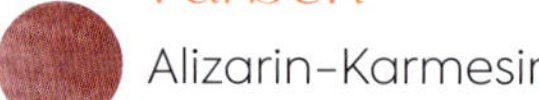
Alizarin-Karmesin

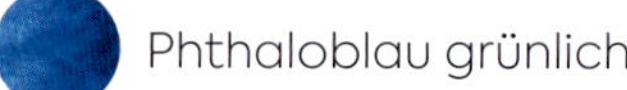
Phthaloblau grünlich

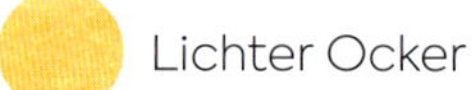
Lichter Ocker

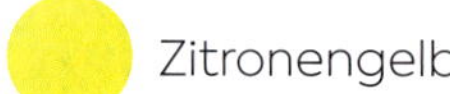
Zitronengelb

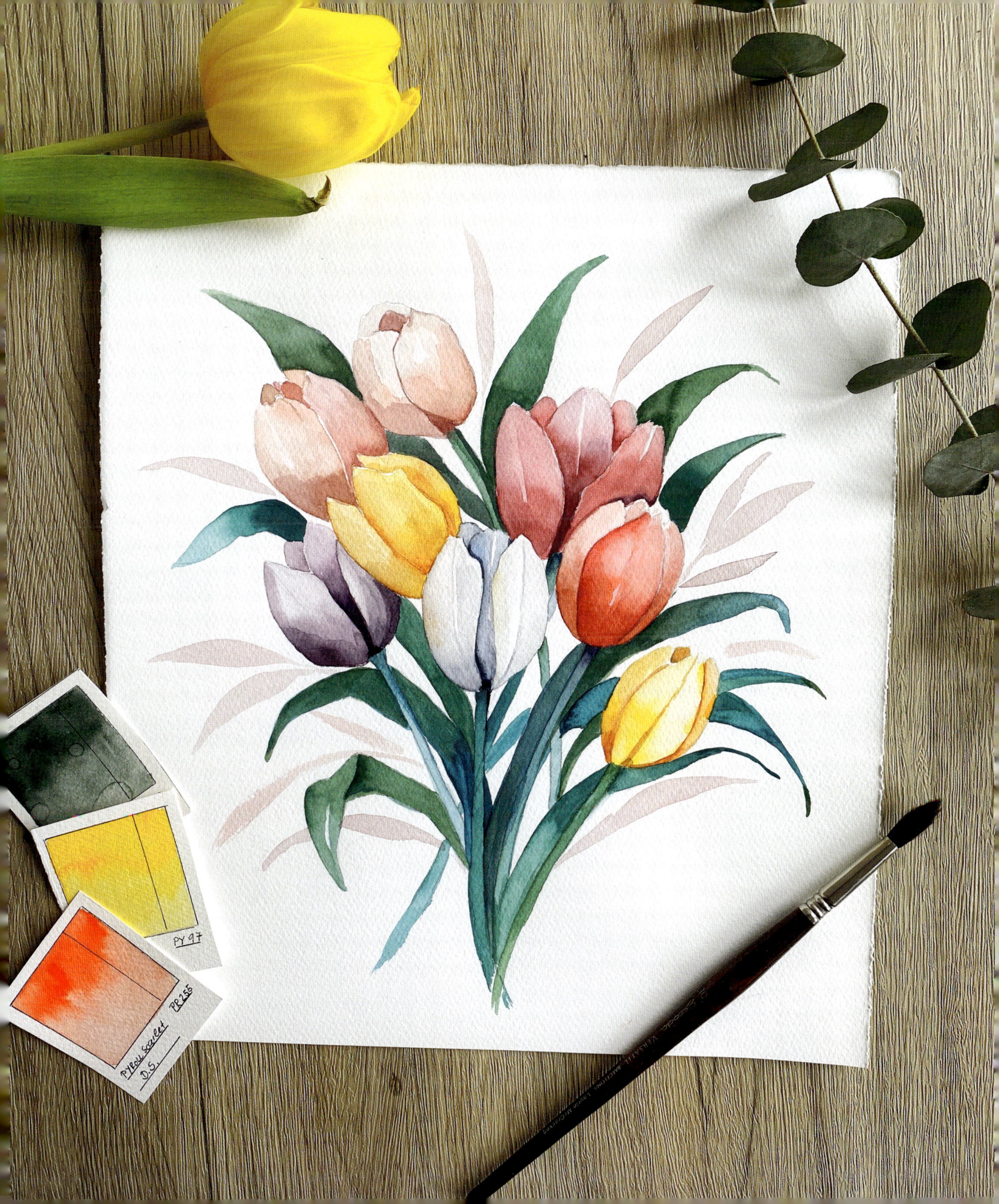
PY 97
PR 255
Pyrroll scarlet
D.S.

So geht's

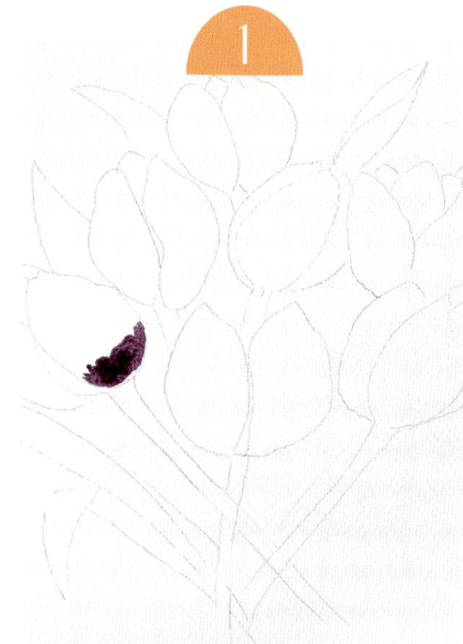

Nachdem du dein Motiv auf das Aquarellpapier übertragen hast, bereite deine Farben vor:

Aus Alizarin-Karmesin und Phthaloblau grünlich mischst du dir ein schönes Violett.

Aus Zitronengelb und Lichtem Ocker mischst du dir einen gedämpften Gelbton.

Aus Alizarin-Karmesin mit etwas Lichtem Ocker und viel Wasser mischst du dir ein Altrosa.

Aus Phthaloblau grünlich und Zitronengelb mischst du dir zwei unterschiedliche Grüntöne.

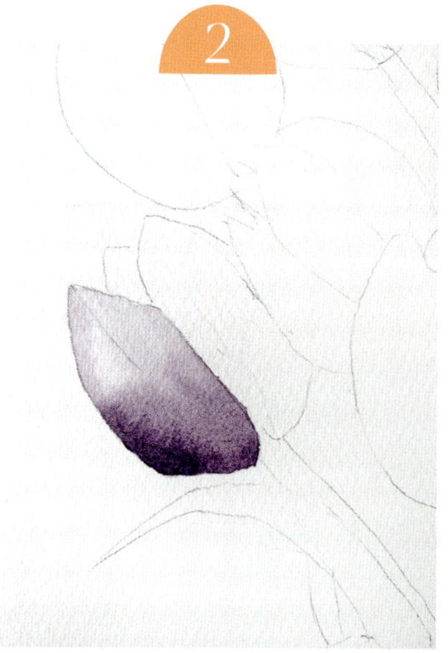

Beginne, mit der Nass-auf-Trocken-Technik die Blüten auszumalen, indem du konzentrierte Farbe am unteren Rand der Blüte aufträgst, den Pinsel kurz einmal im Wasserglas ausspülst, am Rand abstreifst und dann die Blüte nach oben hin weiter mit dem Pinsel ausfüllst. Je öfter du den Pinsel zwischendurch noch einmal ausspülst, desto heller wird der Farbauftrag zur Spitze hin, denn es befindet sich immer noch genügend Pigment im Pinsel.

Dies machst du Blüte für Blüte genauso weiter.

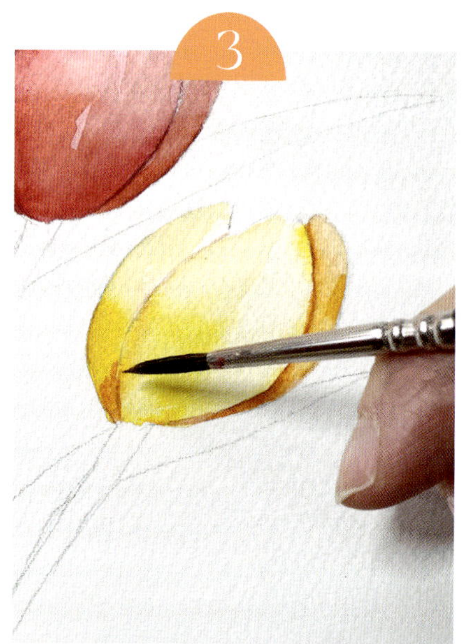

Wenn die Blüten alle die erste Schicht Farbe bekommen haben, intensiviere manche Blütenblätter und lasiere eine zweite Schicht Farbe. Denke an die dunklen Stellen der Zwischenräume.

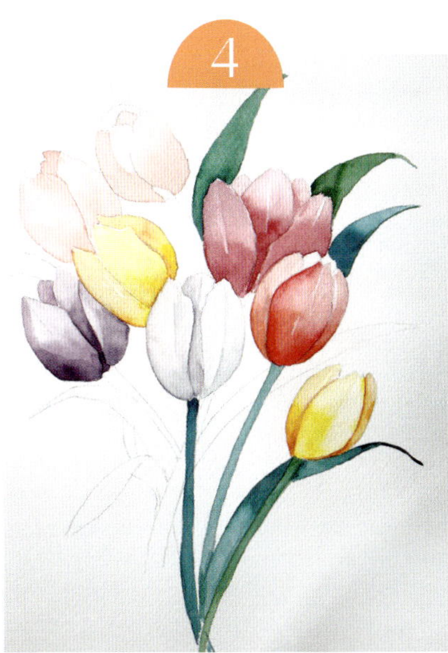

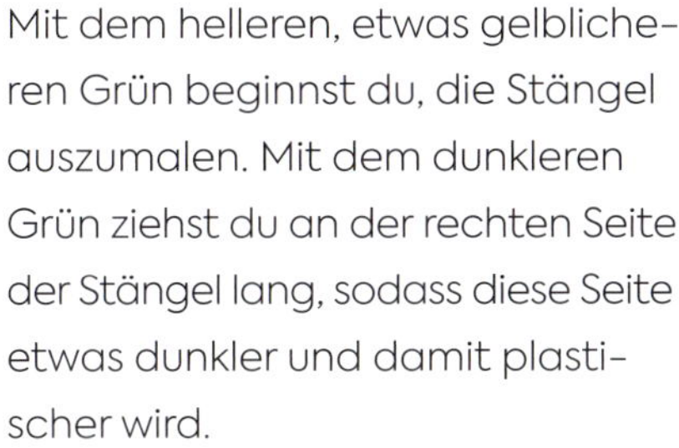
Mit dem helleren, etwas gelblicheren Grün beginnst du, die Stängel auszumalen. Mit dem dunkleren Grün ziehst du an der rechten Seite der Stängel lang, sodass diese Seite etwas dunkler und damit plastischer wird.

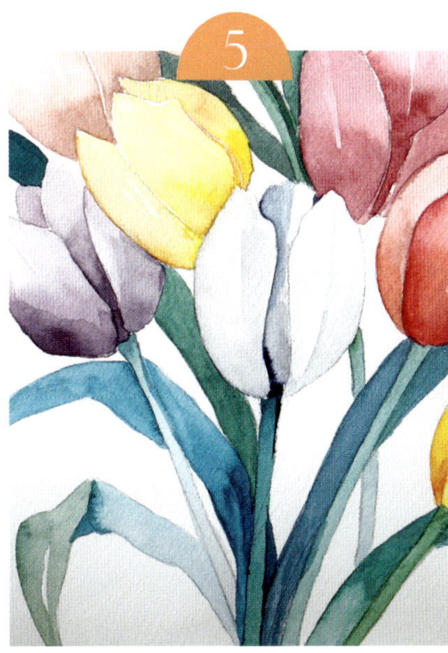

Jetzt werden noch einmal dunklere Stellen intensiviert.

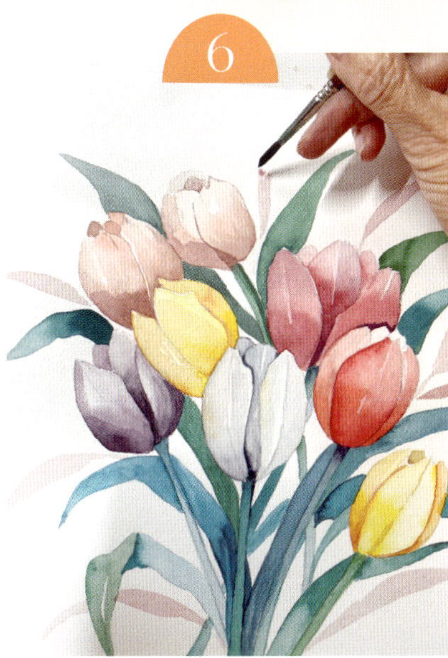

Mit dem Altrosa ziehst du mit lockerem Pinselstrich einige Gräser rund um den Strauß. Dadurch dass sich eine Farbe im Bild an einer anderen Stelle wiederholt, ergibt dies automatisch eine schöne Farbharmonie.

TIPP:
Male nicht sofort nebeneinanderliegende Blüten aus, da sonst die Gefahr besteht, dass Farbe von einer in die andere Blüte läuft. Achte darauf, dass helle Stellen am oberen Blütenrand entstehen. Dies kannst du auch erreichen, indem du mit einem trockenen Pinsel noch einmal etwas Farbe wegnimmst.

Pilz

Pilze sind für mich wie kleine Wunder. Nach einem regnerischen Herbsttag sprießen sie plötzlich aus dem Boden. Ihre Vielfalt ist grenzenlos, und sie sind geradezu prädestiniert dafür, in einem Aquarellbild festgehalten zu werden.

Material

Papier

Fabriano Artistico, extra White, 300 g/m², cold pressed

Pinsel

Rundpinsel: Escoda Nr. 10, Princeton Nr. 6

Detailpinsel: van Gogh Gr. 00

Schlepperpinsel: Forte Synthetics Nr. 1

Farben

Galaxie Braun

Lichter Ocker

Perylengrün, Van Dyck Braun

Siena gebrannt, Umbra gebrannt

Französisch Ultramarin

Alizarin-Karmesin

Zitronengelb

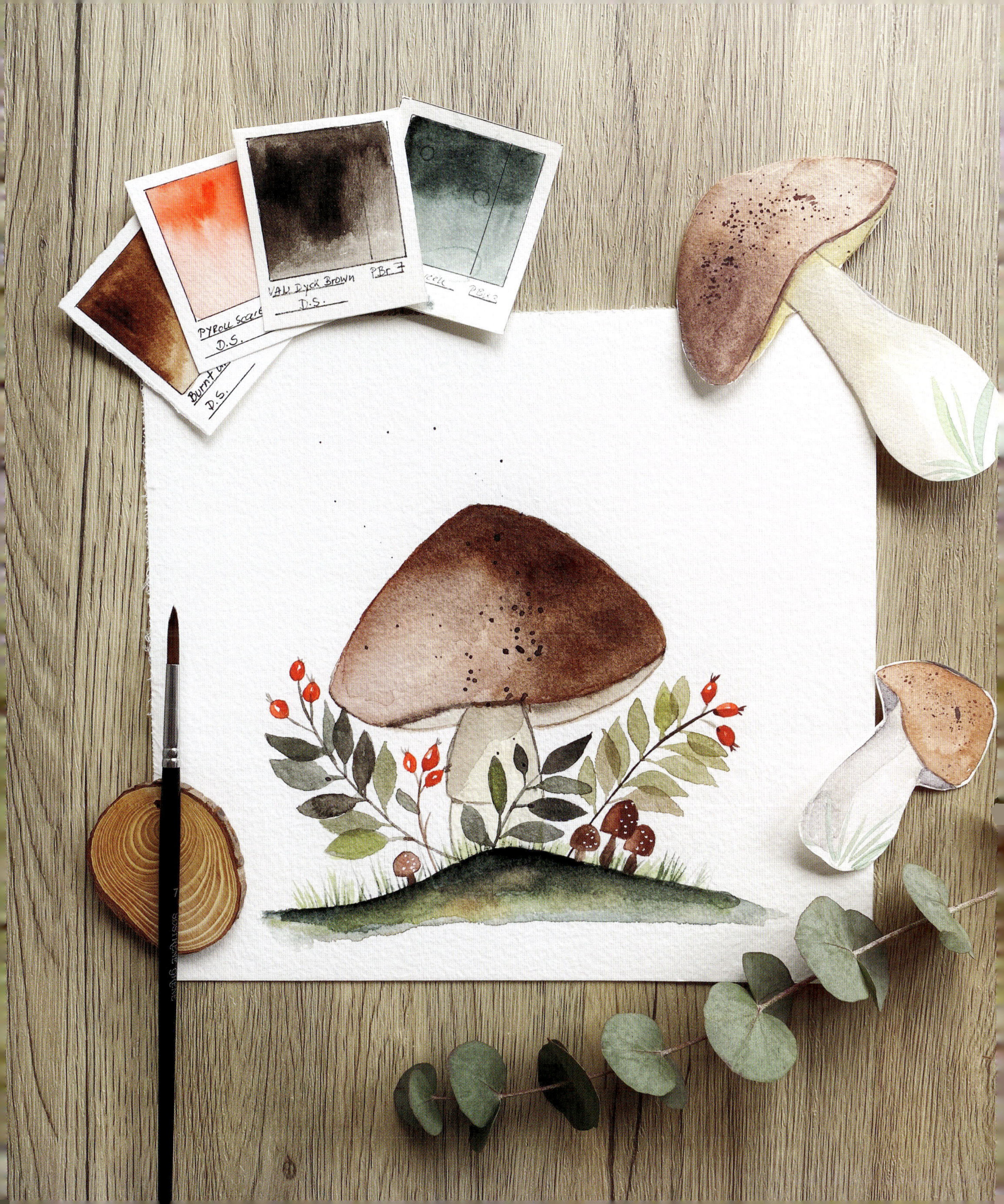
VAN DYCK BROWN
PBr 7
D.S.

So geht's

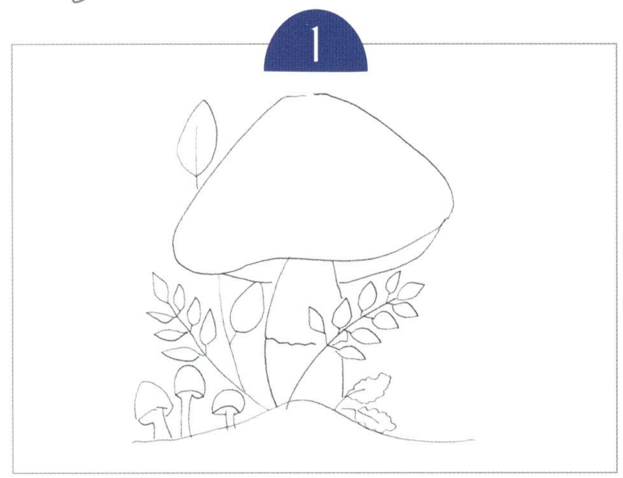

Übertrage die Vorlage auf dein Aquarellpapier.

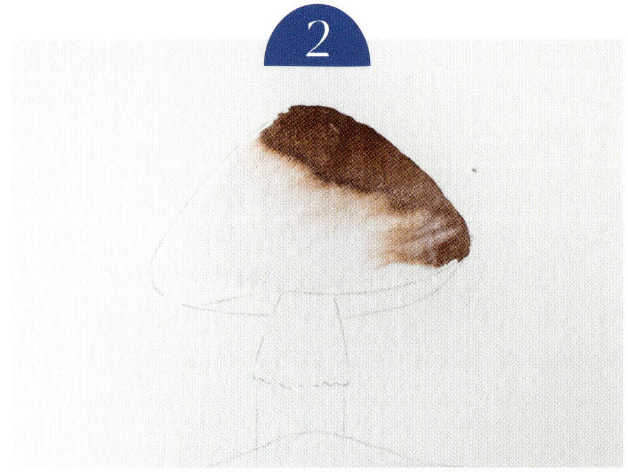

Befeuchte den Pilzkopf mit klarem Wasser und lasse nass-in-nass Galaxie Braun vom Rand aus in die Fläche laufen. Achte darauf, dass die Farbe an der rechten Seite des Pilzes konzentrierter ist und den Bereich dort mehr einfärbt als auf der linken Seite.

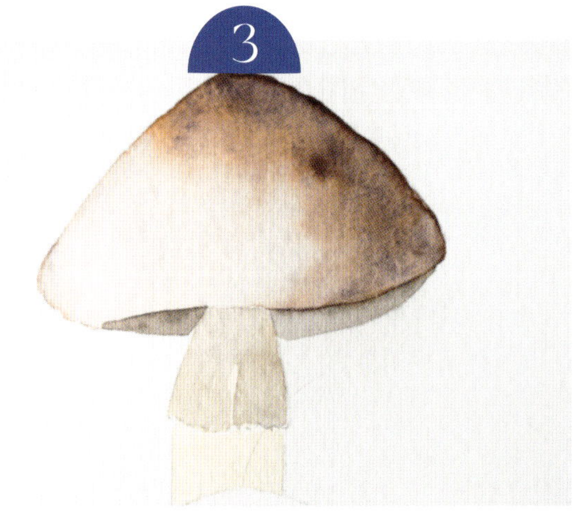

Den Pilzstamm malst du beim ersten Farbauftrag mit verdünntem Lichter Ocker.

Nachdem die erste Schicht gut getrocknet ist, legst du mit stark verdünntem Van Dyck Braun eine zweite Schicht Farbe auf den oberen Teil des Stammes.

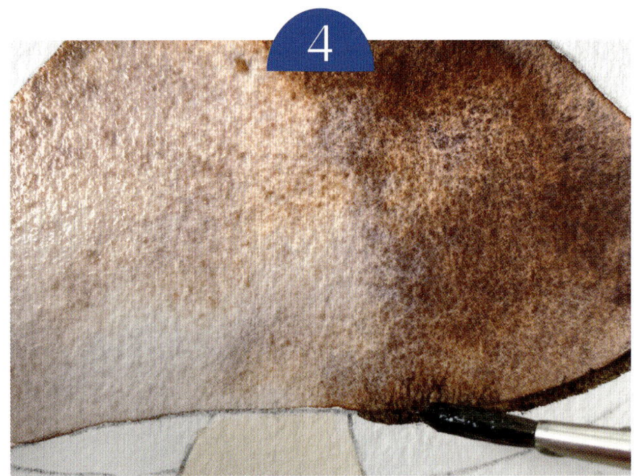

Ziehe mit der sehr konzentrierten Farbe Van Dyck Braun am unteren Rand des Pilzhutes eine Linie, wasche den Pinsel in klarem Wasser aus und ziehe die Farbe mit dem verwässerten Pinsel nach unten.

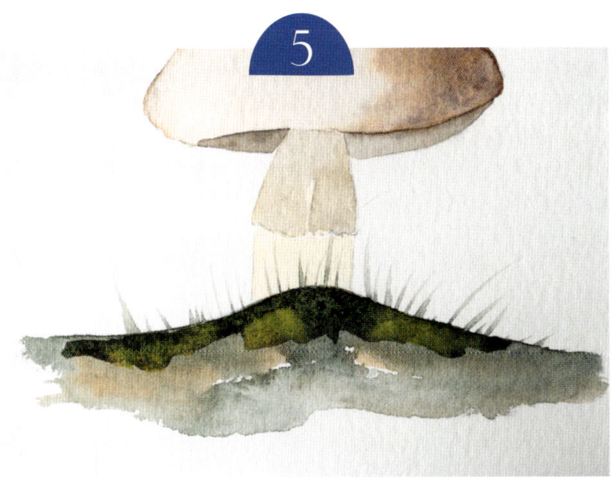

Trage unterhalb des Pilzes Perylengrün auf und ziehe die Farbe mit dem verwässerten Pinsel nach unten. Für lebendige Lichtpunkte setze ein paar Pinselstriche Siena gebrannt oder Zitronengelb in die feuchte Mischung. Mit dem Schlepperpinsel ziehst du Grashalme von unten nach oben.

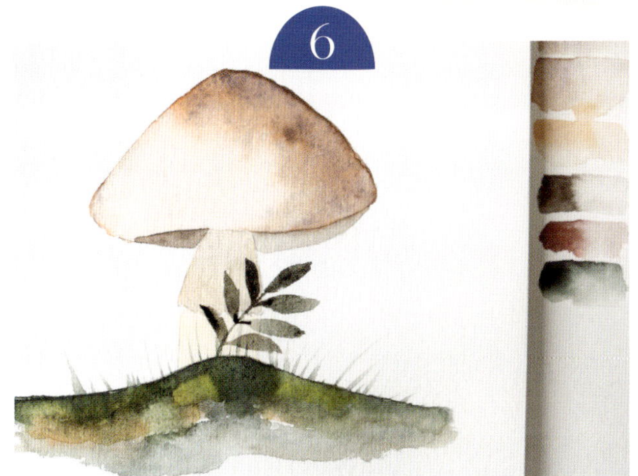

Um Kontraste zu schaffen, malst du von der Mitte des Hügels quer über den Pilzstamm einen Zweig mit Blättern mit einer Mischung aus Perylengrün und Van Dyck Braun.

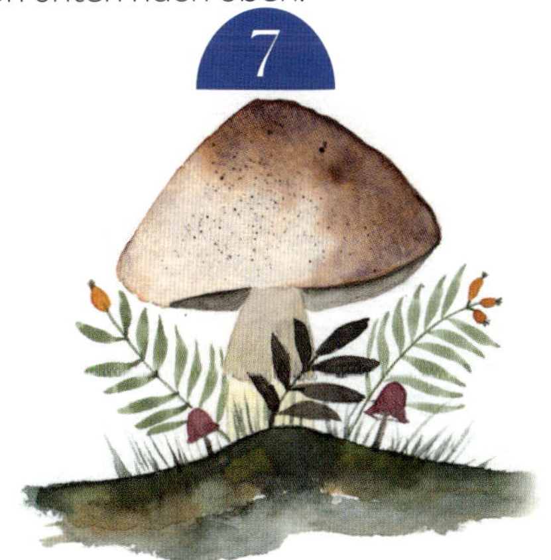

Auf der rechten und linken Seite des Pilzes kannst du noch Zweige mit Blättern malen. Füge am Ende der Zweige ein paar Beeren ein, um damit für farblichen Kontrast zu sorgen. Setze in einer Mischung von Van Dyck Braun und Französisch Ultramarin dunkle Sprenkel auf den Pilzhut. Fertig!

Magnolie

Wenn die Magnolien zu blühen beginnen, ist der Winter endlich vorbei, und wir freuen uns auf den Frühling. Jedes Jahr faszinieren mich diese wunderschönen hellen Blüten, und ich fotografiere sie von allen Seiten. Die Aquarellmalerei macht es wie kaum ein anderes Malmedium möglich, ihre Zartheit und Transparenz aufs Papier zu bringen. Wir arbeiten bei diesem Projekt ausschließlich in der Nass-auf-Trocken-Technik.

Material

Papier

Fabriano Artistico, extra White, 300 g/m², cold pressed

Pinsel

Rundpinsel: Escoda Gr. 10, Princeton Nr. 6

Schlepper: Windsor & Newton, Gr. 1

Farben

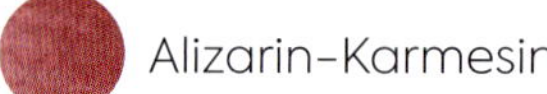

Alizarin-Karmesin

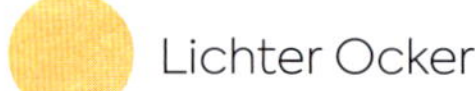

Lichter Ocker

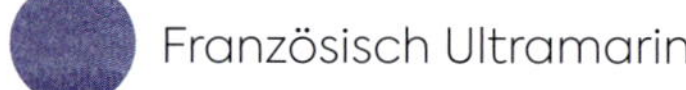

Französisch Ultramarin

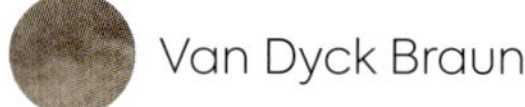

Van Dyck Braun

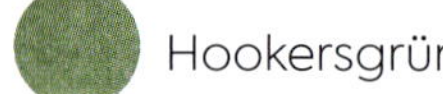

Hookersgrün

Zitronengelb

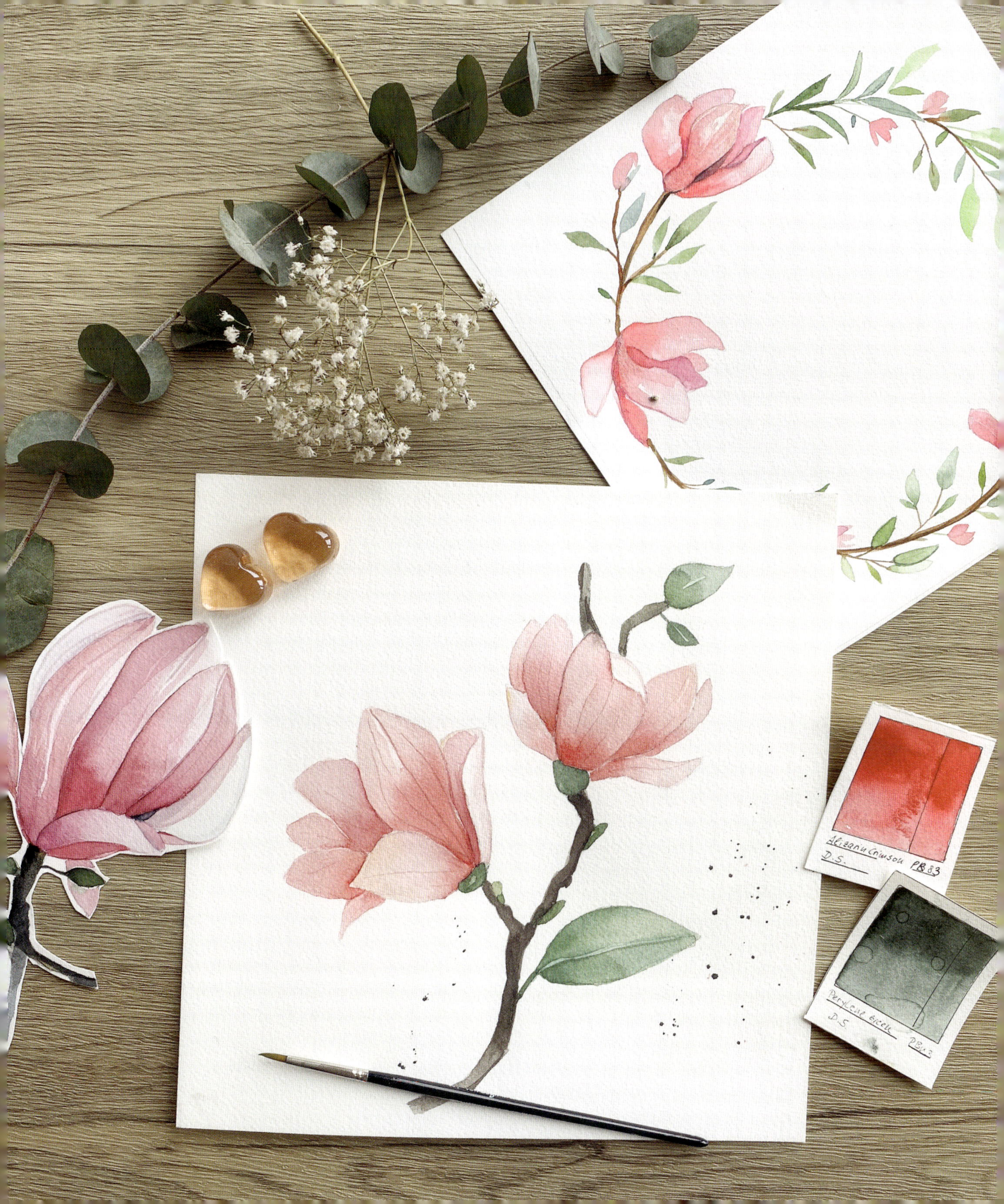
Alizarin Crimson
D.S.
Perylene Green
D.S.

So geht's

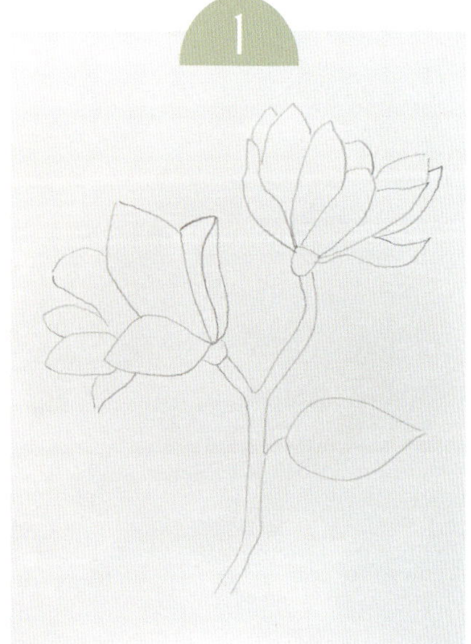

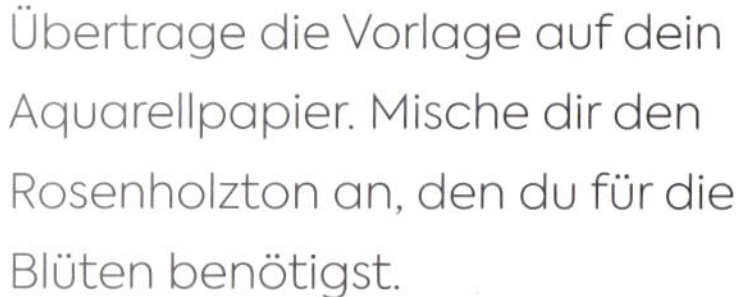

Übertrage die Vorlage auf dein Aquarellpapier. Mische dir den Rosenholzton an, den du für die Blüten benötigst.

TIPP:
Wenn du Alizarin-Karmesin mit etwas Lichtem Ocker und einem Hauch Hookersgrün mischst, entsteht ein Rosenholzton, den es in keinem Farbkasten so gibt.

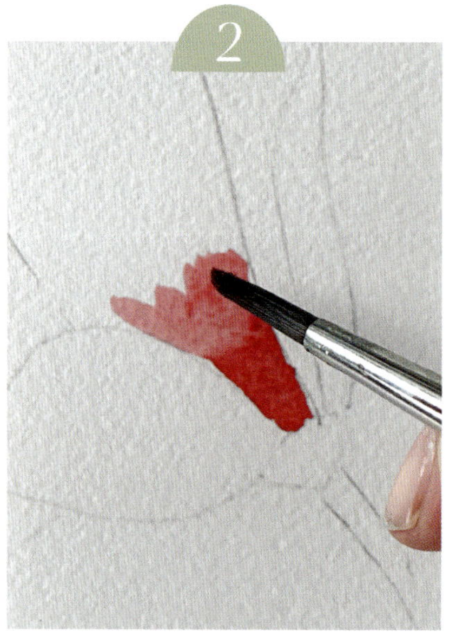

Wir beginnen in der Nass-auf-Trocken-Technik: Setze den Pinsel mit dem Rosenholzton am unteren Blütenrand an und ziehe ihn bis zum ersten Drittel der Blüte, danach tauchst du den Pinsel ins Wasserglas und streifst ihn am Rand ab. Es befindet sich nun immer noch genug Pigment im Pinsel. Ziehe den Pinsel von der Stelle, wo du aufgehört hast, weiter nach oben. Im letzten Drittel wiederholst du den Vorgang, sodass am oberen Blütenrand nur noch wenig Pigment verteilt wird. So erhält die Blüte einen zarten Farbverlauf. Helle Lichtpunkte kannst du setzen, indem du an einigen Stellen mit der getrockneten Pinselspitze etwas Pigment herausreibst.

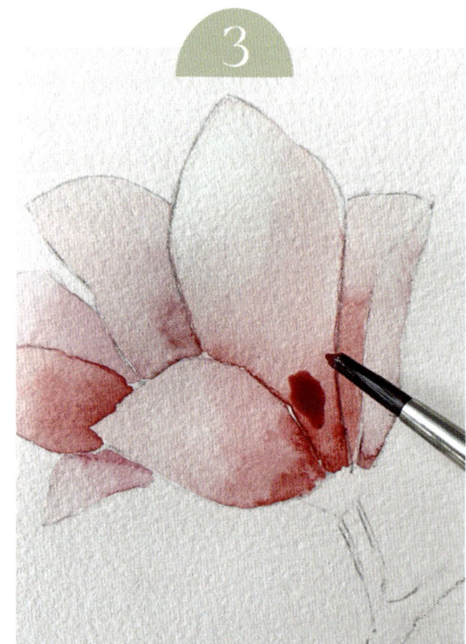

Du kannst nun alle weiteren Blüten auf diese Art und Weise malen. Male immer zuerst die Blätter, die nicht nebeneinanderliegen. Wenn alle Blüten ausgemalt und getrocknet sind, beginnst du, die Blütenblätter im Vordergrund mit einer zweiten Schicht zu verstärken. Um an manchen Stellen Lichtpunkte zu setzen, nimmst du mit einem trockenen Pinsel wieder etwas Farbe am oberen Drittel der Blüte heraus.

TIPP:
Achte darauf, dass du mit dem Pinsel immer von unten nach oben streichst und nicht hin und her wischst, das garantiert einen gleichmäßigen Farbverlauf.

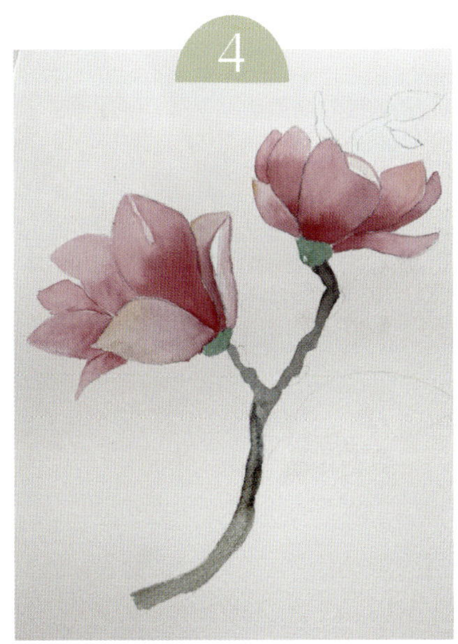

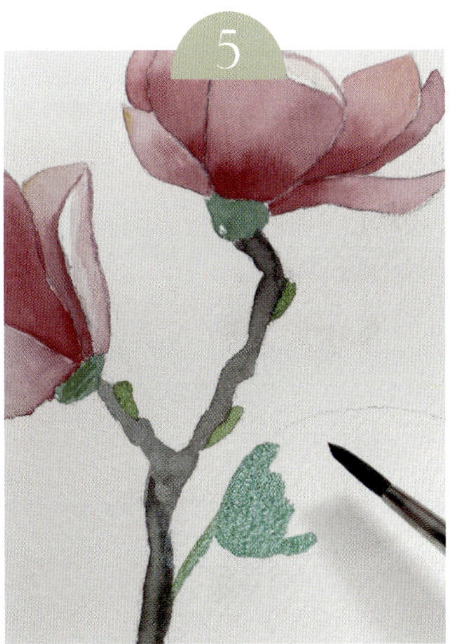

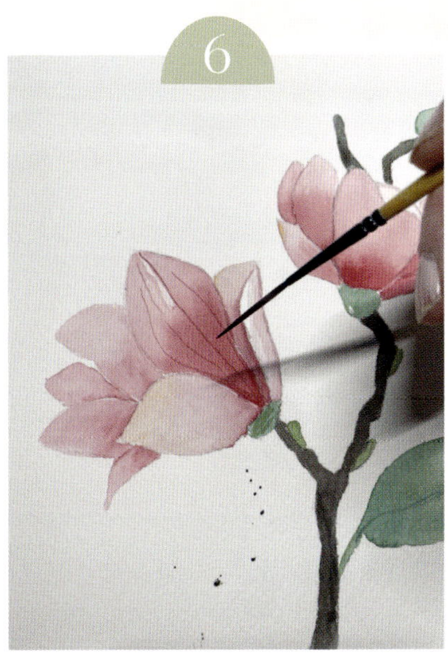

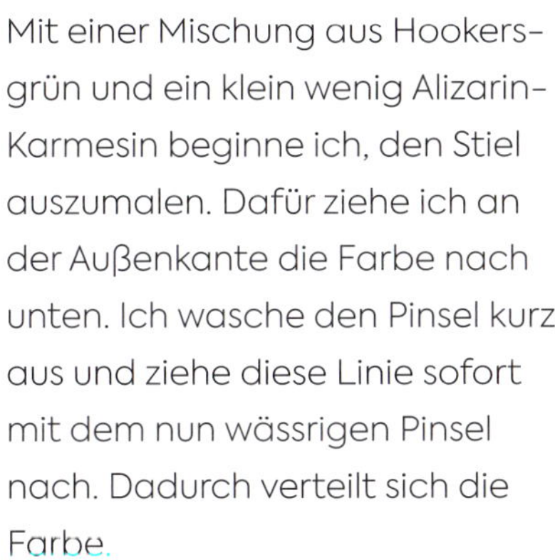

Mit einer Mischung aus Hookersgrün und ein klein wenig Alizarin-Karmesin beginne ich, den Stiel auszumalen. Dafür ziehe ich an der Außenkante die Farbe nach unten. Ich wasche den Pinsel kurz aus und ziehe diese Linie sofort mit dem nun wässrigen Pinsel nach. Dadurch verteilt sich die Farbe.

In die Grünmischung gebe ich noch etwas Zitronengelb, um den Farbton aufzuhellen und das Blatt damit auszumalen. Hier kannst du genauso vorgehen wie bei den Blüten: konzentrierte Farbe am unteren Rand auftragen und dann mit einer immer wässrigeren Lösung nach oben hin ausmalen.

Mit dem Schlepperpinsel kannst du nun noch ein paar Blattadern in die Blüte malen, dadurch wird sie noch etwas plastischer. Schau selbst, ob du an manchen Stellen die Farbe noch etwas verstärken möchtest, und lege ggf. eine weitere Schicht darüber. Ich setze zum Schluss immer gerne noch ein paar Sprenkel.

Libelle

In unserem Garten befindet sich ein kleines Biotop, in dem ich im letzten Sommer viele Libellen bewundern konnte. An einem späten Nachmittag setzte sich eine Libelle auf einen kleinen Zaun, direkt auf Augenhöhe mir gegenüber und ließ ihre Flügel trocknen. So hatte ich Gelegenheit, sie aus unmittelbarer Nähe zu beobachten. Es war magisch, denn durch das Licht, was auf sie fiel, schillerte sie in allen möglichen Farben. So genossen wir zu zweit die letzten Sonnenstrahlen des Tages, ein unvergesslicher Moment.

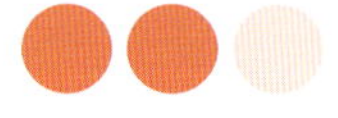

Material

Papier

Fabriano Artistico, extra White, 300 g/m², cold pressed

Pinsel

Rundpinsel: Escoda, Nr. 10, KUM Memory Point Nr. 6

Detailpinsel: KUM Memory Point Nr. 1

Farben

Tundra Violett

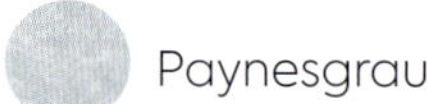

Paynesgrau

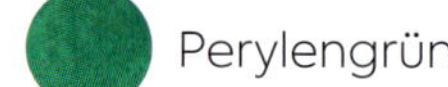

Perylengrün

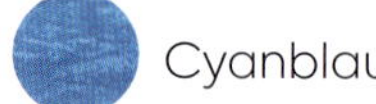

Cyanblau

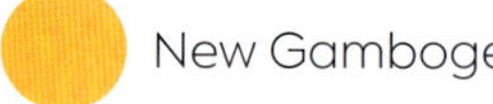

New Gamboge

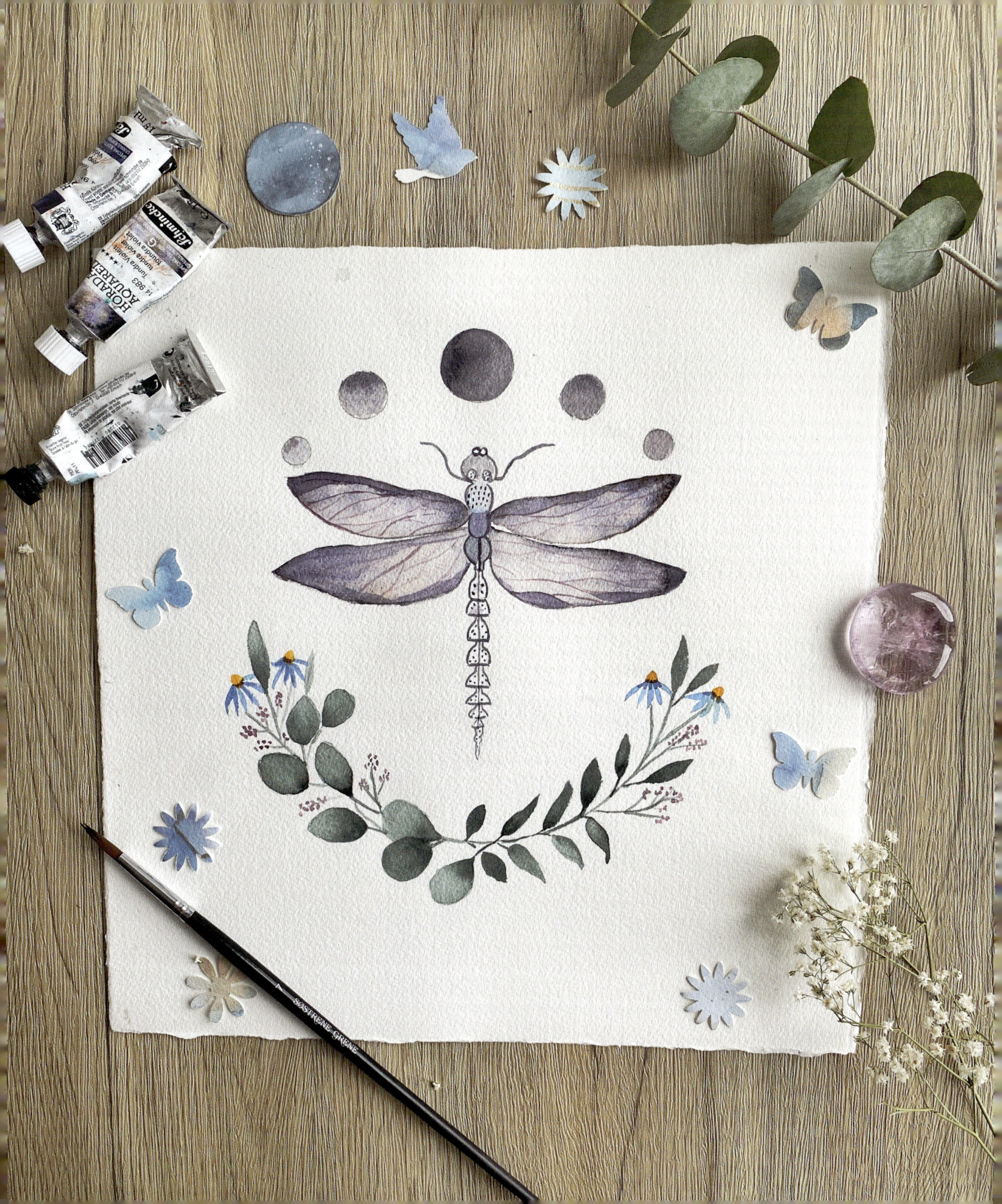

So geht's

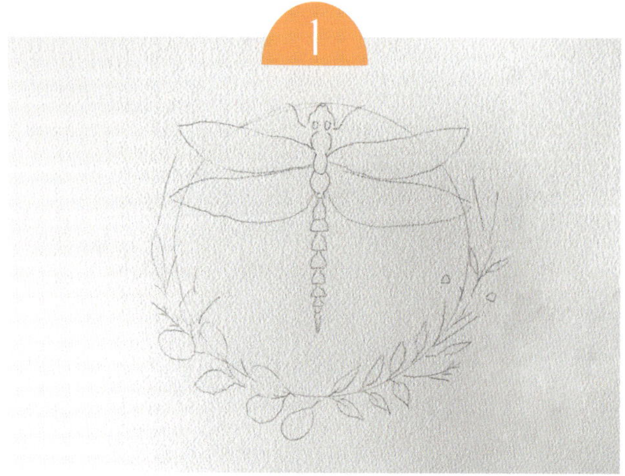

Ziehe einen Kreis von 17 cm Durchmesser und übertrage die Vorlage der Libelle auf dein Aquarellpapier, sodass jeweils die beiden oberen Flügel etwa 1 cm aus dem Kreis herausragen. Zeichne auch schon die Blätter ein, wie sie am unteren Ende des Kreises angeordnet sind.

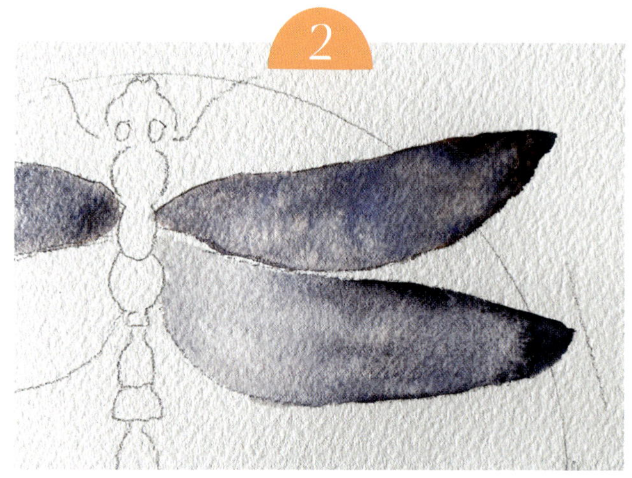

Befeuchte nun einen Flügel mit klarem Wasser mit dem Rundpinsel Nr. 10. Mit dem feuchten Pinsel lässt du die Farbe Tundra Violett von der Flügelspitze einfließen. Wasche den Pinsel aus und ziehe dann die Farbe bis zum Körper der Libelle. So verfährst du nach und nach mit jedem Flügel.

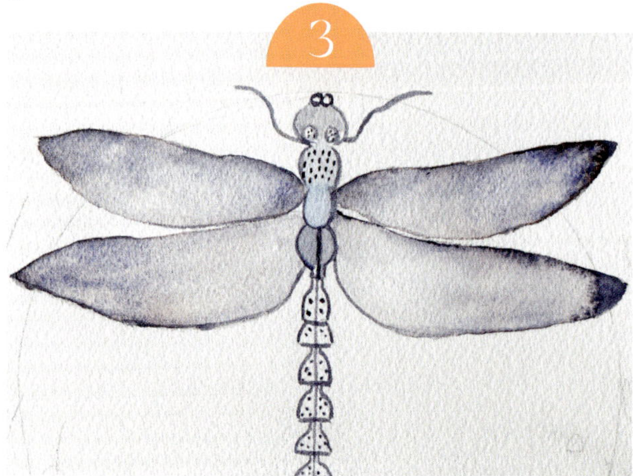

Umrande mit dem KUM Memory Point Nr. 1 die Gliedmaßen in der gleichen Farbe. Ziehe eine Linie durch die Mitte, aber nicht bis ganz oben hin. In das Innere der Hinterleibglieder setzt du mit Paynesgrau kleine Punkte. Im oberen Teil des Körpers malst du mit Cyanblau den Körper aus und setzt, nachdem dieser getrocknet ist, ebenfalls ein paar Punkte.

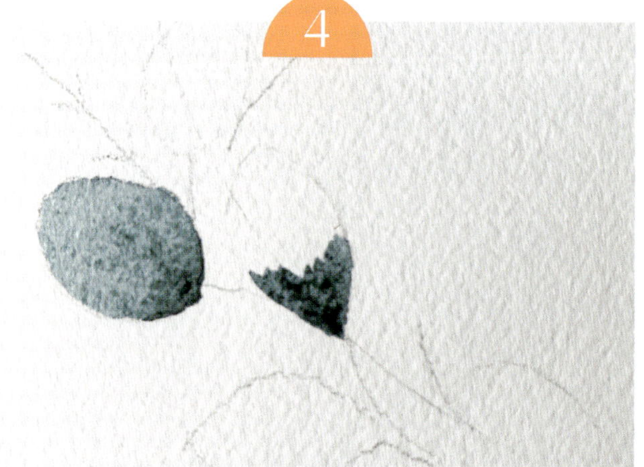

Setze auf den Kreis Blätter in Perylengrün. Dafür beginne mit konzentrierterer Farbe am Stielansatz, wasche den Pinsel kurz aus und ziehe die verdünnte Farbe bis ans Blattende. Dafür nehme ich den KUM Memory Point Nr. 6.

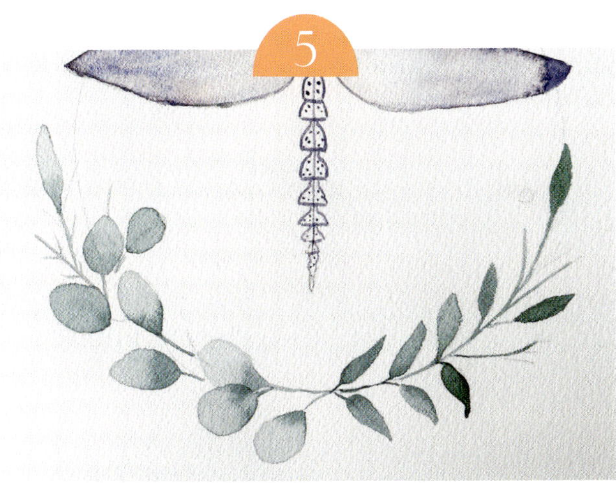

5

Führe so den Kranz fort. Links sind die Blätter eukalyptusförmig, rechts bekommen sie eine spitzere Form.

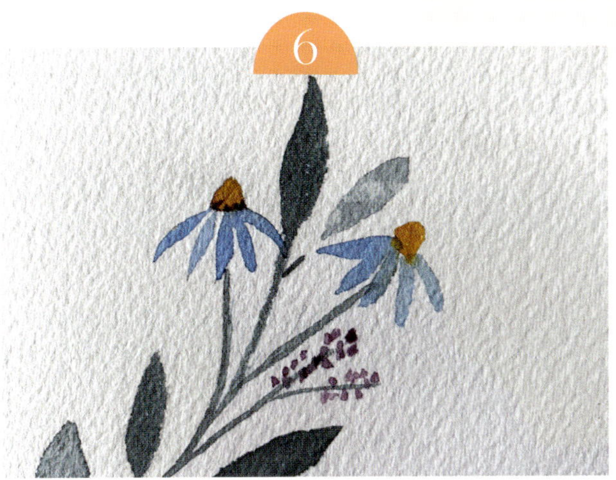

6

Male noch ein paar Blüten in den Kranz. Das Innere der Blüte sieht aus wie ein kleines Hütchen und wird mit der Farbe New Gamboge gemalt. Danach ziehe ich mit dem KUM Memory Point Nr. 1 mit der Farbe Cyanblau leichte Blütenblätter nach unten. Für weitere kleine Blümchen wird Alizarin-Karmesin, mit Wasser verdünnt, in Punkten aufgetragen.

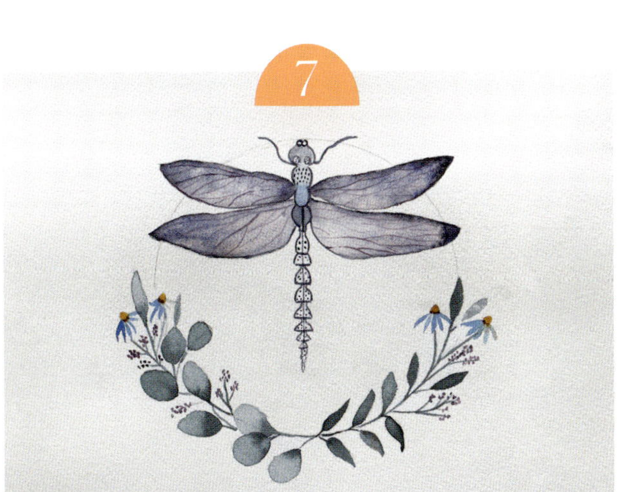

7

Mit Alizarin-Karmesin ziehe ich in die Flügel der Libelle noch leichte Linien. Um das Motiv abzurunden, habe ich mich am Schluss dazu entschieden, kleine Monde über die Libelle zu malen. Die Kreise feuchte ich an und tupfe etwas Tundra Violett hinein.

Huhn

Bei Instagram hat mich die Geschichte von der kleinen Mila, dem Huhn von Diana (@dianasoriat), sehr berührt. Mila wurde von den anderen Hühnern „gemobbt“, weshalb Mila Angst hatte, abends in den Stall zu gehen. Sie hüpfte daher immer in den Baum, um dort die Nacht zu verbringen. Ich habe jeden Tag mitgefiebert und gehofft, dass das gut geht.

Meine Tierillustrationen sind nie realistisch. Ich zeichne zwar realistische Umrisse, aber ab dann lasse ich meiner Fantasie freien Lauf. Sie bekommen von mir Schleifchen, Handtaschen oder Surfbretter, meine Community bei Instagram macht immer die tollsten Namensvorschläge. Malen kann mit einer erfundenen Geschichte im Hinterkopf doppelt so viel Freude machen.

Material

Papier

Fabriano Artistico, extra White, 300 g/m², cold pressed

Pinsel

Rundpinsel: Escoda Gr. 8, KUM Memory Point Nr. 1

Farben

- Transparent Pyrrol Orange
- Paynesgrau
- Alizarin-Karmesin
- Pyrrol Scharlachrot
- Ecoline Liquid Watercolor, weiß

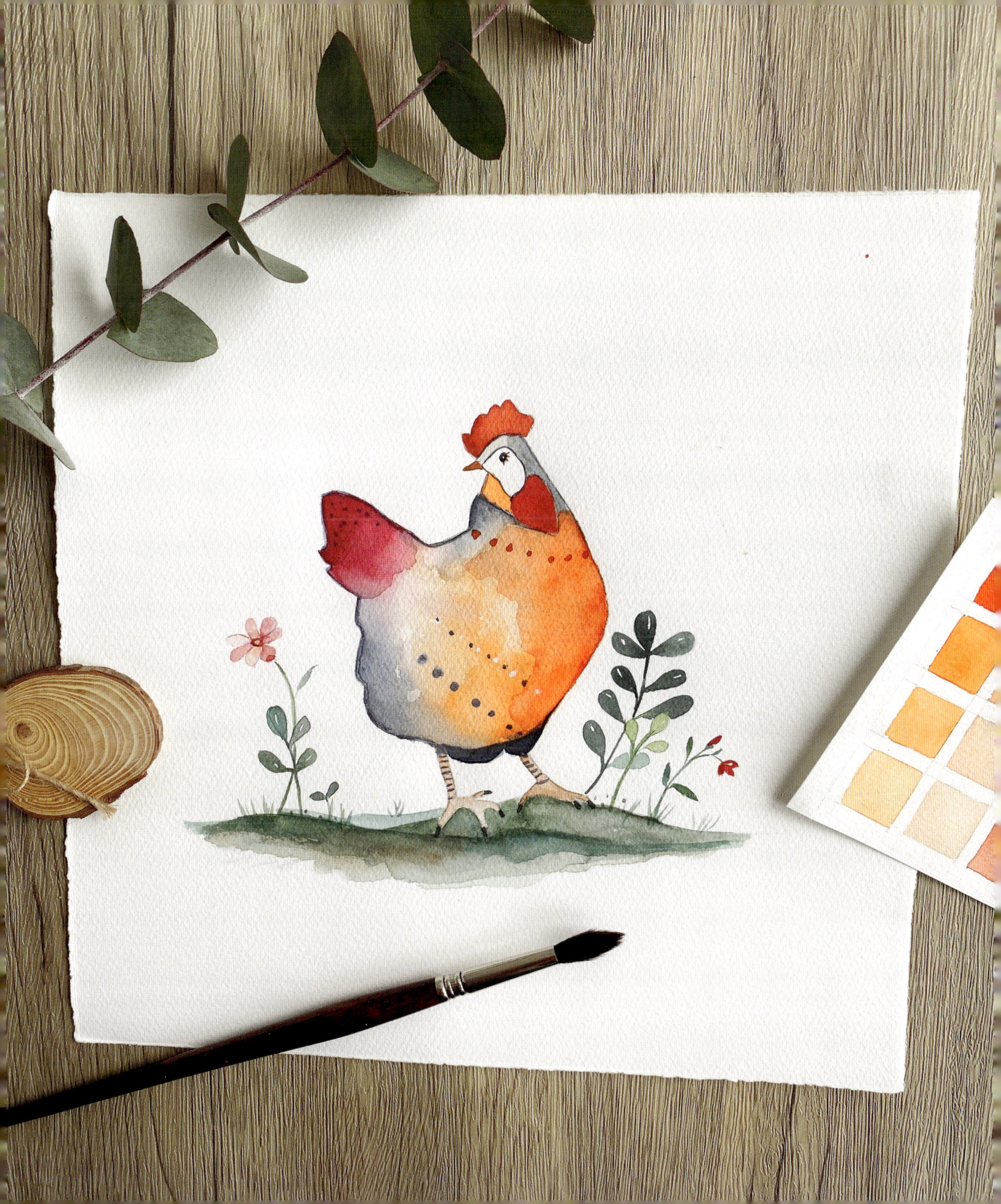

So geht's

1

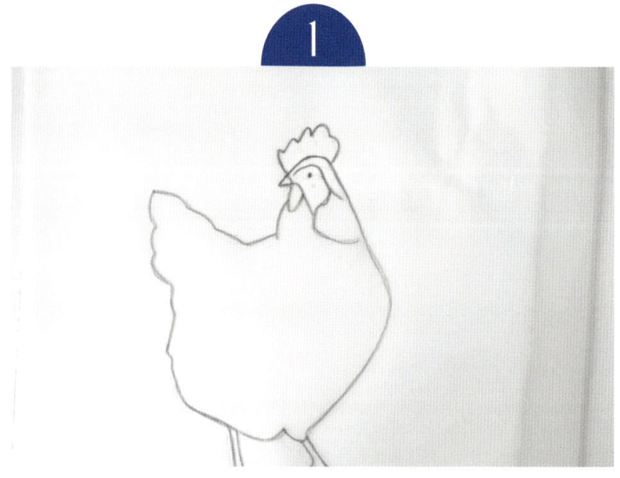

Übertrage die Umrisse des Huhns auf dein Aquarellpapier und bereite die Farben, die du benutzen willst, auf deiner Palette vor.

2

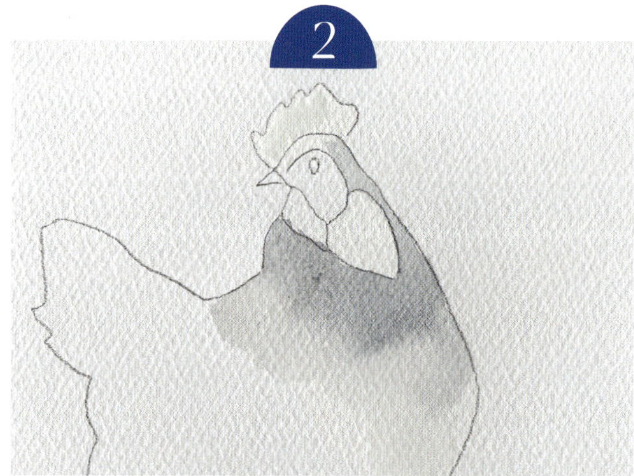

Der Körper des Huhns wird Schritt für Schritt in der Nass-in-Nass-Technik gemalt. Befeuchte zunächst die Fläche rund um den Hals mit klarem Wasser. Ich nehme dafür den Rundpinsel in Gr. 8. Danach färbst du mit Paynesgrau den Bereich ein. Du tupfst die Farbe nur hinein, und die Farbe verteilt sich.

3

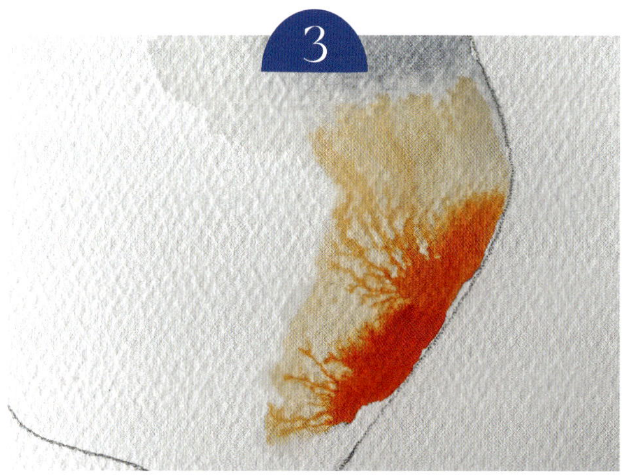

Direkt darunter folgt der Bauch, den du auch erst befeuchtest und danach in Orange einfärbst.

4

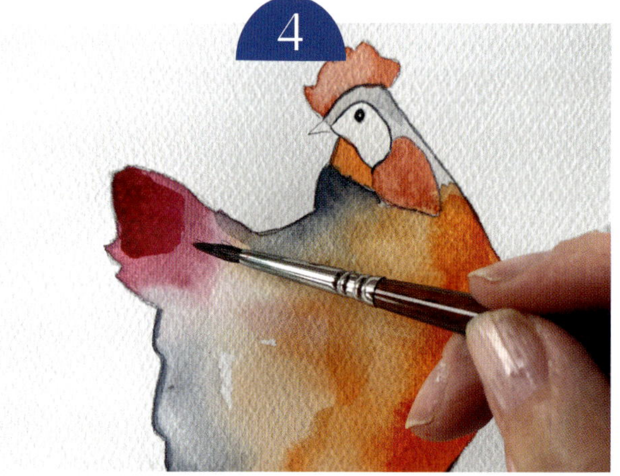

Ebenso verfährst du beim Schwanz, der mit Alizarin-Karmesin eingefärbt wird. Füge auch noch etwas Paynesgrau an verschiedenen Körperteilen hinzu. Der Kamm und die Kehllappen werden mit dem Orangeton eingefärbt, und ich tupfe ebenfalls etwas von der Farbe Pyrrol Scharlachrot hinein.

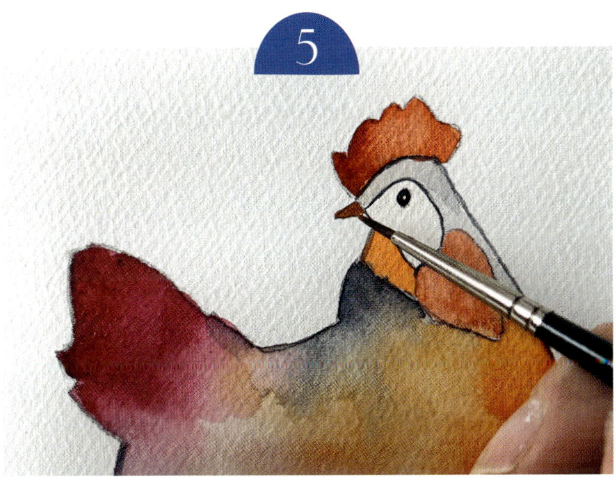

Mit Pyrrol Scharlachrot malst du auch den Schnabel.

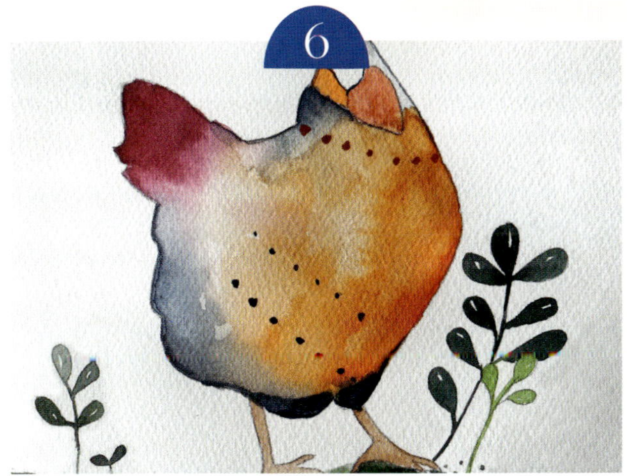

Nun tupfe ich Punkte wie eine Halskette um den Hals in das noch feuchte Papier. Mit der weißen Tinte von Ecoline tupfe ich ebenfalls Punkte in das noch feuchte Papier.

Die Krallen des Huhns färbst du in Paynesgrau ein.

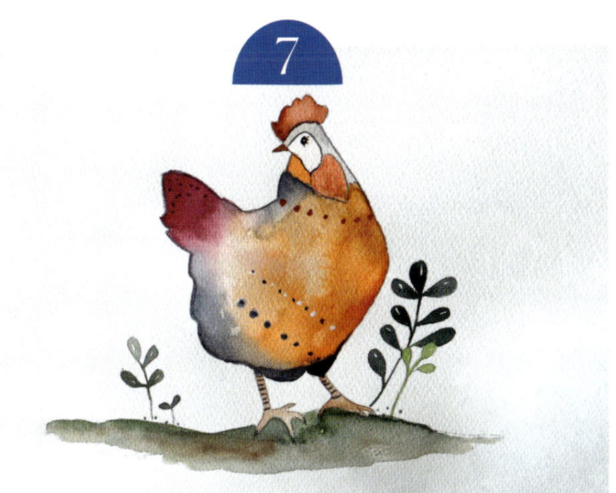

Zum Schluss kannst du dein Bild noch rechts und links mit einem Zweig mit Blättern oder grünen Grashalmen schmücken.

Seestern

Wenn ich am Meer bin, schnorchle ich sehr gerne, und im letzten Jahr habe ich unter Wasser sogar einen orange-roten Seestern gesehen. Den Seestern male ich in der Nass-in-Nass- und in der Nass-auf-Trocken-Technik.

Material

Papier

Hahnemühle Anniversary Edition

Pinsel

Rundpinsel: Escoda Nr. 10, van Gogh Nr. 4

Farben

Zitronengelb, New Gamboge

Transparent Pyrrol Orange

Paynesgrau bläulich

Kobaltblau

Quinacridon Tiefes Gold

Pyrrol Scharlachrot

Weiteres Material

Ein alter Pinsel oder Colour Shaper (meiner ist von der Marke van Gogh, Series 601)

Masking Fluid

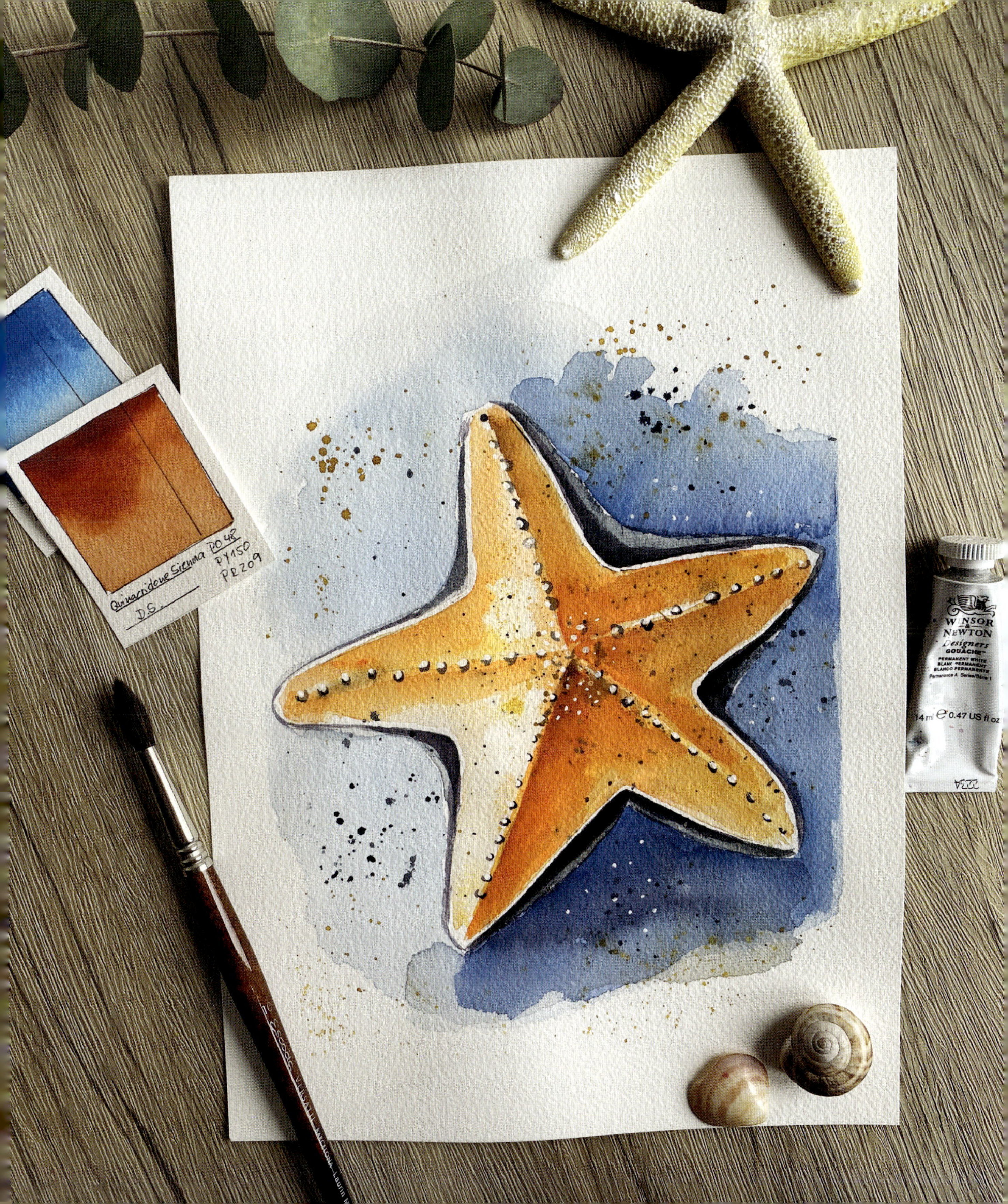
Quinacridone Sienna
PO 48
PY150
PR209
D.S.
WINSOR & NEWTON
Designers
GOUACHE
PERMANENT WHITE
BLANCO PERMANENTE
14 ml e 0.47 US fl oz

So geht's

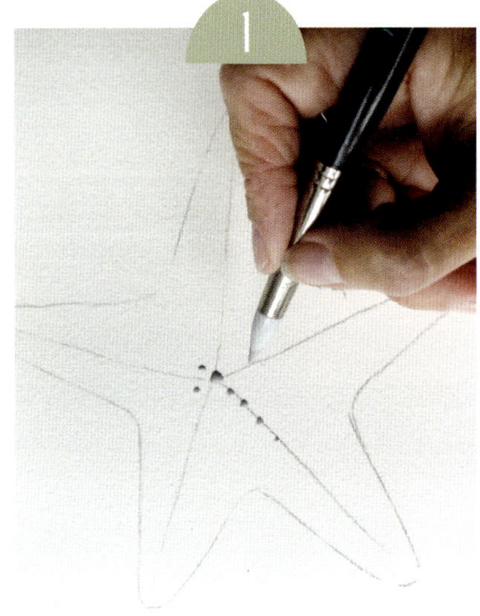

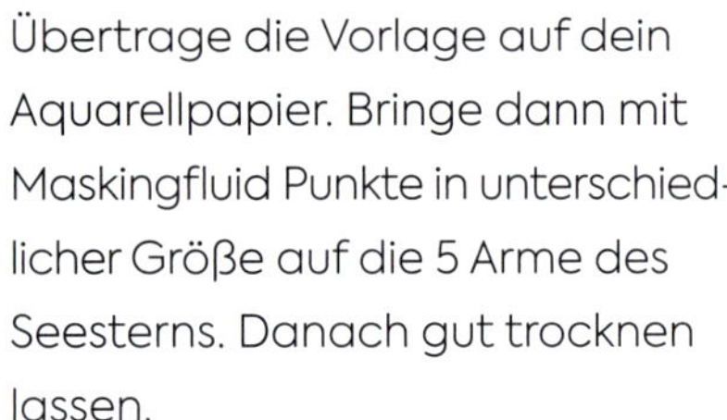

Übertrage die Vorlage auf dein Aquarellpapier. Bringe dann mit Maskingfluid Punkte in unterschiedlicher Größe auf die 5 Arme des Seesterns. Danach gut trocknen lassen.

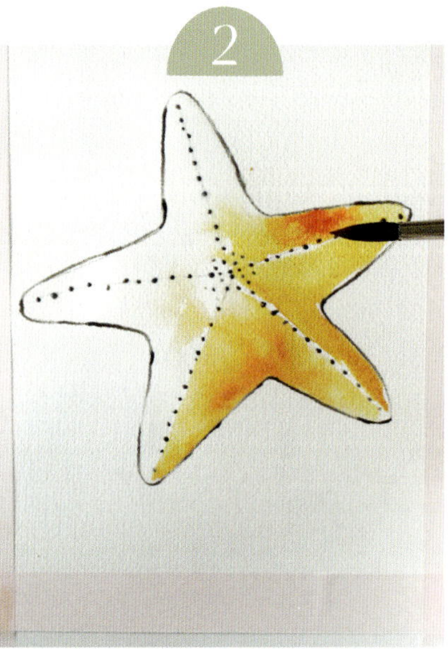

Befeuchte den Seestern mit klarem Wasser und lasse es kurz etwas einwirken. Tupfe dann in das feuchte Papier die Farbe Transparent Pyrrol Orange ein, sodass sich die Farbe über den ganzen Seestern ausbreitet. Du kannst dir auch ein Orange aus den Farben Gelb (New Gamboge) und Rot (Pyrrol Scharlachrot) mischen.

Da in meinem Motiv das Licht von links oben kommen soll, nehme ich mit dem trockenen Pinsel wieder etwas Farbe auf der linken Seite weg, sodass ein paar hellere Stellen entstehen. Das ist wichtig, um dem Seestern eine gewisse Plastizität zu geben.

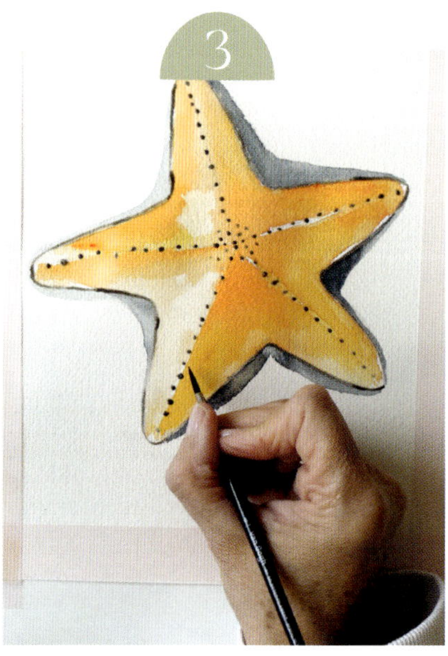

Male unter die mit Masking Fluid abgedeckten Punkte und an den äußeren Rand des Seesterns mit Paynesgrau einen Schatten. Für den äußeren Schatten ziehst du zunächst eine dünne Linie mit einer konzentrierten Farbmischung um den Seestern herum. Wasche den Pinsel aus und ziehe eine Wasserlinie rundherum, sodass sich die Farbe dahin ausdehnen kann und somit ein weicher Rand entsteht. Achte darauf, dass der Schattenbereich an der linken Seite des Seesterns etwas schmaler ausfällt als unten und auf der rechten Seite.

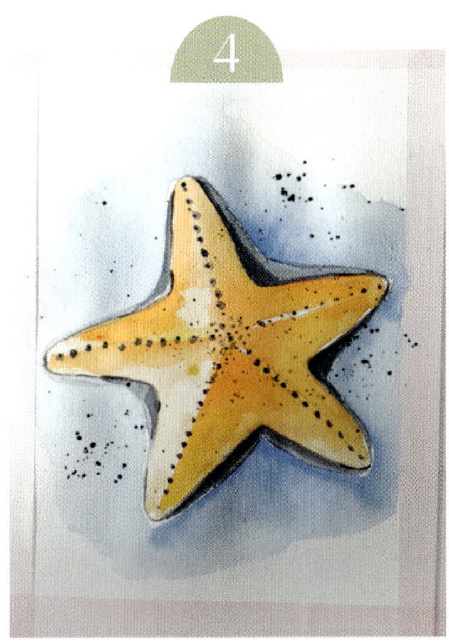

Wenn der Schatten getrocknet ist, verteile rund um den Seestern mit dem Pinsel klares Wasser und lasse die Farbe Kobaltblau in der Nass-in-Nass-Technik dort hineinlaufen, sodass die Farbe sich ausdehnt. Achte darauf, dass du die rechte Seite dunkler machst, indem du dort die Farbe etwas konzentrierter nimmst oder nach dem Trocknen den Vorgang wiederholst und eine weitere Schicht Farbe auf die gleiche Art und Weise aufbringst.

Ist die blaue Farbe getrocknet, kannst du Punkte auf den Seestern und den Hintergrund sprenkeln.

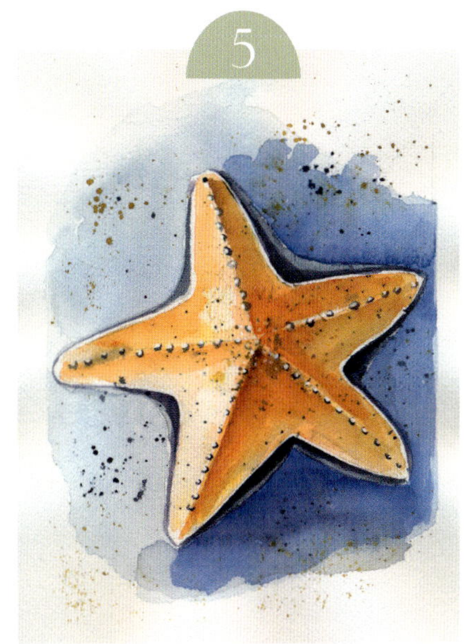

Überprüfe, ob der Seestern eine weitere Farbschicht braucht, damit er dreidimensional wirkt. Ich setze auf die rechte Seite und unten eine weitere Lasur mit Quinacridon Tiefes Gold. Du kannst auch eine Mischung aus Zitronengelb und Pyrrol Scharlachrot nehmen. Zum Schluss setze ich weitere Sprenkel in Quinacridone Gold Deep (es geht auch ein anderer Gelbton) auf das gesamte Bild. Wenn alles getrocknet ist, wird das Masking Fluid abgerubbelt. Fertig ist dein Seestern.

Fisch

Fische gibt es in allen erdenklichen Farben und Schattierungen. Es ist daher ein Genuss, hier mit Farbe und Mustern zu spielen und der eigenen Fantasie freien Lauf zu lassen. Ich möchte in diesem Projekt vor allem Hell-Dunkel-Kontraste schaffen. Wir kombinieren die Nass-in-Nass-Technik mit der Nass-auf-Trocken-Technik.

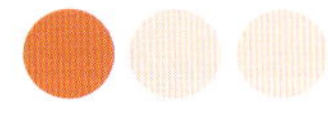

Material

Papier

Arches, Grain Fin, cold pressed, 300 g/m²

Pinsel

Rundpinsel: Escoda Nr. 10 und Nr. 4

Farben

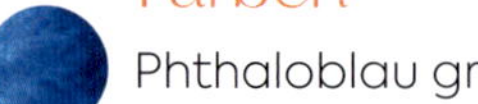

Phthaloblau grünlich

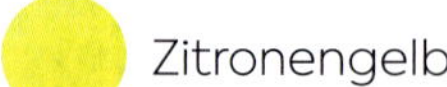

Zitronengelb

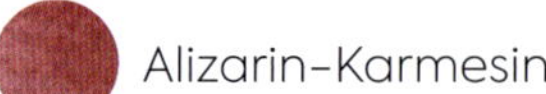

Alizarin-Karmesin

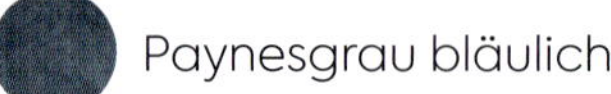

Paynesgrau bläulich

Weiteres Material

Weiße Gouache

Masking Fluid

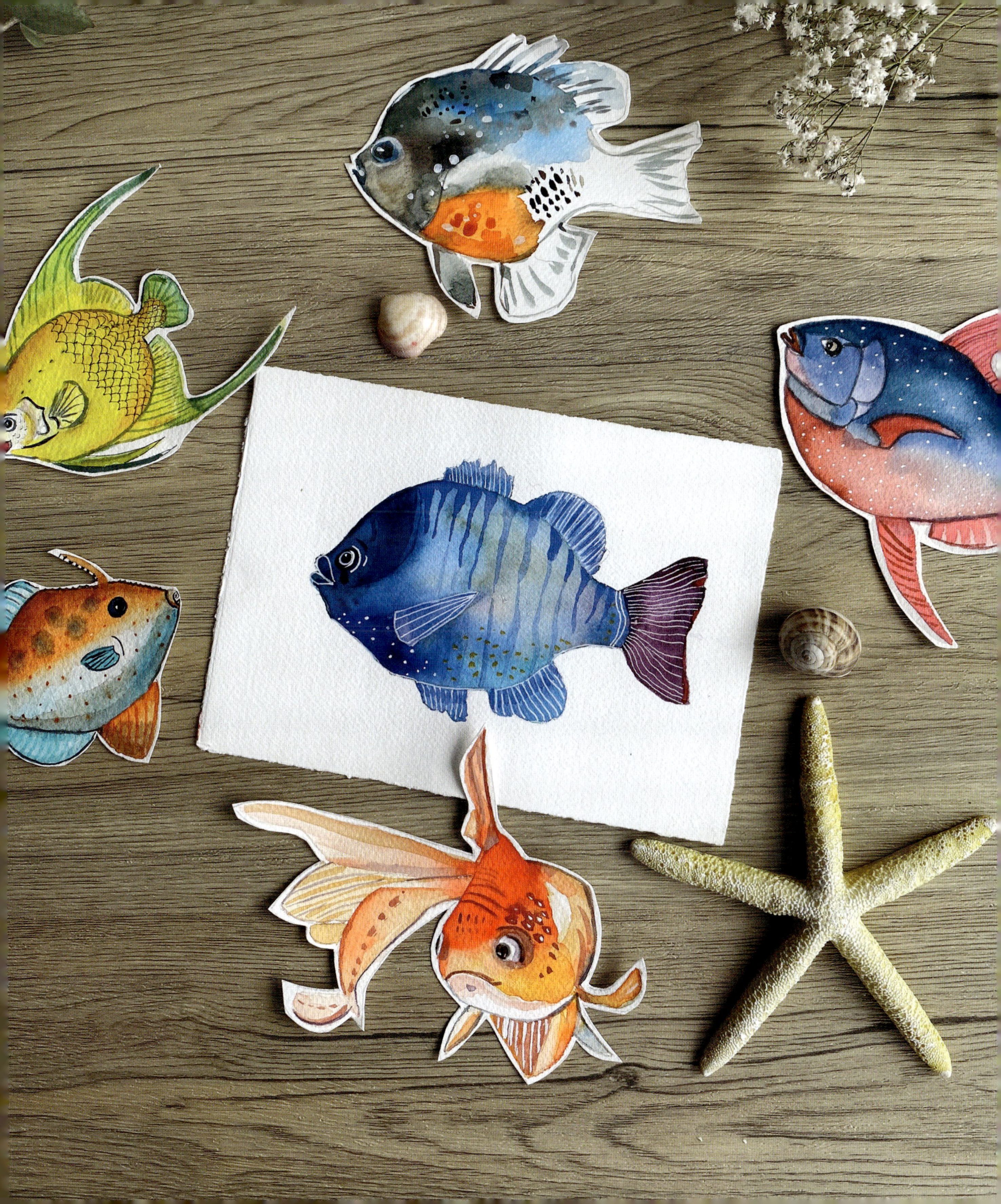

So geht's

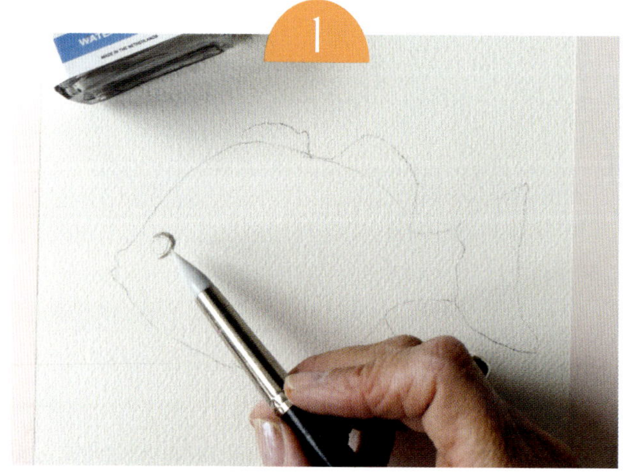

Skizziere deinen Fisch auf das Aquarellpapier. Hinter dem Auge decke ich einen Bereich wie einen Halbmond mit Masking Fluid ab. Danach wird der ganze Fisch mit klarem Wasser befeuchtet. Lass einen Moment das Wasser in das Papier einziehen.

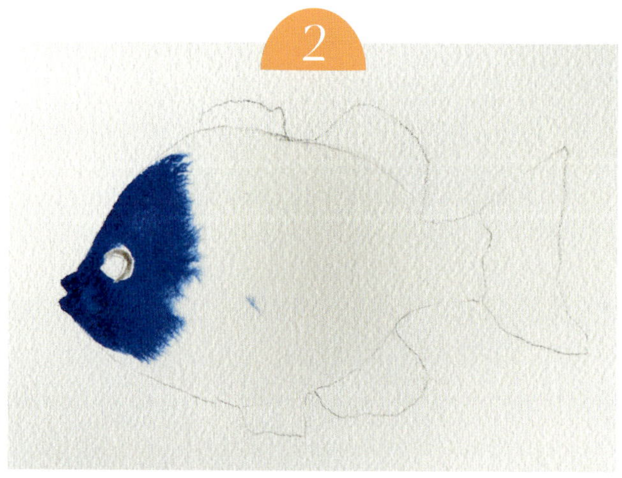

Beginne nun, die Farbe Phthaloblau in die vordere Seite des Fisches etwa zu einem Drittel aufzutupfen.

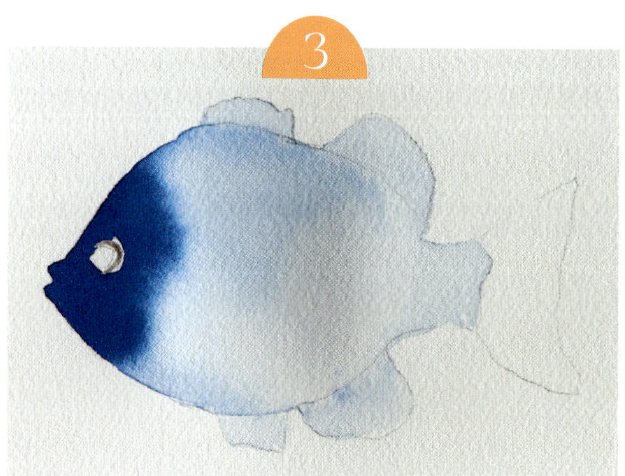

Spüle danach den Pinsel sofort aus und ziehe die nun verdünnte Farbe von vorne nach hinten, auch in die Rücken- und Bauchflossen. Die Schwanzflosse bleibt frei.

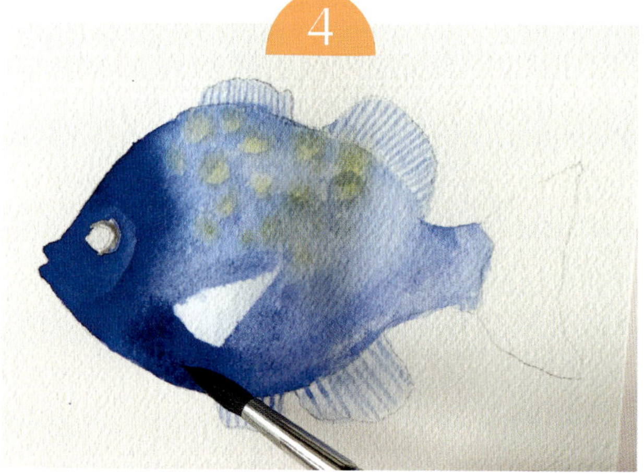

In das feuchte Blau kannst du ein paar Punkte mit Zitronengelb setzen. Ziehe mit einem verdünnten Blau Linien in die Flossen. Die Brust unterhalb der Seitenflosse kannst du mit einer weiteren Schicht Phthaloblau verstärken. Jetzt muss alles trocknen.

Vorlage

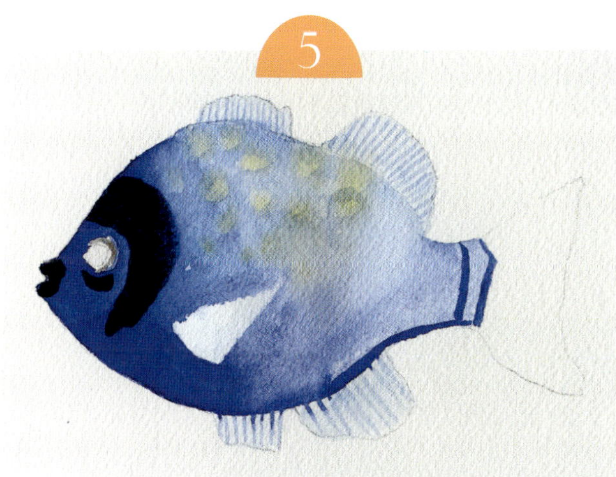

Ziehe mit Phthaloblau einen dicken Balken wie einen Halbmond hinter das Auge. Weitere Linien in Blau kannst du unterhalb vom Auge, am Mund sowie in Richtung Rückenflosse setzen, um dem Fisch mehr Struktur zu geben.

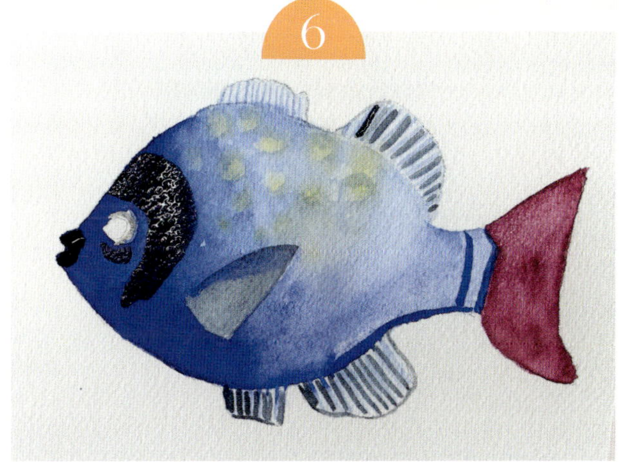

Koloriere die Schwanzflosse mit einer Mischung aus Alizarin-Karmesin und Phthaloblau. Für die Seitenflosse kannst du verdünntes Phthaloblau nehmen. Füge weitere Linien in die Rücken- und Bauchflossen mit einer Mischung von Blau und etwas weißer Gouache hinzu.

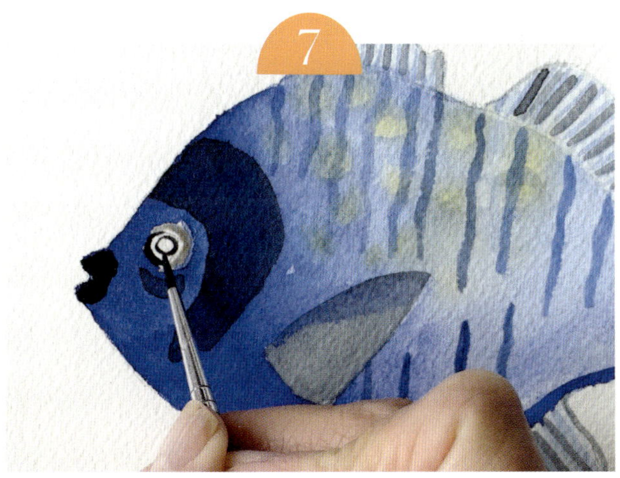

Ziehe danach mit dem Blau ein paar Schlangenlinien von unten nach oben und von oben nach unten. Das Auge malst du, indem du es mit dem Blauton umrandest. Für das Innere des Auges nehme ich das dunklere Paynesgrau bläulich.

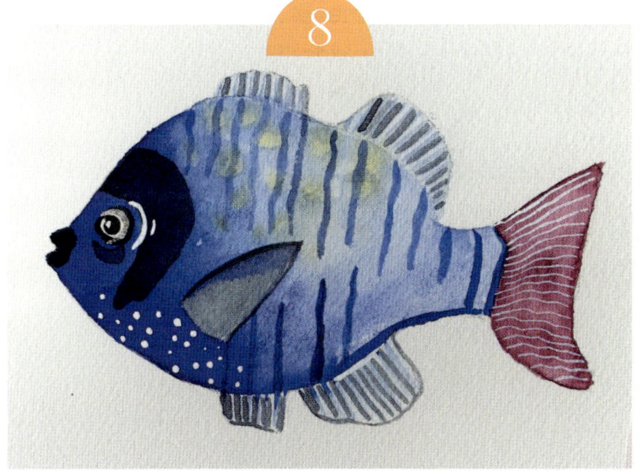

Nachdem alles getrocknet ist, füge mit weißer Gouache Highlights hinzu: Die Schwanzflosse erhält feine Linien, die Brust Punkte und hinter das Auge kommen Halbkreise. Nun ist dein Fisch fertig. Male doch ein ganzes Aquarium voller Fische.

Giesskanne mit Blumen

Im letzten Jahr ist ein großer Traum in Erfüllung gegangen, und wir konnten in Berlin nach langer Wartezeit einen Garten pachten. Anfang Mai genoss ich die zahlreichen Blumen, die in meiner Umgebung blühten. Eine alte, rostige Gießkanne gehörte zum Inventar und inspirierte mich zu diesem Bild.

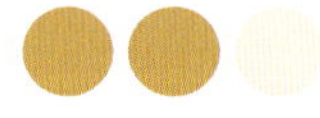

Material

Papier

Fabriano Artistico, extra White, cold pressed, 300 g/m²

Pinsel

Rundpinsel: Princeton Nr. 6, da Vinci Forte Synthetics Nr. 1

Farben

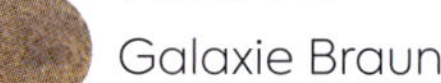

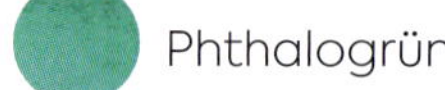

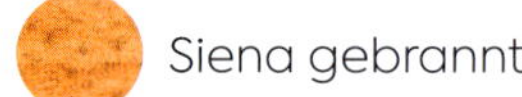

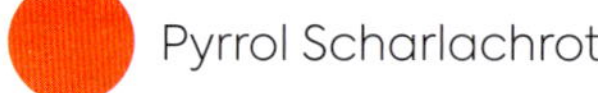

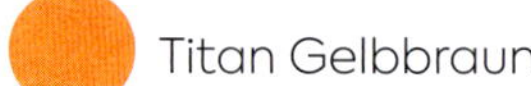

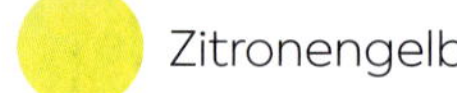

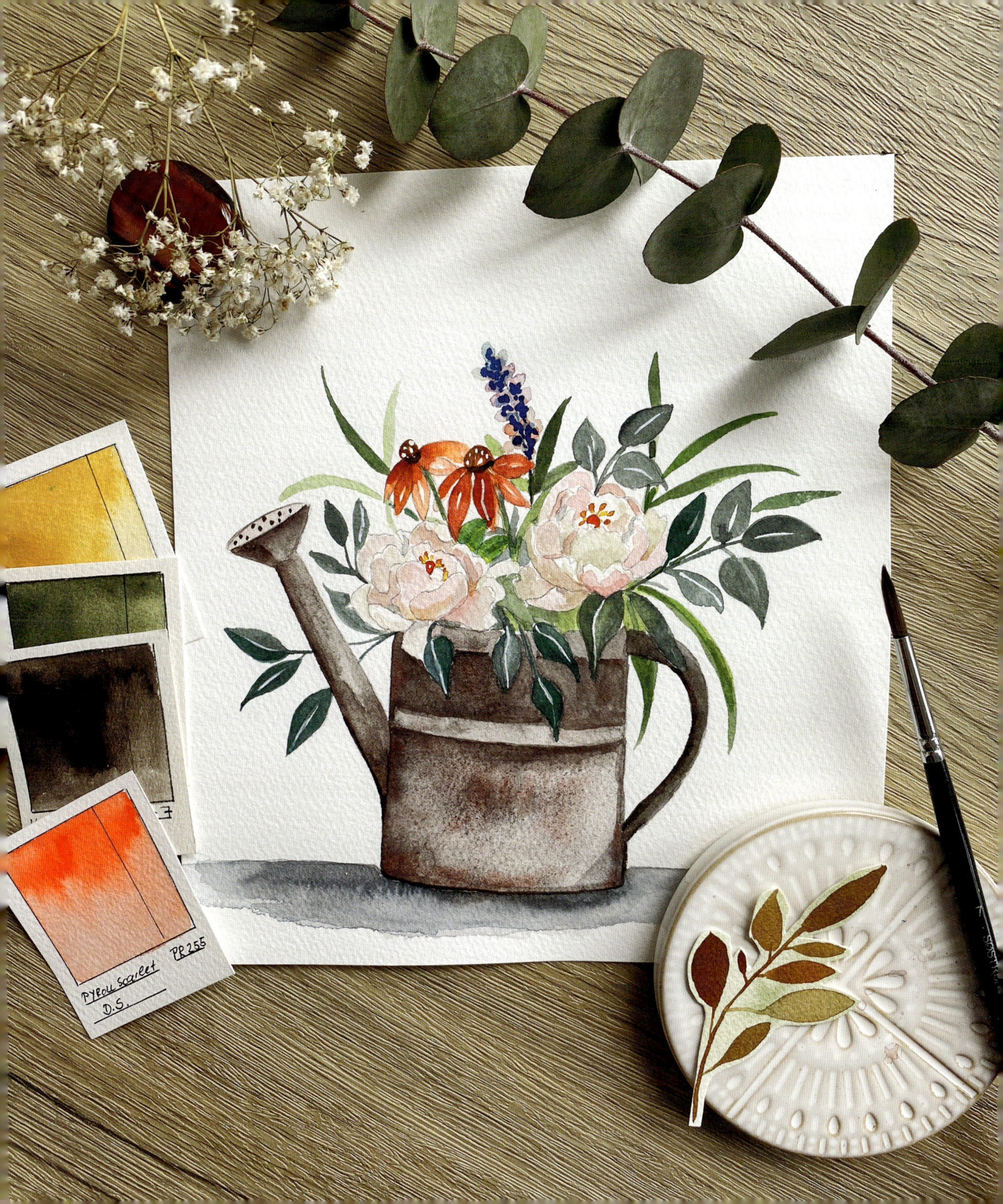
PYROLL Scarlet
PR 255
D.S.

So geht's

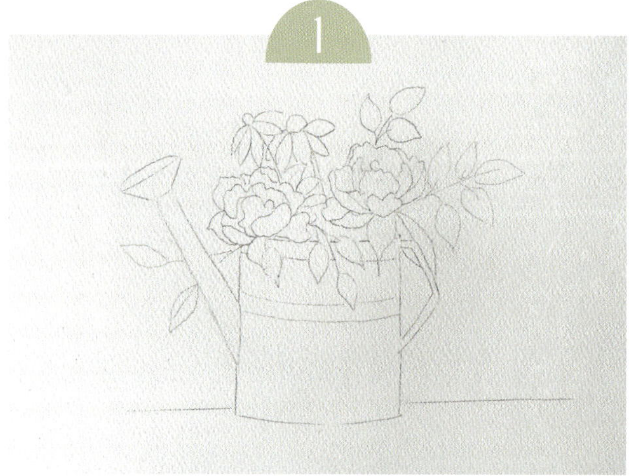

Übertrage deine Vorlage auf das Aquarellpapier.

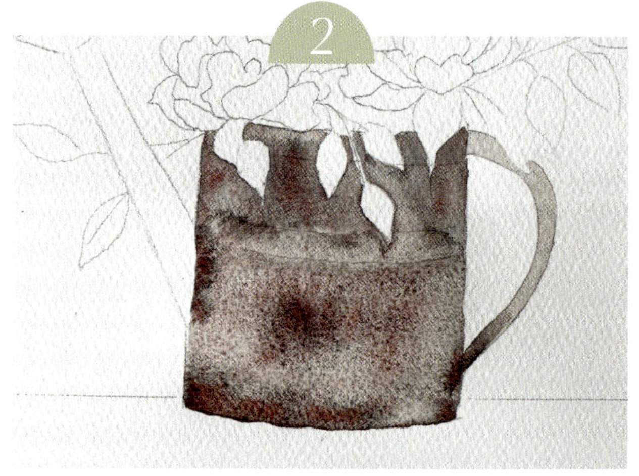

Beginne in der Nass-in-Nass-Technik und feuchte die Gießkanne mit einem in Wasser getränkten 6er-Pinsel an. Beginn dann, die granulierende Farbe Galaxie Braun in die feuchte Fläche hineinzutupfen. So wird optisch eine Patina auf der Gießkanne erzeugt.

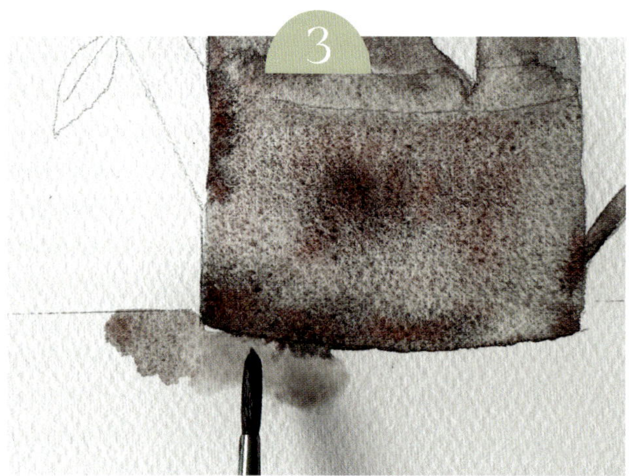

Wenn die Gießkanne mit Farbe ausgemalt und die Farbe noch feucht ist, ziehst du direkt unterhalb eine Wasserlinie, sodass die Farbe sich dahin ausdehnt und gleich einen Schatten erzeugt.

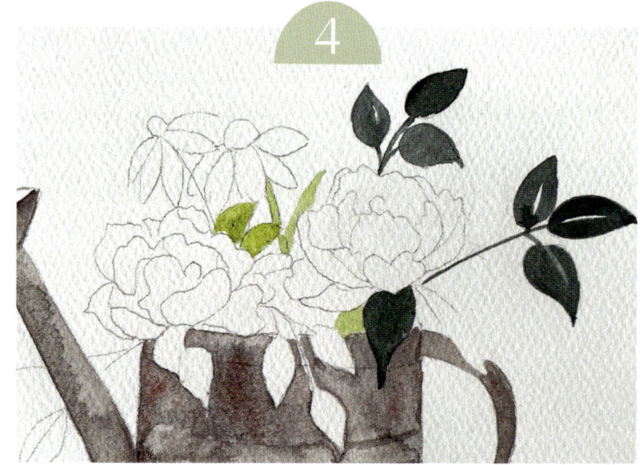

Beginne, die langen Blattstiele auszumalen, und nimm dazu ein verdünntes Perylengrün. Mische etwas Zitronengelb zu dem Perylengrün, und schon hast du ein wesentlich helleres Grün, womit du die Blätter um die Blumen herum malen kannst.

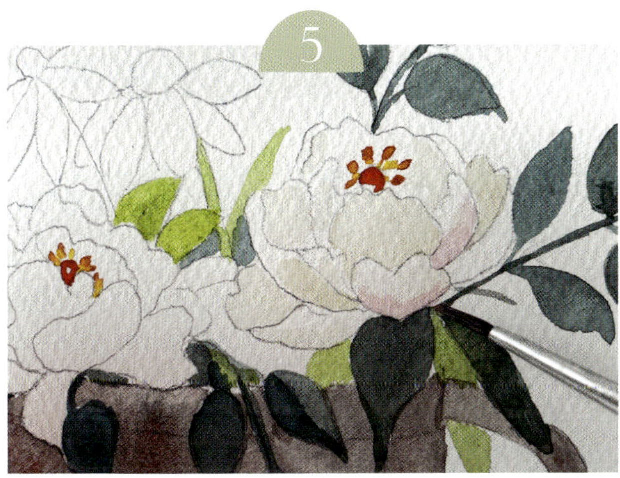

Male die Blüten mit verdünntem Titan Gelbbraun. Mit einer stark verdünnten Mischung von Titan Gelbbraun und Pyrrol Scharlachrot kannst du farbliche Akzente in einem Rosaton einfügen. Setze einen roten Punkt als Blütenstempel und daneben kleine Staubgefäße mit der Farbe Lichtes Siena gebrannt.

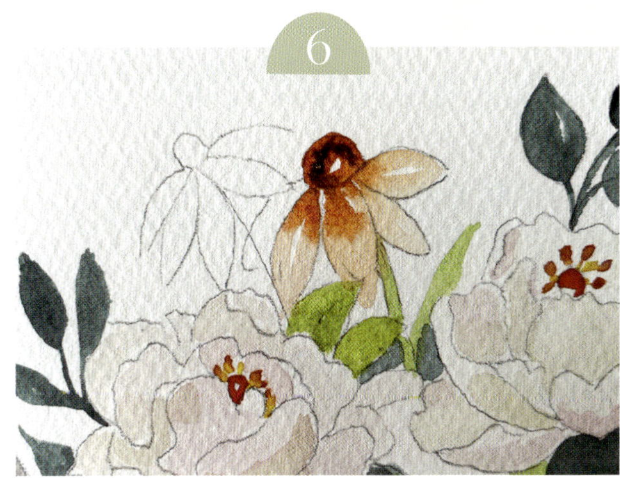

Koloriere die hinteren Blüten in den Farben Lichtes Siena gebrannt und Pyrrol Scharlachrot. So entsteht ein schöner Kontrastpunkt zu den blassen Blüten im Vordergrund.

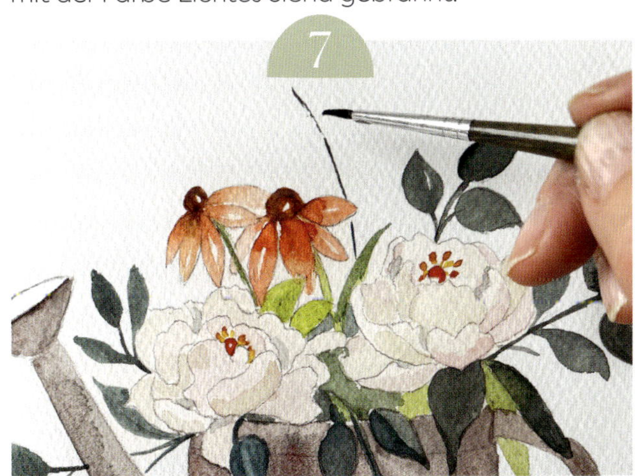

Jetzt ist meistens der Zeitpunkt, an dem ich schaue, ob meiner Illustration etwas fehlt. Ich male noch einen Blumenzweig in den Hintergrund. Trau dich, dich von Vorlagen zu lösen und eigene Vorstellungen in das Bild einzubringen. Jede Vorlage ist nur ein Vorschlag, den du individuell verändern kannst.

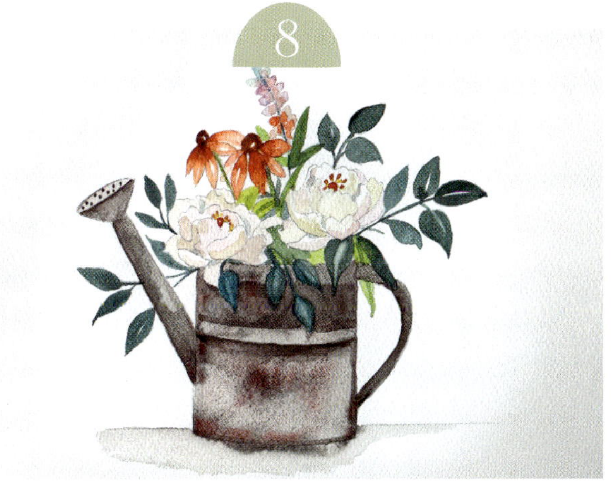

Um der Kanne mehr Struktur zu geben, male ich noch eine Linie hinein und verstärke den Handlauf. Auch an dem langen Hals und am Trichter werden Linien verstärkt. Achte aber darauf, dass keine allzu harten Kanten entstehen. In den Trichter setze ich noch kleine Punkte. Fertig ist die Gießkanne!

Fuchs

Als ich im Winter letzten Jahres mit dem Fahrrad durch eine Gartenkolonie fuhr, entdeckte ich einen Fuchs, der in einem Garten mit einem roten Ball spielte. Um uns herum war weit und breit kein Mensch zu sehen. Ich blieb ruhig stehen, nahm mein Handy heraus und fotografierte ihn. Einem wilden Tier plötzlich so nahe zu sein ist etwas ganz Besonderes. Dieses Erlebnis inspirierte mich zu diesem Fuchsbild.

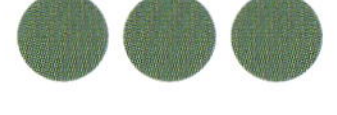

Material

Papier

Arches, cold pressed, 300 g/m²

Pinsel

Rundpinsel: Escoda Nr. 10, KUM Memory Point Nr. 1

Schlepperpinsel: Winsor & Newton Gr. 0

Flachpinsel: da Vinci FIT Synthetics Nr. 24

Farben

- Paynesgrau
- Französisch Ultramarinblau
- Quinacridon Tiefes Gold
- Transparent Pyrrol Orange
- Umbra gebrannt
- Siena gebrannt
- Hookersgrün
- Alizarin-Karmesin

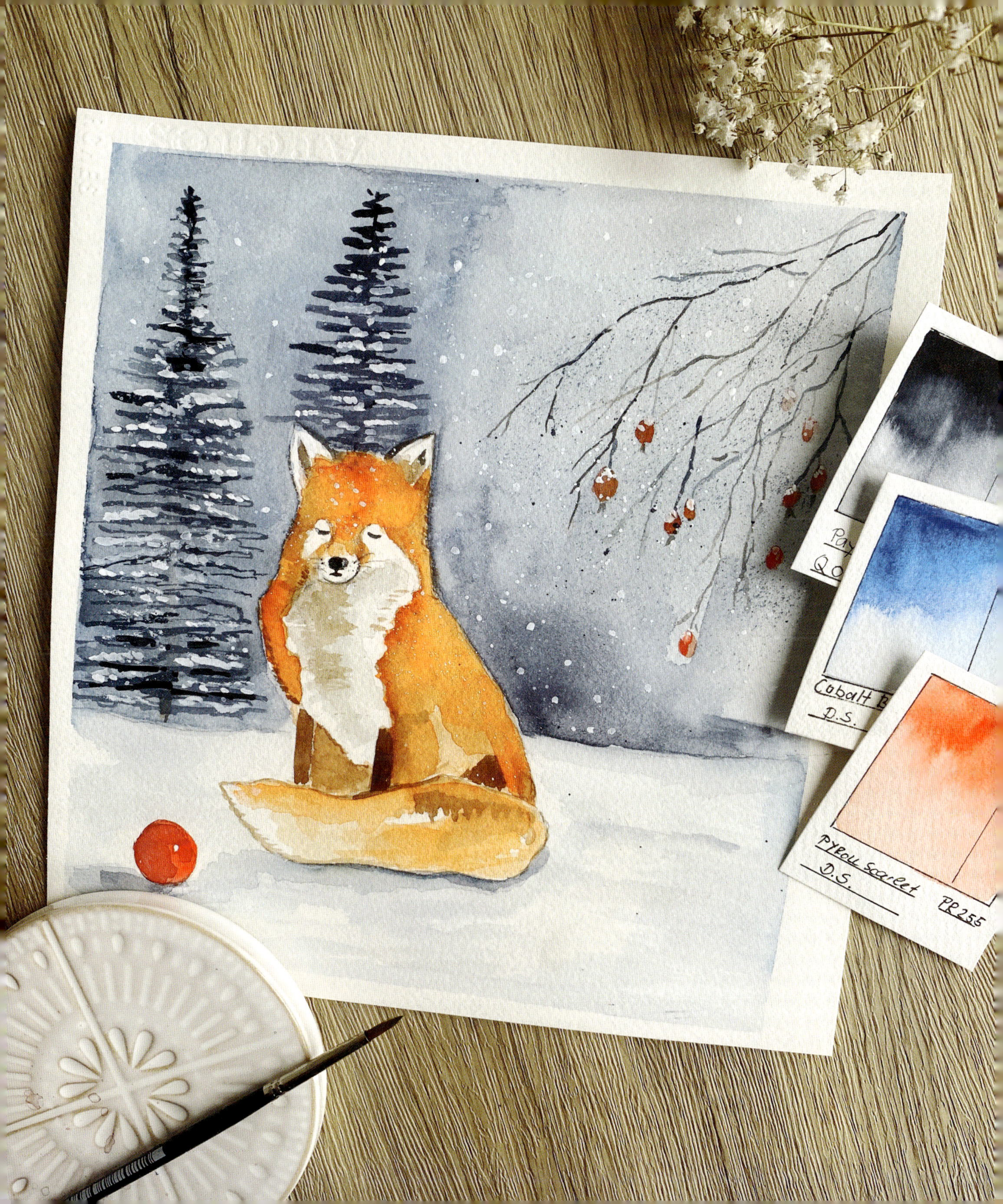
Cobalt
D.S.
Pyroll Scarlet
D.S.
PR255

So geht's

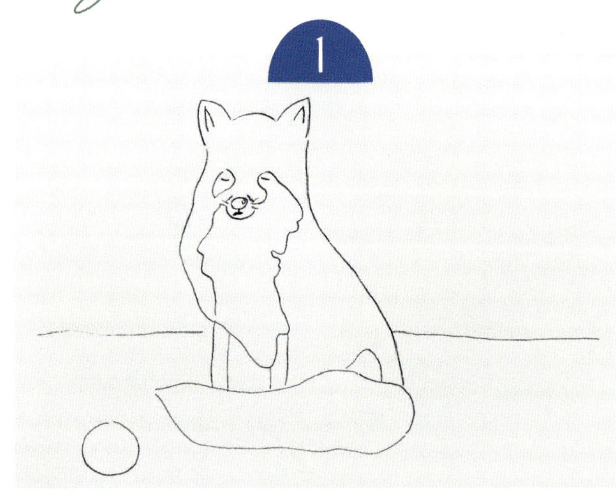

Übertrage das Motiv des Fuchses auf dein Aquarell-papier. Er sollte nicht mittig platziert werden, eher auf der linken Seite, mit noch genügend Platz zum Rand.

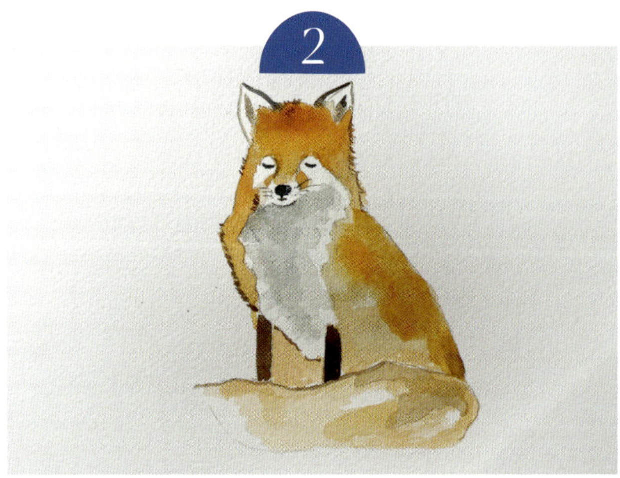

Starte nass-in-nass mit Transparent Pyrrol Orange. Die Brust wird mit verdünntem Paynesgrau schattiert. Mit Umbra gebrannt werden die Beine gemalt. Deute mit dem Pinsel in Gr. 1 sowie einer Mischung aus Paynesgrau und Französisch Ultramarin die Augenlider, Schnurrhaare und die Ohren an.

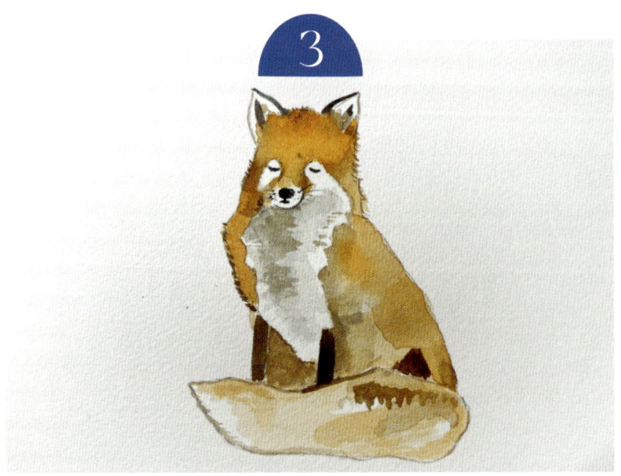

Verstärke in einer weiteren Lasur mit Transparent Pyrrol Orange das Fell. Der Schwanz und das Brustfell werden mit kleinen Strichen in Siena gebrannt ausgearbeitet. Lege mit einer stark verdünnten Farbmischung von Französisch Ultramarinblau und Umbra einen Schatten unter den Schwanz.

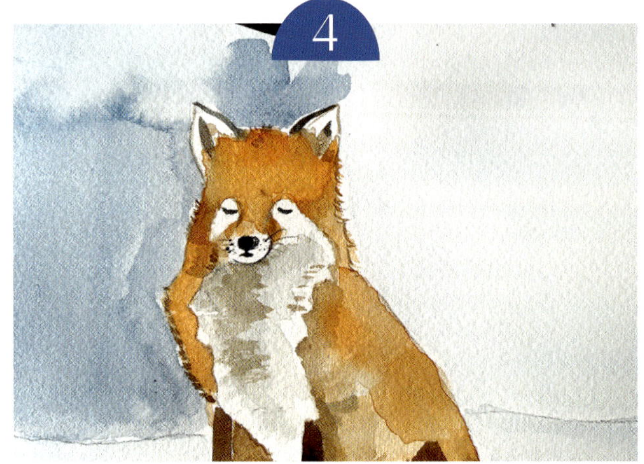

Dann legst du den Hintergrund an. Trage nass-in-nass mit dem großen Flachpinsel da Vinci Nr. 24 FIT Synthetics die Paynesgrau-Mischung auf. Ziehe den Pinsel zügig von unten nach oben, sodass ein gleichmäßiger Farbauftrag entsteht.

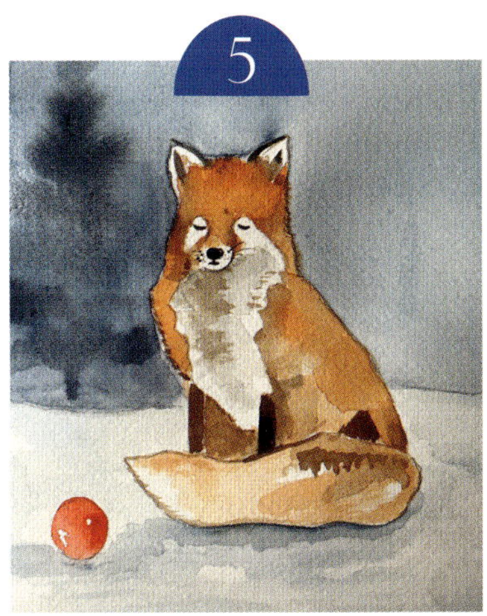

Male noch in die feuchte Fläche mit Paynesgrau und dem Schlepper eine Tanne. Sie erscheint nur angedeutet, da die Farbe noch verläuft. Im Vordergrund wird der Ball mit Pyrrol Scharlachrot ausgemalt. Beachte die Schatten und Lichtpunkte.

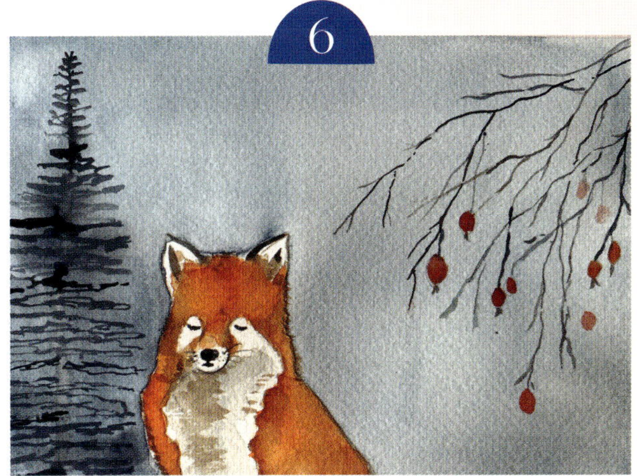

Nachdem das Bild getrocknet ist, male mit dem Schlepper dünne Zweige, die vom rechten Bildrand in die Mitte führen. Das Rot nehmen wir noch mal für Hagebutten in den Zweigen auf. Danach verstärkst du die Linien der Tanne mit einer dunkleren Paynesgrau-Mischung.

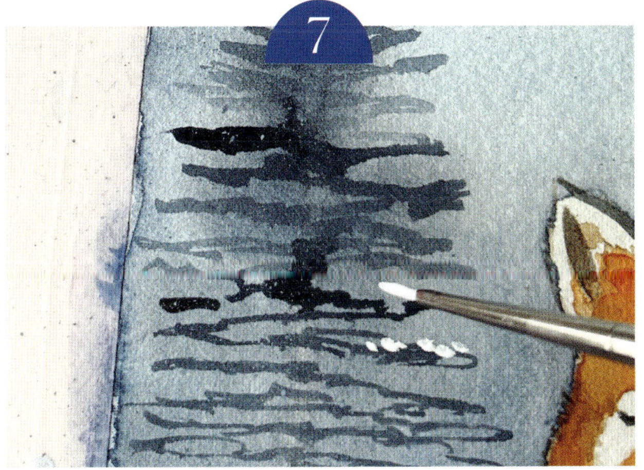

Mit weißer Gouache werden kleine Schneeflocken auf die Tannenzweige gemalt.

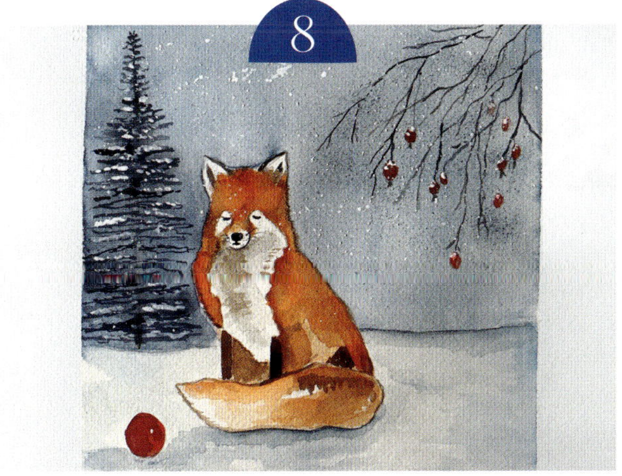

Danach kannst du noch weiße Sprenkel auf das Bild spritzen. Fertig ist der Fuchs im Schnee.

Federn

Eine Feder zu malen ist ein beliebtes Motiv in der Aquarellmalerei, da man seiner Fantasie freien Lauf lassen kann. Die Transparenz der Aquarellfarben unterstreicht die Leichtigkeit der Feder. Ich habe hier drei Federn mit nur zwei Farben gemalt. Dabei kommen mir meine Malkarten zur Hilfe, da ich auf diesen schon erkennen kann, welche Mischungen möglich sind und wie die Farben miteinander harmonieren.

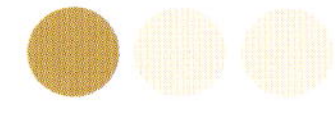

Material

Papier

Arches Aquarelle, Grain Fin, cold pressed, natural white, 300 g/m^2

Pinsel

Rundpinsel: Escoda Versatil Nr. 4

Linierpinsel: boesner Nr. 4

Farben

Transparent Orange

Phthaloblau

Weitere Materialien

Artist Masking Fluid von Daniel Smith

Watercolor Stick von Daniel Smith in der Farbe Titanium White

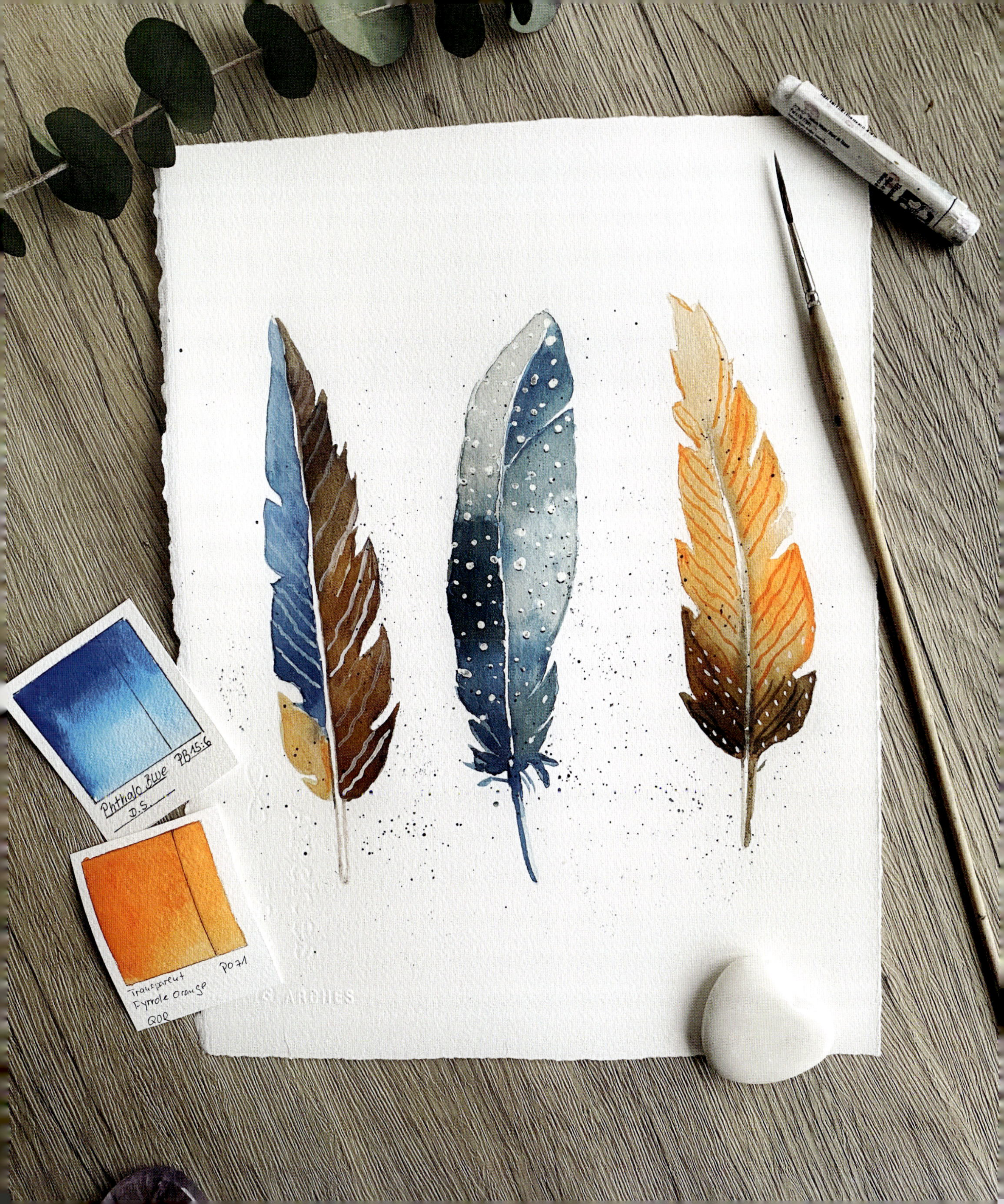
Phthalo Blue PB15:6
D.S.
PO71
Transparent
Pyrrole Orange
QoR
ARCHES

So geht's

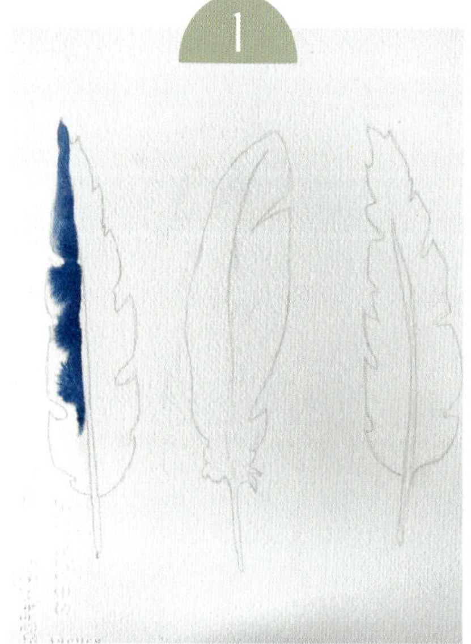

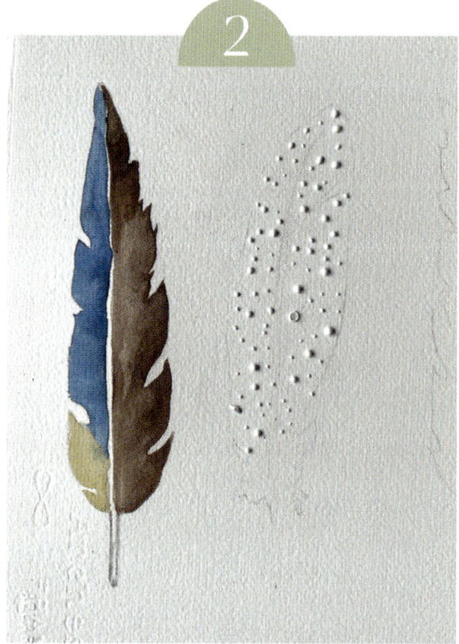

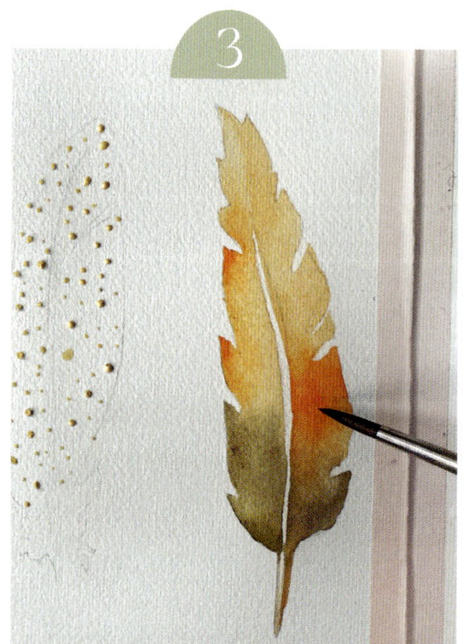

Nachdem du die Vorlage auf dein Aquarellpapier übertragen hast, beginnst du zunächst damit, die linke Seite der Feder mit Wasser anzufeuchten.

Aus dem Orange und dem Blau kannst du dir einen Braunton mischen. Der Blauton wird auf der Palette mit etwas Wasser verdünnt. Nun kannst du nach Lust und Laune beide Farben in die linke Hälfte der Feder einfließen lassen. Wenn dieser Teil fertig ist, wiederholst du das Gleiche auf der anderen Seite.

Mit dem Masking Fluid setzt du jetzt unterschiedlich große Punkte auf die zweite Feder und lässt diese ganz trocknen. Dieses Masking Fluid wird mit fünf Applikatoren geliefert. Es empfiehlt sich, den Applikator direkt nach dem Gebrauch auszuspülen, damit er nicht von innen verklebt und man ihn noch öfter verwenden kann.

Während das Masking Fluid trocknet, kannst du damit beginnen, die dritte Feder auszumalen. Ich habe dafür den Braunton genommen, der aus der Mischung von Blau und Transparent Orange entsteht. Male dieses Mal nass auf trocken. Durch das Hinzufügen von Wasser erreichst du unterschiedliche Farbabstufungen.

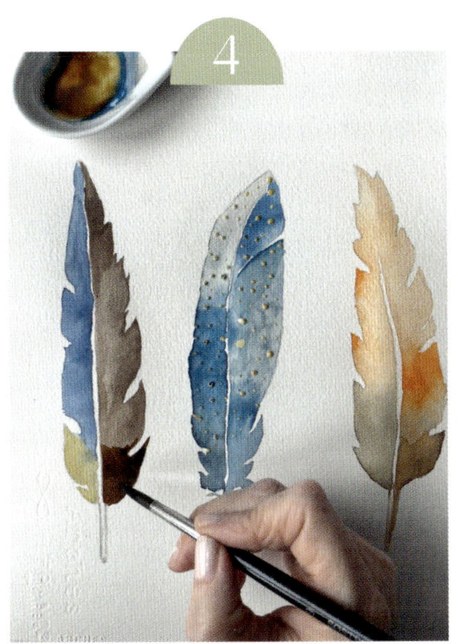

Nachdem du die Feder in der Mitte mit einer Mischung aus Blau und einem Hauch Orange ausgemalt hast, beginnst du mit der zweiten Farbschicht bei der ersten Feder. Intensiviere dazu den Braunton. Wiederhole dies auch bei den anderen Federn.

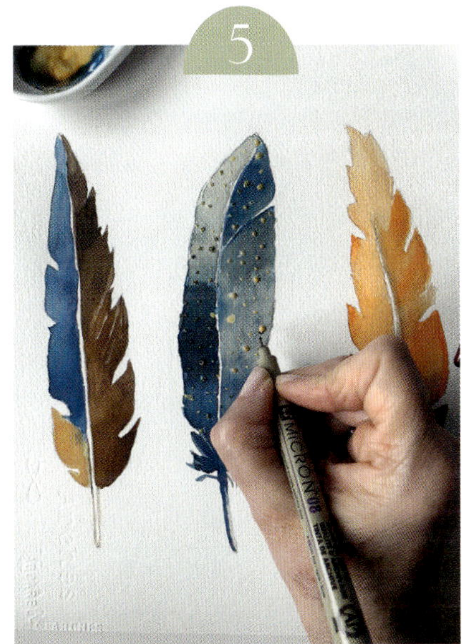

Bevor du das Masking Fluid entfernst, kannst du mit einem schwarzen Fineliner unter die Punkte einen schwarzen Halbkreis malen. Das ist dann ein kleiner Schatten, und die Punkte leuchten dadurch später mehr. Wenn alles trocken ist, kannst du die Punkte abrubbeln.

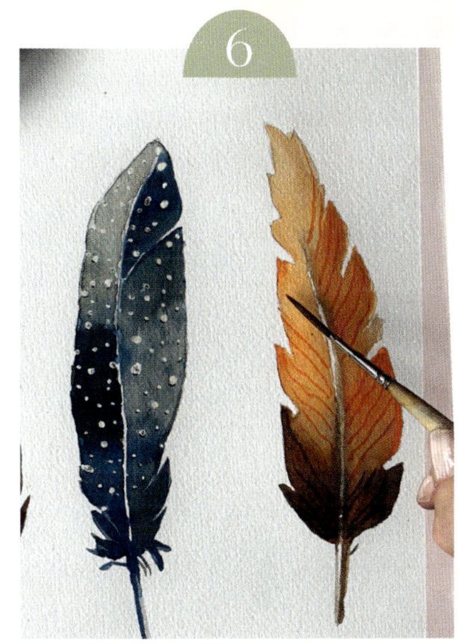

Zum Schluss kannst du noch mit dem Linierpinsel farbige Linien ziehen. Mit dem Watercolor Stick von Daniel kannst du weiße Details setzen.

Steine

Ich liebe es, Steine zu sammeln und am Meer Steintürme zu bauen. Ein Steinbild hängt auch bei mir an der Wand in meiner Yoga-Ecke, da ich das Motiv sehr beruhigend finde, vielleicht weil die Erdfarben auch wirklich erden. Steine eignen sich hervorragend für das Malen mit granulierenden Farben.

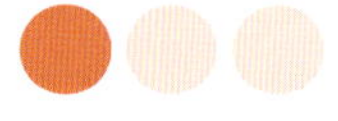

Material

Papier

Arches Aquarelle, Grain Fin, cold pressed, natural white, 300 g/m²

Pinsel

Rundpinsel: da Vinci Cosmotop Spin Nr. 5, van Gogh Selected Nr. 2

Farben

2 granulierende Farben der Firma Schmincke

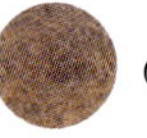 Galaxie Braun

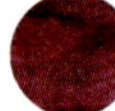 Tiefsee Violett

Weitere Materialien

Weiße Gouache, Windsor & Newton

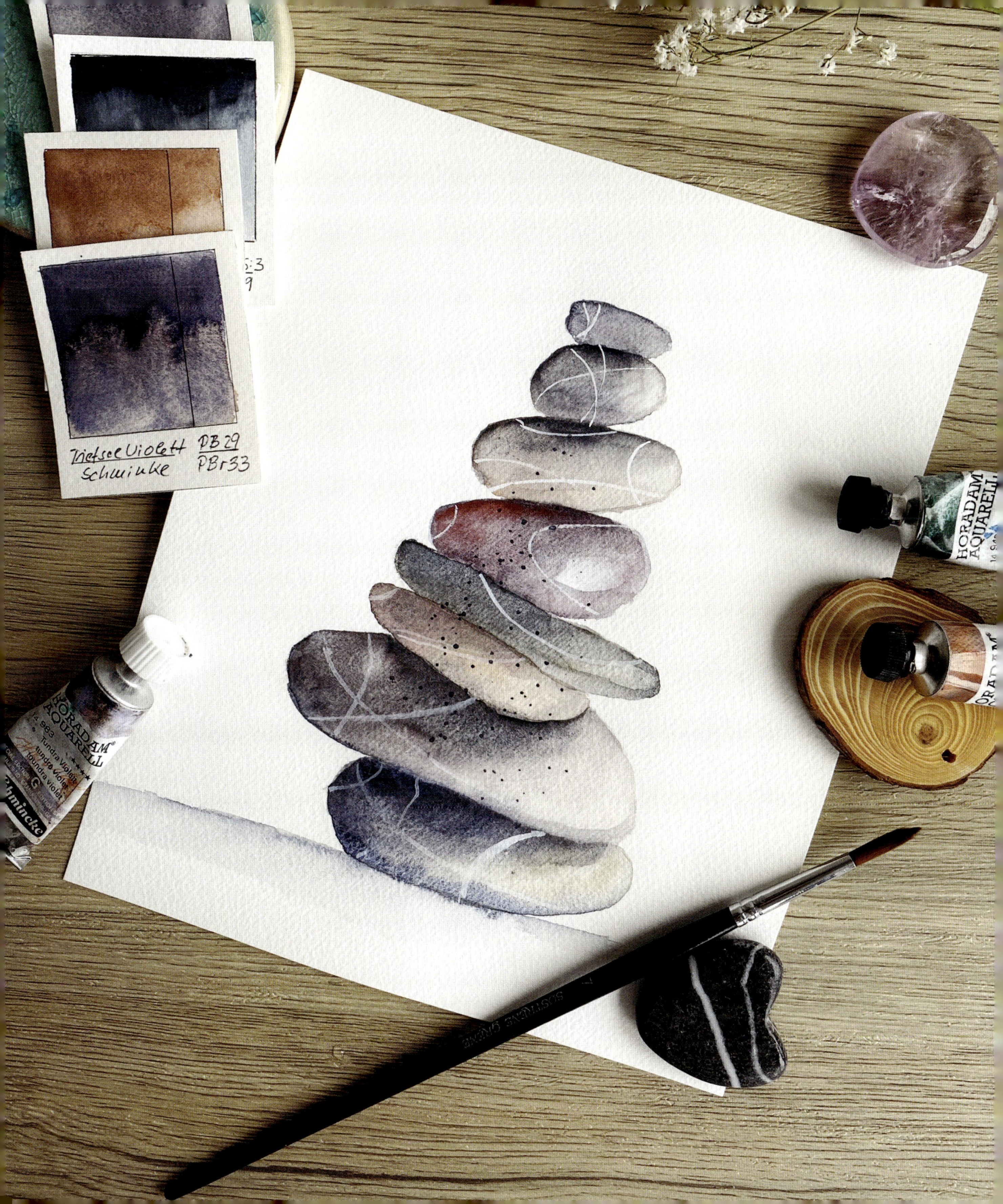
Tiefsee Violett PB29
Schmincke PBr33
HORADAM AQUARELL
HORADAM AQUARELL

So geht's

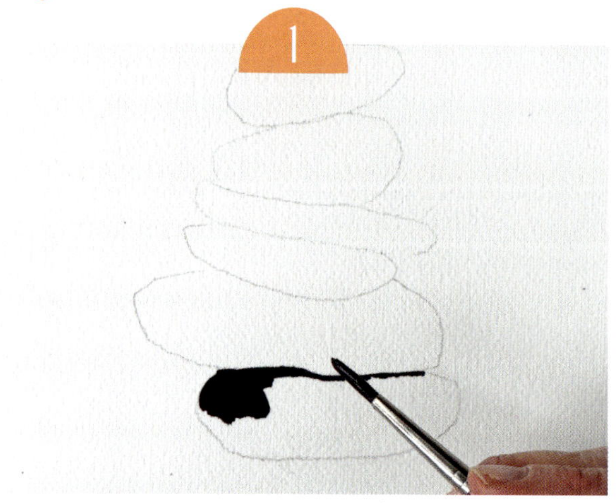

Skizziere die Steine. Trage zunächst konzentriertere Farbe (Tiefsee Violett) auf der linken Seite und unterhalb des darüberliegenden Steines auf. Spüle den Pinsel im Wasserglas aus und verteile die Farbe weiter auf die andere Seite des Steines.

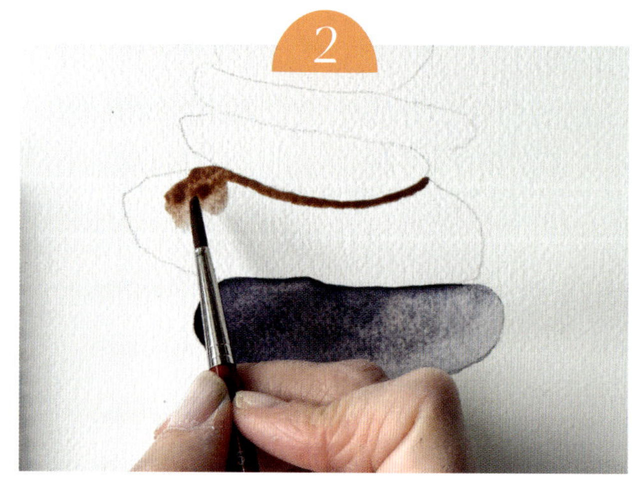

Male den zweiten Stein mit Galaxie Braun aus und beginne immer mit konzentrierter Farbe an der Linie, wo der Stein auf den anderen trifft, denn dort soll Schatten entstehen. Gehe dann so vor wie in Schritt 1, damit die rechte Seite heller angelegt wird.

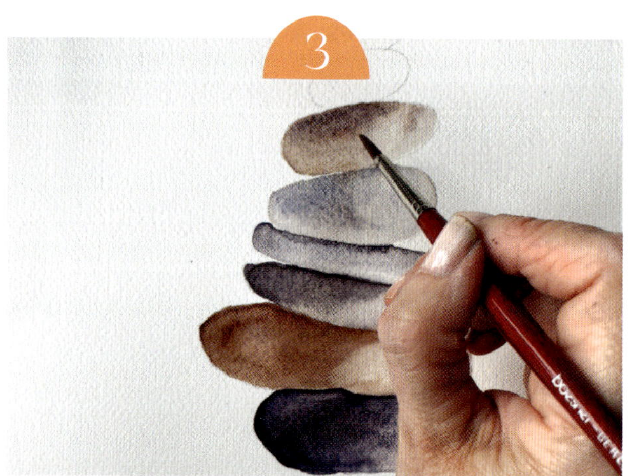

Bei den nächsten Steinen mische ich die beiden Farben miteinander und trage sie in unterschiedlichen Abstufungen auf. Obwohl es nur zwei Farben sind, ergeben sich immer neue Mischergebnisse, und jeder Stein wird individuell. Du kannst hier nichts falsch machen.

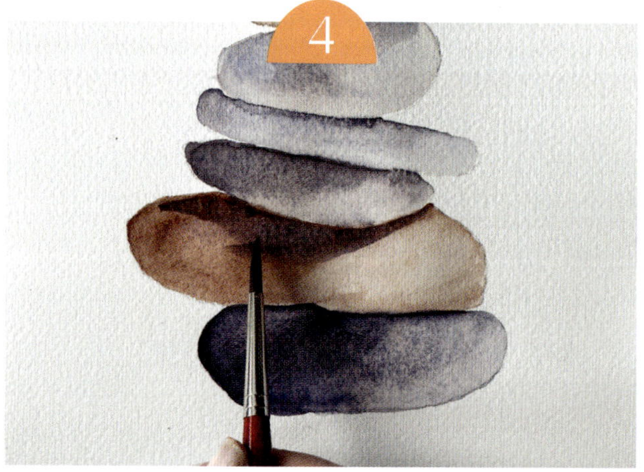

Auch wenn die Steine noch nicht ganz trocken sind, kannst du mit dem zweiten Farbauftrag beginnen und die dunklen Stellen verstärken. Das verschafft Plastizität. Mit einem angefeuchteten Pinsel ohne Farbe kannst du zu harte Ränder verblenden.

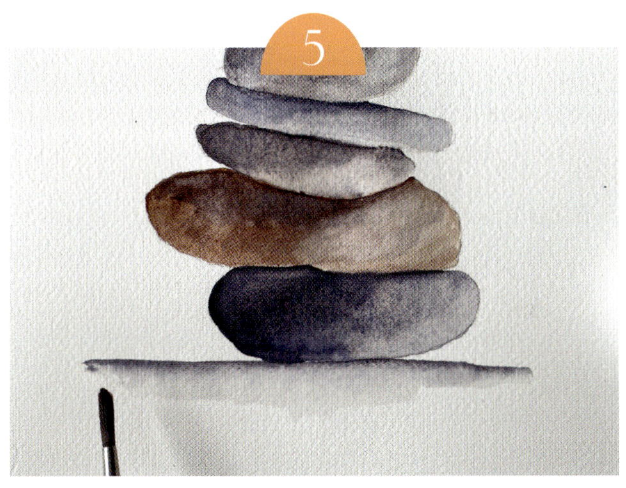

Ziehe mit deiner Farbmischung eine Linie unterhalb des Steinturms. Danach spülst du den Pinsel aus und ziehst darunter eine Wasserlinie. Dadurch entsteht ein weicher Übergang. Da es auf der linken Seite etwas dunkler sein soll, kannst du dort etwas Farbe hineintupfen. Lass nun das Bild gut trocknen.

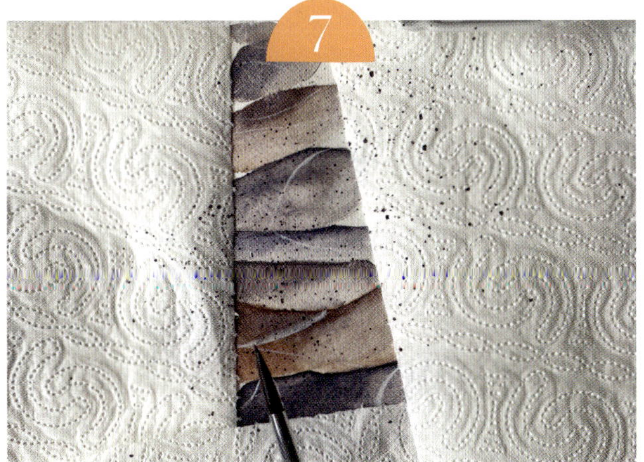

Nun decke ich die Seiten mit Papiertüchern ab und gebe noch aus der Farbmischung dunkle Sprenkel hinein. Jetzt sehen die Steine sehr plastisch und fast wie echt aus.

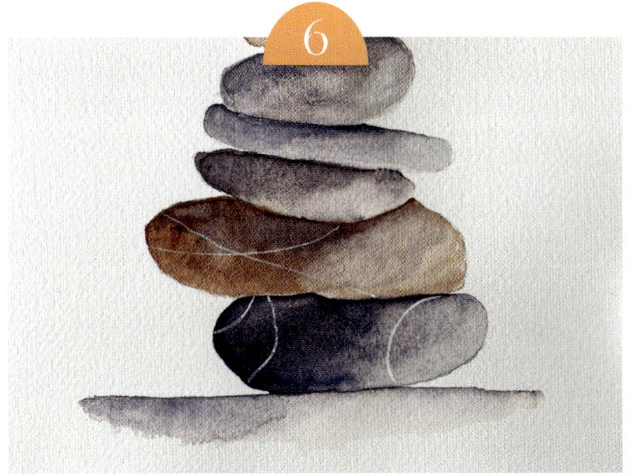

Um in die Steine feine Linien zu ziehen, benutze ich weiße Gouache und den feinen Pinsel Nr. 2 von van Gogh.

Kürbis

Im Herbst letzten Jahres konnten wir in unserem Garten zum ersten Mal einen Kürbis ernten. Er war vom Hochbeet aus in den Baum geklettert und wuchs dort zu einem stattlichen 4kg schweren Riesenkürbis. Zum Ernten mussten wir auf die Leiter steigen, und der Apfelbaum war von seiner Last befreit.

Material

Papier

Fabriano Artistico, extra White, 100% Cotton, Grana Fina, cold pressed

Pinsel

Rundpinsel: Escoda Nr. 8, van Gogh Nr. 4

Farben

- Zitronengelb
- Quinacridon Gold
- Transparent Pyrrol Orange
- New Gamboge
- Quinacridon Tiefes Gold
- Französisch Ultramarinblau
- Umbra gebrannt

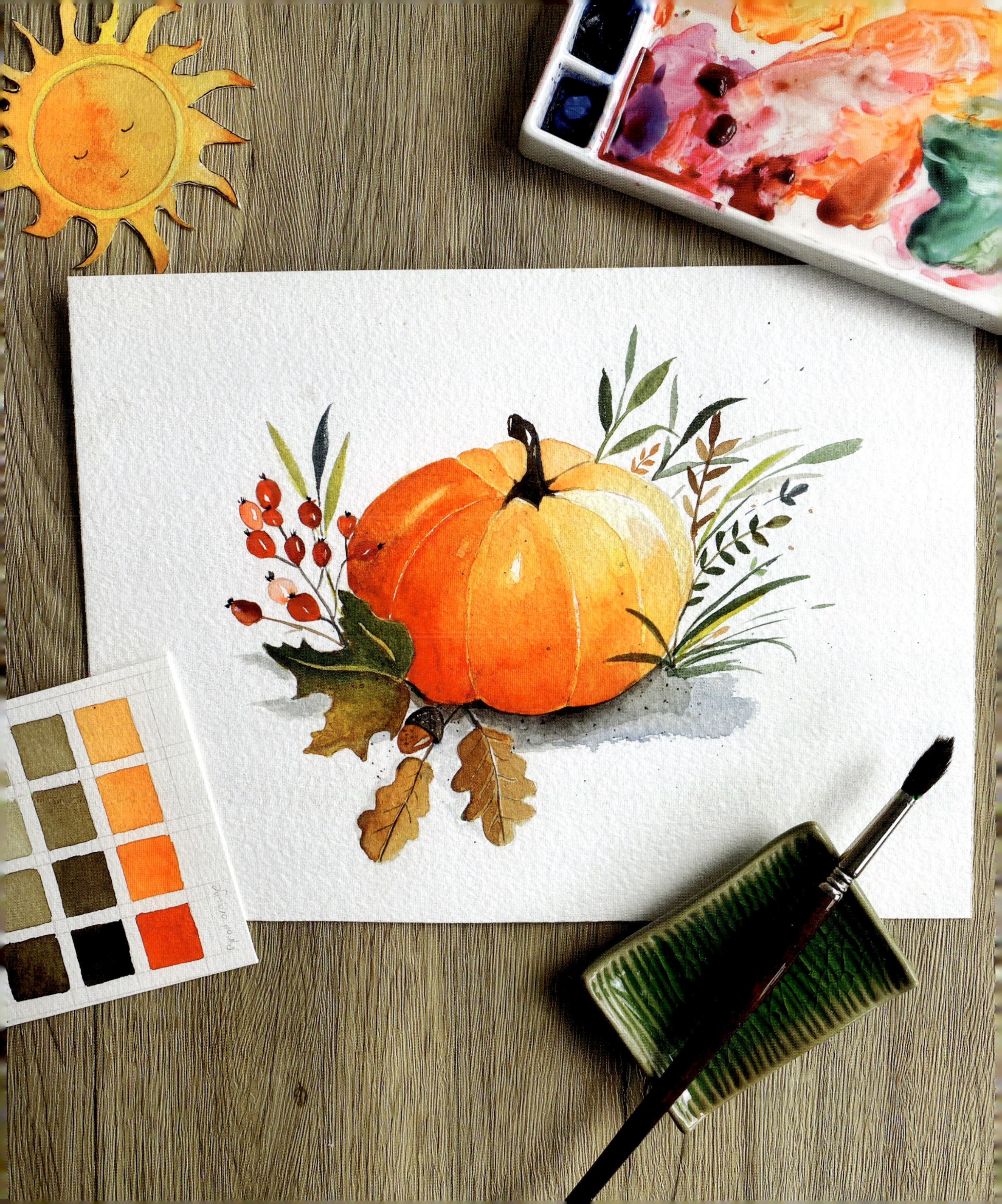

So geht's

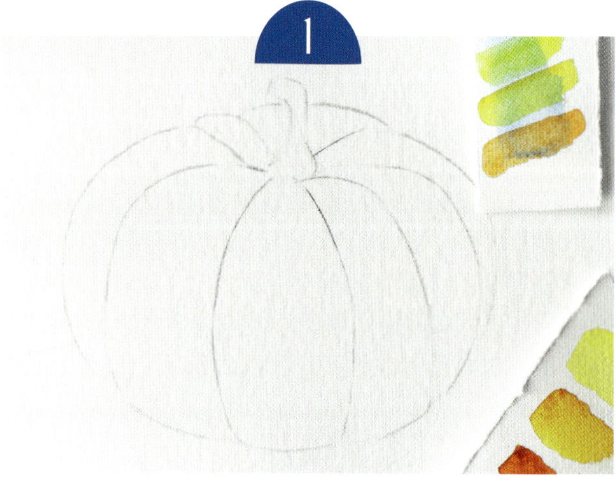

Skizziere einen Kürbis auf dein Aquarellpapier.

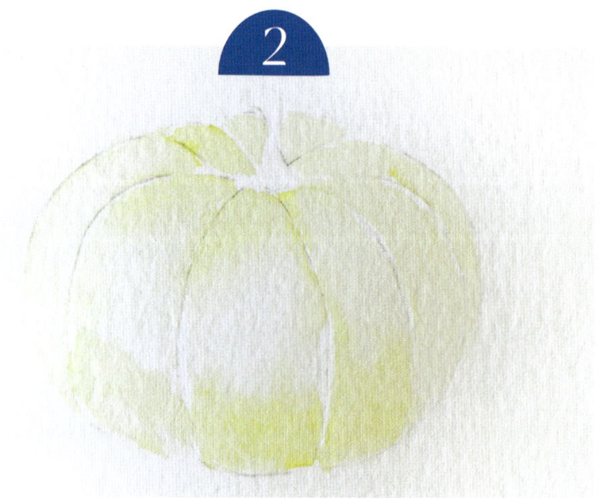

Beginne mit einem zarten Farbauftrag in Zitronengelb. Feuchte dazu die einzelnen Teile des Kürbisses nacheinander an und lass dann das hellste Gelb deiner Farbpalette von unten nach oben einfließen. Um helle Stellen zu schaffen, nimm mit einem trockenen Pinsel sofort wieder etwas Farbe heraus.

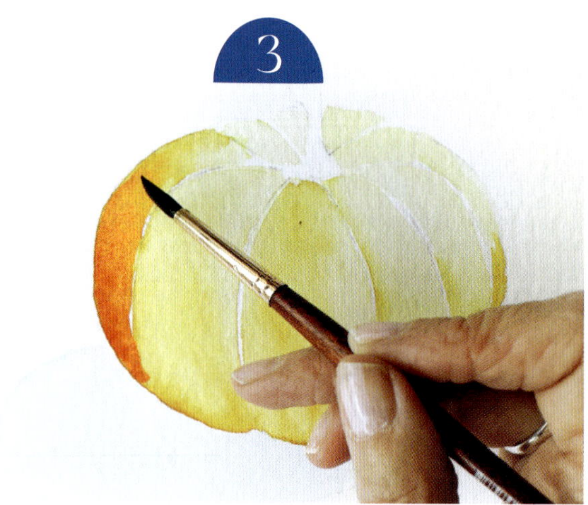

Fahre nach dem Trocknen mit der zweiten Schicht in Transparent Pyrrol Orange fort. Da der Kürbis unten am dunkelsten ist, beginne dort mit der Farbe und ziehe sie etwas nach oben, spüle den Pinsel sofort mit Wasser aus und ziehe dann die Farbe immer weiter bis oben hin.

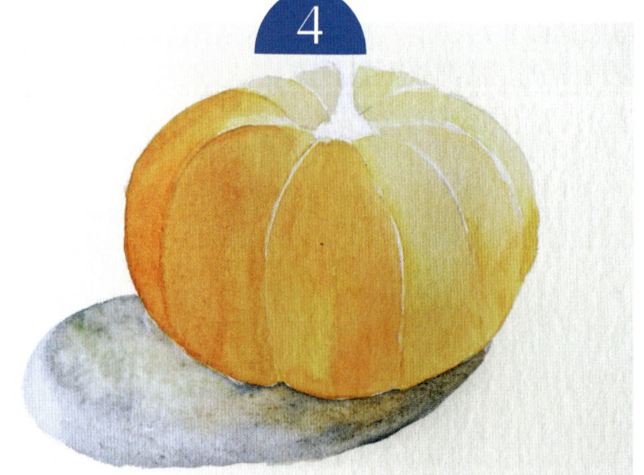

Lege mit einem stark verdünnten Französisch Ultramarinblau den Schatten unterhalb des Kürbisses an und lass noch etwas von dem Orange hineinlaufen.

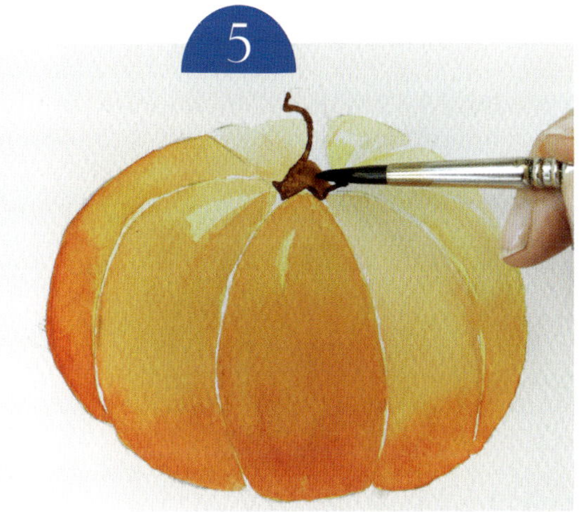

5

Male mit Umbra gebrannt den Stiel.

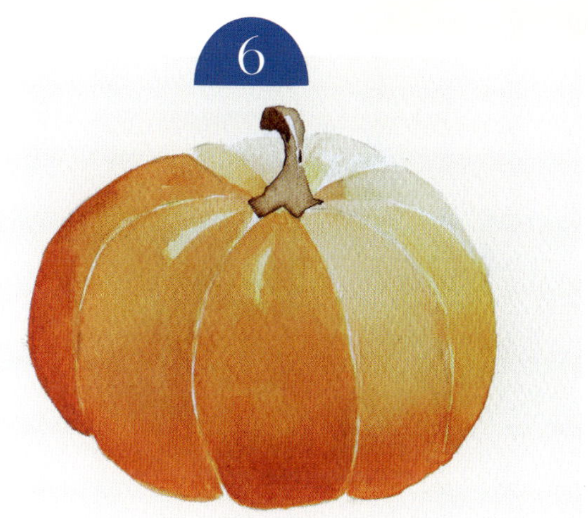

6

Wenn der Stiel getrocknet ist, verstärke auf der linken Seite noch mal den orangenen Farbauftrag.

7

Dekoriere den Kürbis zum Schluss noch mit ein paar Blättern, Hagebutten und weiterer herbstlicher Deko.

TIPP:
Bestimme vor dem Farbauftrag zunächst, wo deine Lichtquelle verortet ist. Bei meinem Kürbis kommt die Lichtquelle von rechts, sodass ich diese Seite von Anfang an heller gestalte.

Blumen-kranz

Ich liebe es, Blumenkränze zu malen. Sie passen in jede Jahreszeit, ob als Bild oder Karte – ein Blumenkranz ist immer dekorativ. Zur Geburt eines Kindes oder auch zu einer Hochzeit habe ich schon viele Aquarellblumenkränze verschenkt.

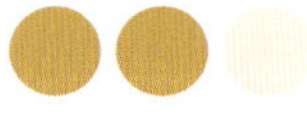

Material

Papier

Fabriano Artistico, extra White, 100% Cotton, Grana Fina, cold pressed

Pinsel

Rundpinsel: van Gogh Nr. 4

Farben

Quinacridon Korallenrot

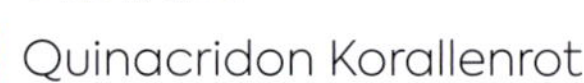

Phthalogrün bläulich

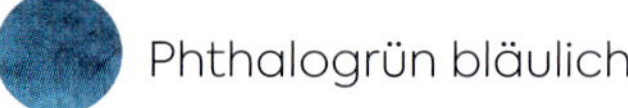

Zitronengelb

Weitere Materialien

Bleistift

Goldener Gelstift (Gelly Roll von Sacura)

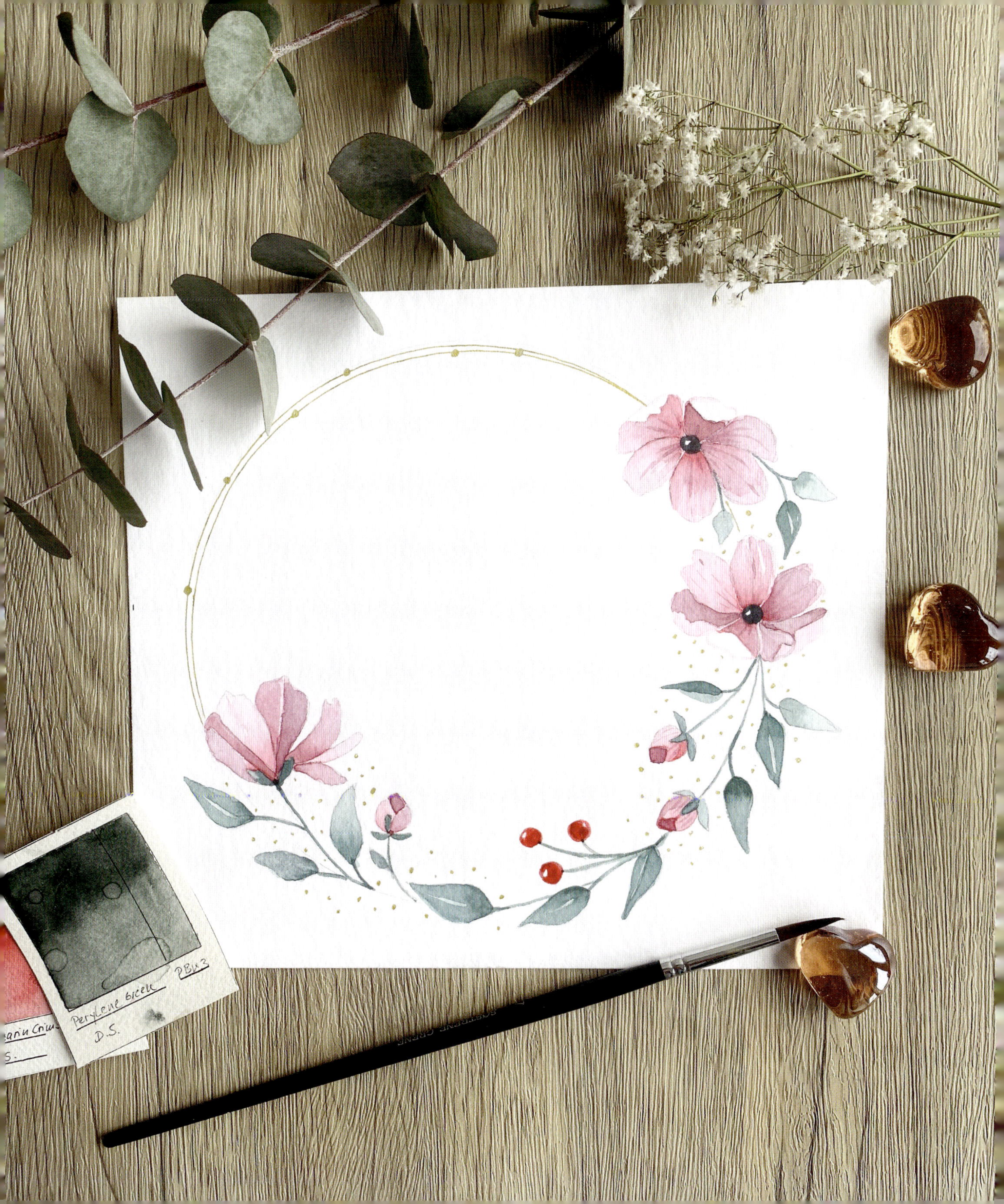
Perylene Green
PBk31
D.S.

So geht's

1

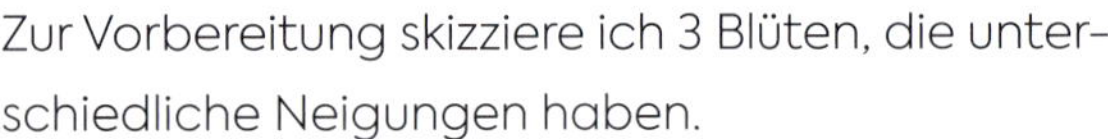

Zur Vorbereitung skizziere ich 3 Blüten, die unterschiedliche Neigungen haben.

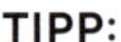

> **TIPP:**
> Ich empfehle dir, immer zuerst einen Farbverlauf auf einem separaten Blatt zu testen, ganz besonders wenn du Blüten malst. Denn es passiert sehr schnell, dass die Farbe zu konzentriert ist und dann die Zartheit der Blütenblätter verloren geht. Ich nehme die Farbe Quinacridon Korallenrot, du kannst aber auch jeden anderen Rot- oder Rosaton nehmen.

2

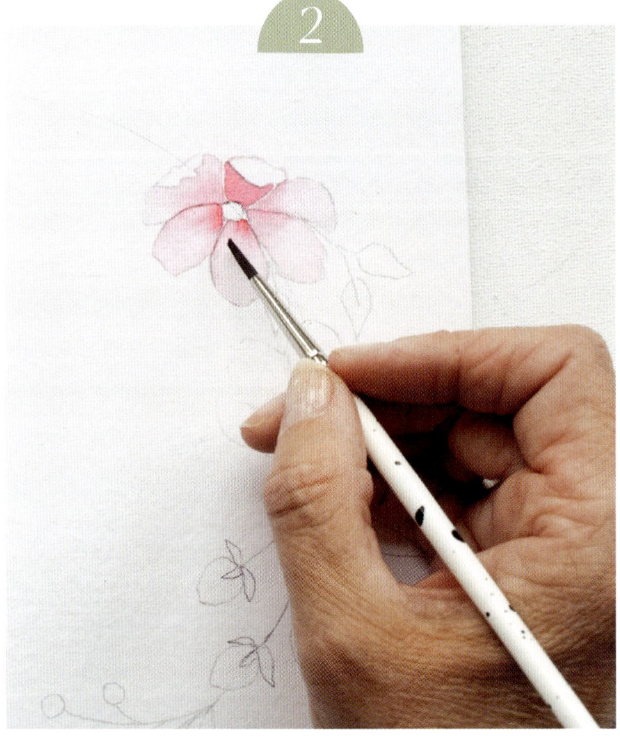

Zeichne zuerst einen Kreis für den Kranz und dann die vorab skizzierten Blüten auf dein Papier. Danach fügst du unterschiedliche Blattformen auf dem Kreis hinzu.

Koloriere die Blüten in der Technik, wie du das auch schon bei der Magnolie auf Seite 86 gemacht hast: Nachdem du mit konzentrierter Farbe in der Mitte der Blüte angefangen hast, wäschst du den Pinsel im Wasser aus, sodass sich weniger Pigment auf dem Pinsel befindet. Danach ziehst du die Farbe aus der Blüte weiter bis zum Blütenrand. So malst du nacheinander alle deine Blüten aus.

3

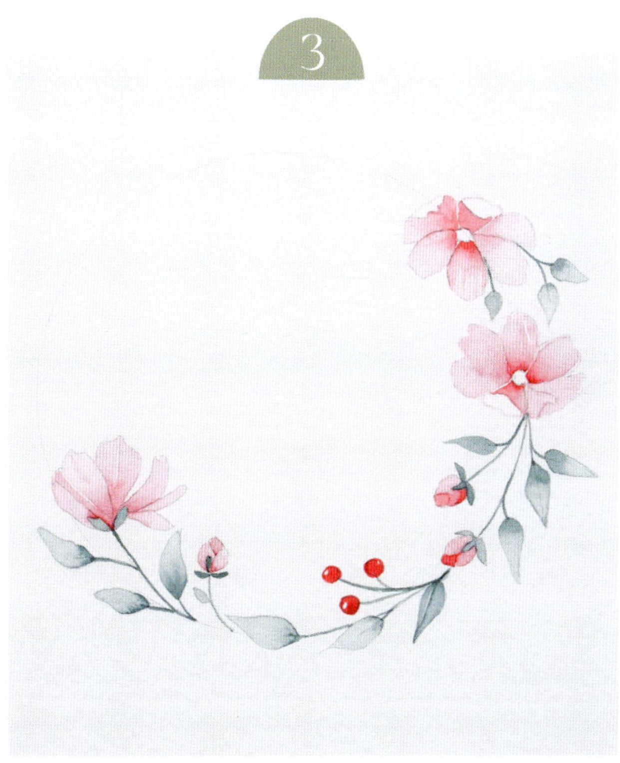

Für das Grün der Blätter habe ich eine Mischung aus Phthalogrün bläulich und etwas Zitronengelb vorbereitet, du kannst dich natürlich auch für einen anderen Grünton entscheiden.

Mit dem Ausmalen der Blätter verfährst du genauso wie bei den Blüten: Beginne am Ansatz des Blattes mit konzentrierter Farbe, wasche den Pinsel aus und ziehe die verdünnte Farbe bis zur Blattspitze. Das Ergebnis ist ein schöner Farbverlauf.

4

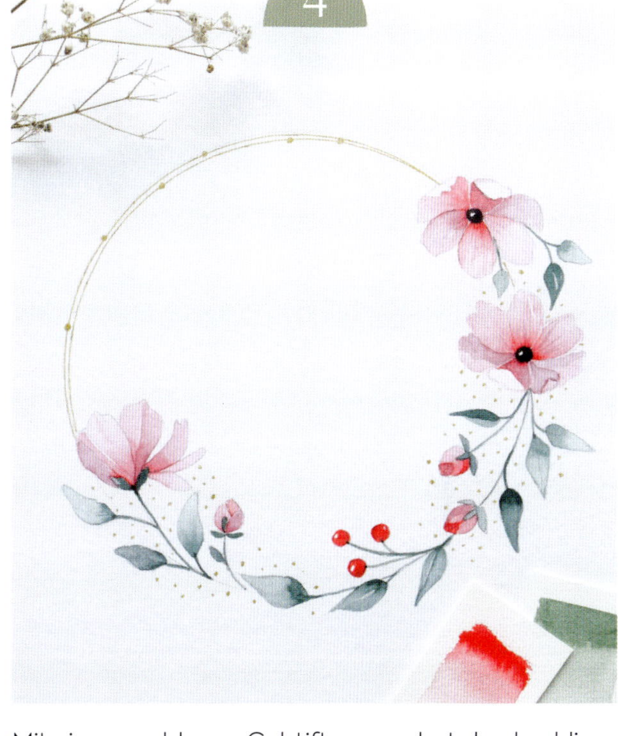

Mit einem goldenen Gelstift umrandest du abschließend den Kreis und ziehst einen weiteren, der sich am oberen Ende mit dem ersten Kreis überlappt. Setze danach noch goldene Punkte zwischen die Blüten und Blätter. Fertig ist der zarte Blütenkranz.

See-
rose

Im letzten Jahr konnte ich in unserem kleinen Gartenteich beobachten, wie Seerosen zu blühen beginnen. Ich liebe ihre großen herzförmigen Blätter, die in den verschiedensten Grüntönen schimmern, und die majestätische Blüte, die in strahlendem Weiß hervorsticht. Im Aquarell können wir hier die verschiedensten Grünmischungen verwenden. Wir malen die Blätter in der Negativtechnik.

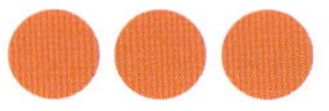

Material

Papier

Hahnemühle Leonardo, 600 g/m², echt Bütten

Pinsel

Rundpinsel: Escoda Versatil Nr. 10 und Nr. 4

Schlepperpinsel: da Vinci Forte Synthetics Nr. 1

Farben

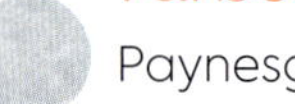
Paynesgrau

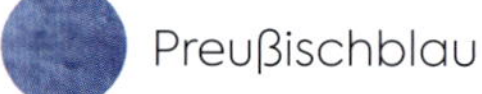
Preußischblau

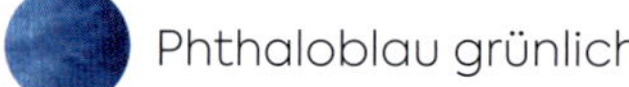
Phthaloblau grünlich

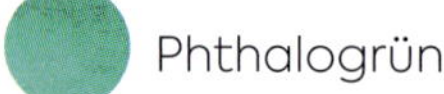
Phthalogrün

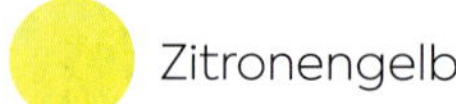
Zitronengelb

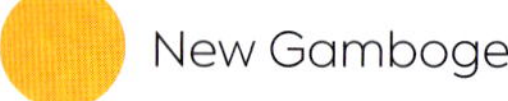
New Gamboge

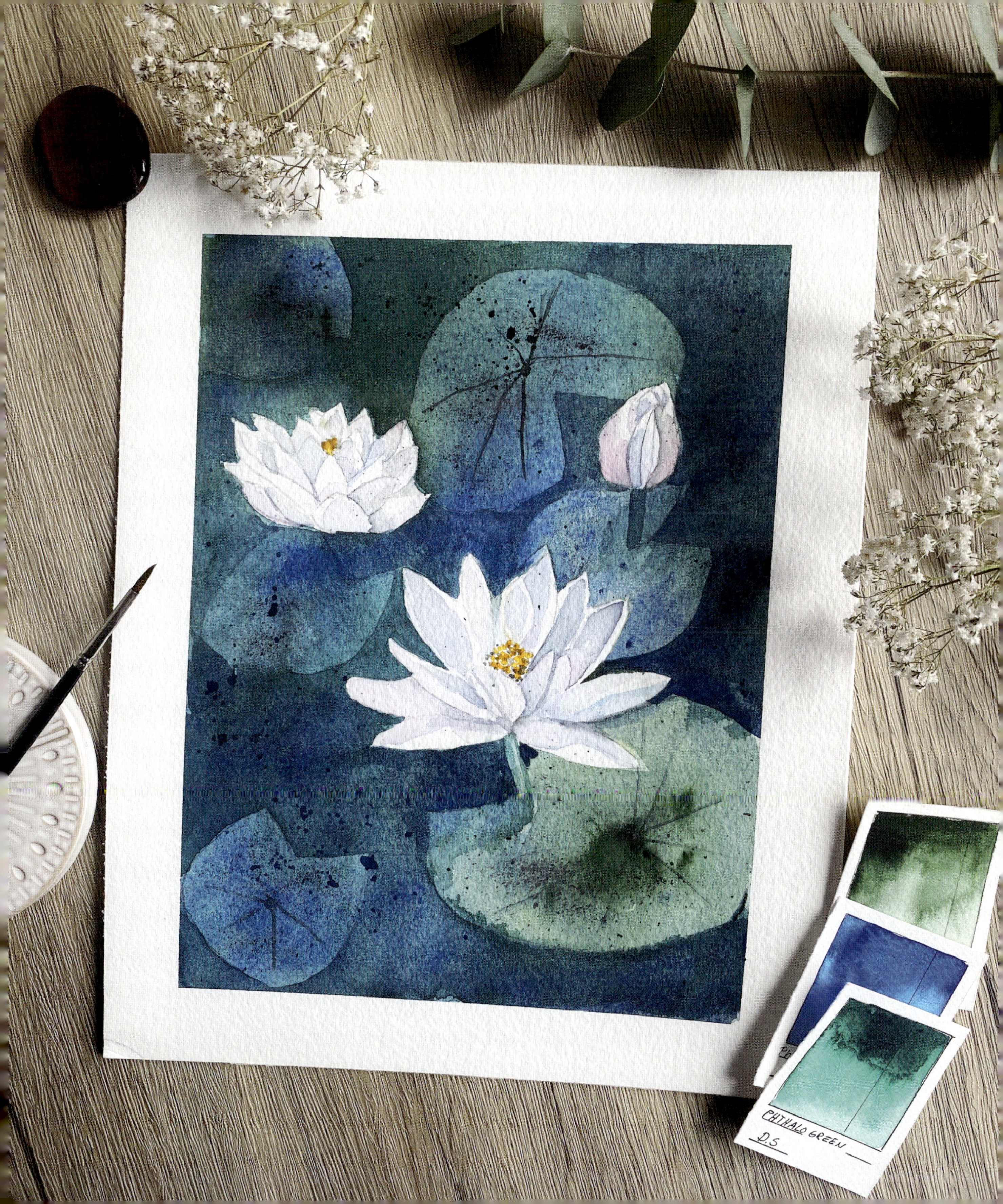
PHTHALO GREEN
D.S

So geht's

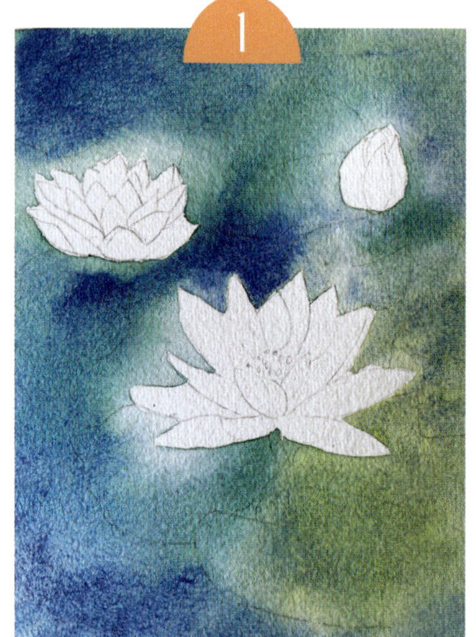

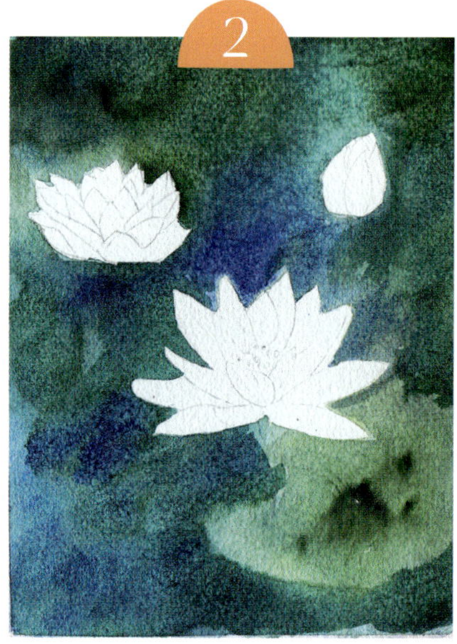

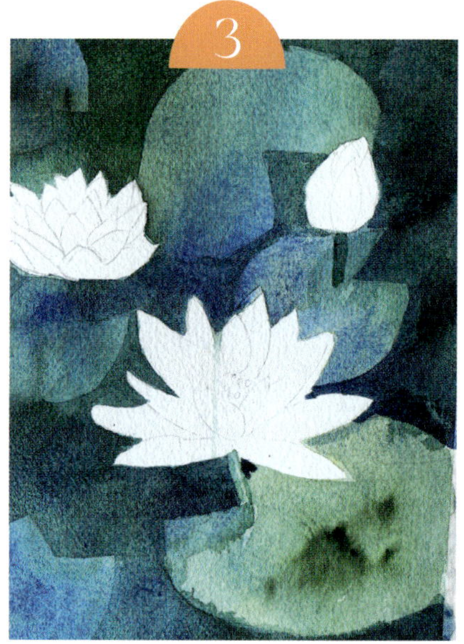

Bereite zunächst deine Farben vor: Mische Preußischblau und New Gamboge für einen dunklen Grünton. Aus Phthalogrün und Zitronengelb erhältst du einen hellen Grünton und aus Phthaloblau grünlich und Zitronengelb einen Blau-Grünton.

Nachdem du deine Vorlage auf das Papier übertragen hast, wird das Papier mit klarem Wasser angefeuchtet. Spare aber beide Seerosen aus. Achte darauf, mit einem kleinen Pinsel das Wasser bis an die Blütenränder zu bringen, damit die Farbe bis dorthin fließen kann. Dann verteile die drei Blaumischungen großflächig auf dem Papier und lasse sie ineinanderlaufen.

Nach dem Trocknen habe ich bemerkt, dass das Papier aufgrund seiner Stärke viel Farbe aufgesaugt hat. Daher entschließe ich mich, eine weitere Schicht Farbe aufzubringen. Das ist vom Papier abhängig und nicht zwingend notwendig. Dieses Mal arbeite ich in der Nass-auf-Trocken-Technik, d.h., ich beginne mit dem Farbauftrag direkt und feuchte das Papier nicht an. Wenn die Farbe überall verteilt ist, muss das Bild erst wieder gut trocknen.

Gestalte die Seerosenblätter, indem du eine weitere Schicht Farbe aufträgst und mit der Negativtechnik die Bereiche der Blätter aussparst.

TIPP:
Wenn du willst, kannst du die äußeren Blüten vorher mit Masking Tape abdecken, um sicherzugehen, dass keine Farbe in die Blüte gelangt.

4

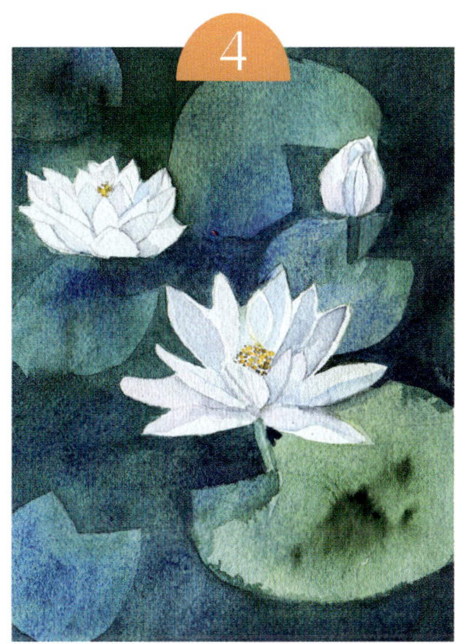

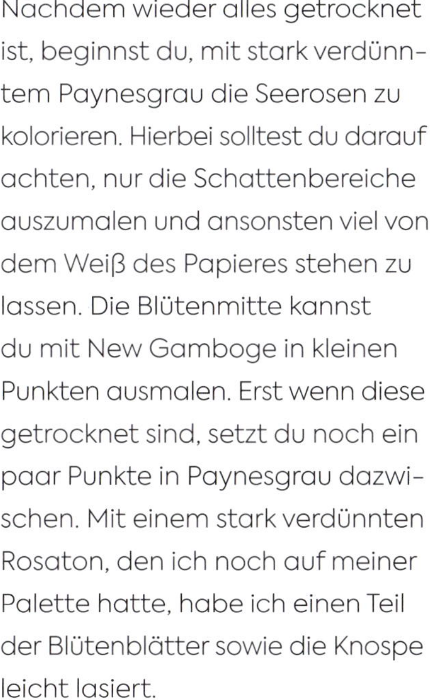

Nachdem wieder alles getrocknet ist, beginnst du, mit stark verdünntem Paynesgrau die Seerosen zu kolorieren. Hierbei solltest du darauf achten, nur die Schattenbereiche auszumalen und ansonsten viel von dem Weiß des Papieres stehen zu lassen. Die Blütenmitte kannst du mit New Gamboge in kleinen Punkten ausmalen. Erst wenn diese getrocknet sind, setzt du noch ein paar Punkte in Paynesgrau dazwischen. Mit einem stark verdünnten Rosaton, den ich noch auf meiner Palette hatte, habe ich einen Teil der Blütenblätter sowie die Knospe leicht lasiert.

5

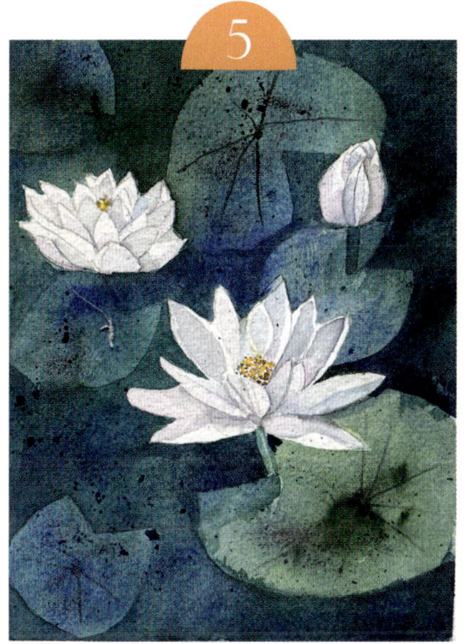

Abschließend gibst du den Seerosenblättern mehr Struktur, indem du, von ihrer Mitte ausgehend, ein paar Linien nach außen ziehst. Besprenkle den Seebereich in Paynesgrau.

Mond

Ich habe diesen Mond schon oft gemalt. Er hängt mittlerweile in einigen Kinderzimmern und ist ein beliebtes Geschenk. Wir arbeiten hier zwar mit einer Anleitung, aber dieses Motiv ist offen für Experimente.

Material

Papier

Fabriano Artistico, extra White, 100% Cotton, Grana Fina, cold pressed

Pinsel

Rundpinsel: Escoda Versatil Nr. 10, da Vinci Nova Nr. 1

Schlepperpinsel: da Vinci Forte Synthetics Nr. 4

Verwaschpinsel: Escoda Ultimo Nr. 18

Farben

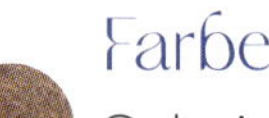

Galaxie Braun

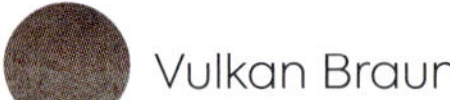

Vulkan Braun

Kirschkernschwarz, Alternative: Paynesgrau

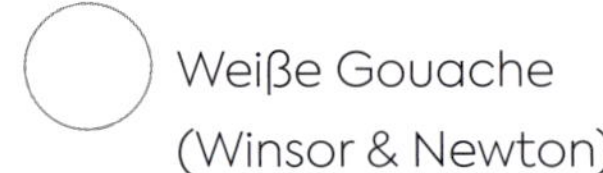

Weiße Gouache (Winsor & Newton)

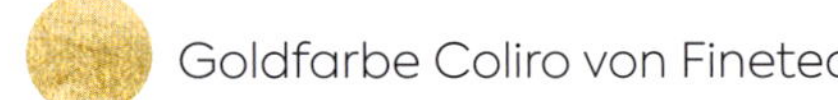

Goldfarbe Coliro von Finetec

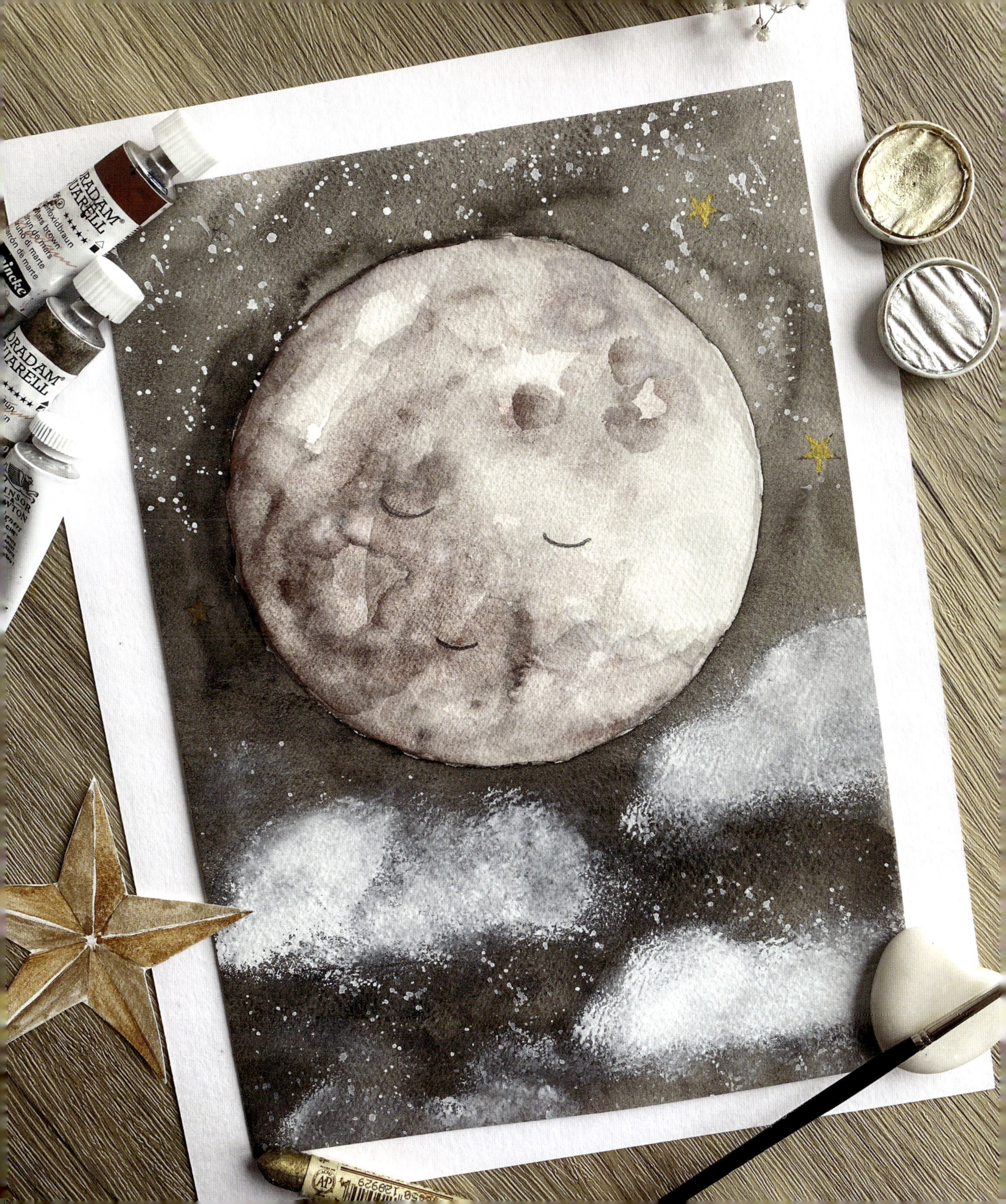

So geht's

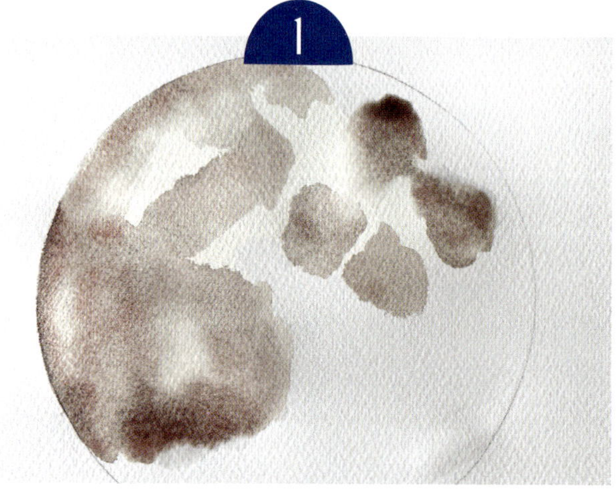

Zeichne einen Kreis in die Mitte deines Blattes. Dann befeuchtest du die Kontur des Mondes und einen Teil der Innenfläche auf der linken Seite. Beginne mit dem Farbauftrag in Galaxie Braun. Mische die Farbe erst auf dem Papier mit Wasser, dann kommen ihre granulierenden Eigenschaften voll zur Geltung.

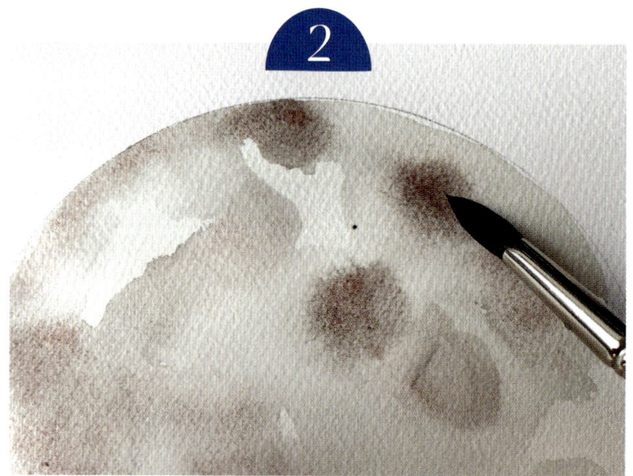

Setze mit der Farbe Vulkan Braun einige Punkte in die feuchte Fläche. Verstärke nach und nach die Fläche, aber lass die rechte Seite des Mondes tendenziell heller erscheinen.

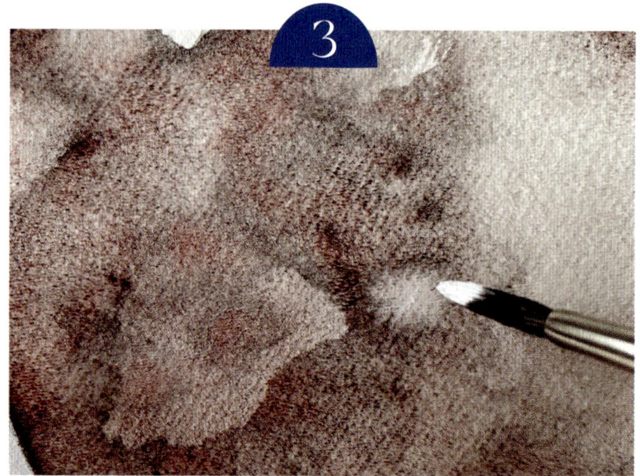

Das Papier trocknet nach und nach, und wenn du jetzt dahin malst, wo das Papier schon trockener ist, entstehen Ränder, die du in diesem Fall bewusst haben willst. Dadurch entsteht der Eindruck von Kratern, und diese geben dem Ganzen die Struktur einer Mondlandschaft.

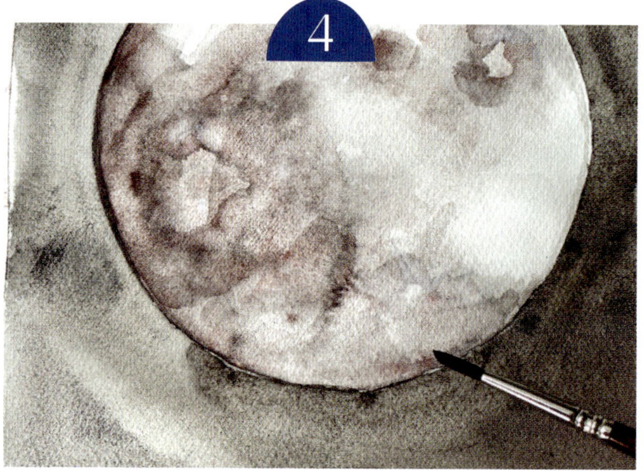

Umfahre auf der linken Seite den Mond mit Kirschkernschwarz oder Paynesgrau. Nimm dann den dicksten Pinsel zur Hand, den du hast, und trage die mit Wasser verdünnte schwarze Farbe rund um den Mond nass-in-nass auf. So entsteht das Weltall. Lass alles vollständig trocknen.

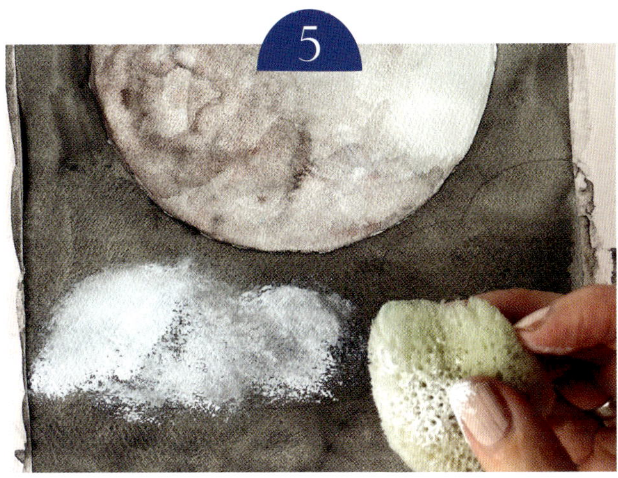

Nimm mit einem angefeuchteten kleinen Schwamm etwas von der leicht mit Wasser verdünnten weißen Gouache auf und tupfe weiße Wolken in den unteren Bereich des Bildes.

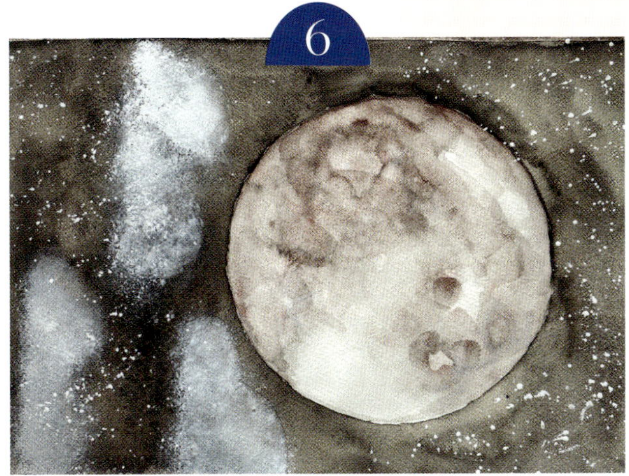

Setze zum Schluss mit der weißen Gouache Sprenkel, die die Sterne symbolisieren sollen.

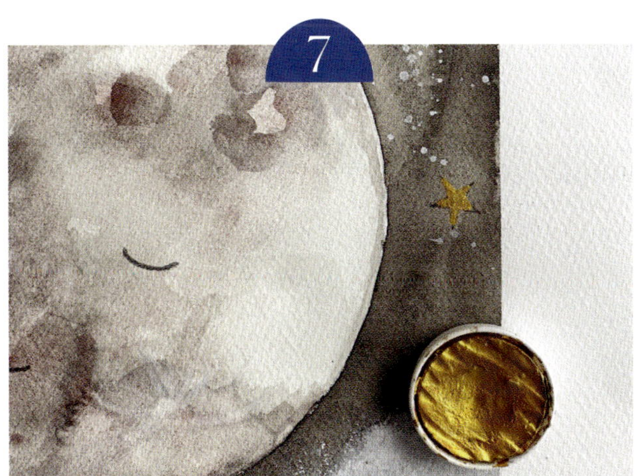

Optional kannst du noch mit weißer Gouache und/ oder Gold ein paar visualisierte Sterne in das Weltall setzen. Male auch gerne noch mit dem Pinsel da Vinci Nova Nr. 1 ein Gesicht in den Mond hinein.

Schmetterling

Schmetterlinge gehören zu meinen Lieblingsmotiven, gerade das Aquarell schafft es, ihre Leichtigkeit und Schönheit einzufangen. Wir können hier in allen möglichen Farben schwelgen. Der Schmetterling, den wir hier malen, war auf Instagram eines meiner beliebtesten Motive.

Material

Papier

Fabriano Artistico, extra White, 100% Cotton, Grana Fina, cold pressed

Pinsel

Rundpinsel: Escoda Versatil Nr. 10 und Nr. 4

Schlepperpinsel: da Vinci Forte Synthetics Nr. 1

Farben

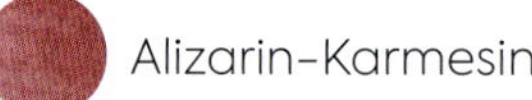
Alizarin-Karmesin

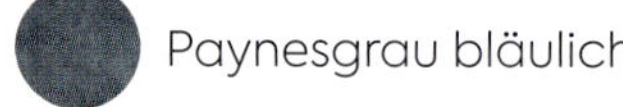
Paynesgrau bläulich

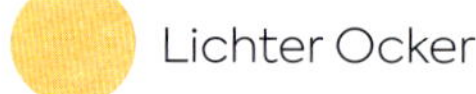
Lichter Ocker

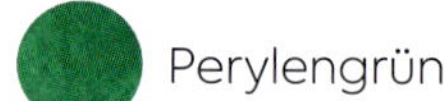
Perylengrün

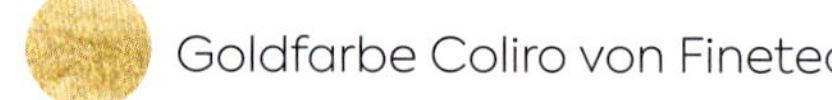
Goldfarbe Coliro von Finetec

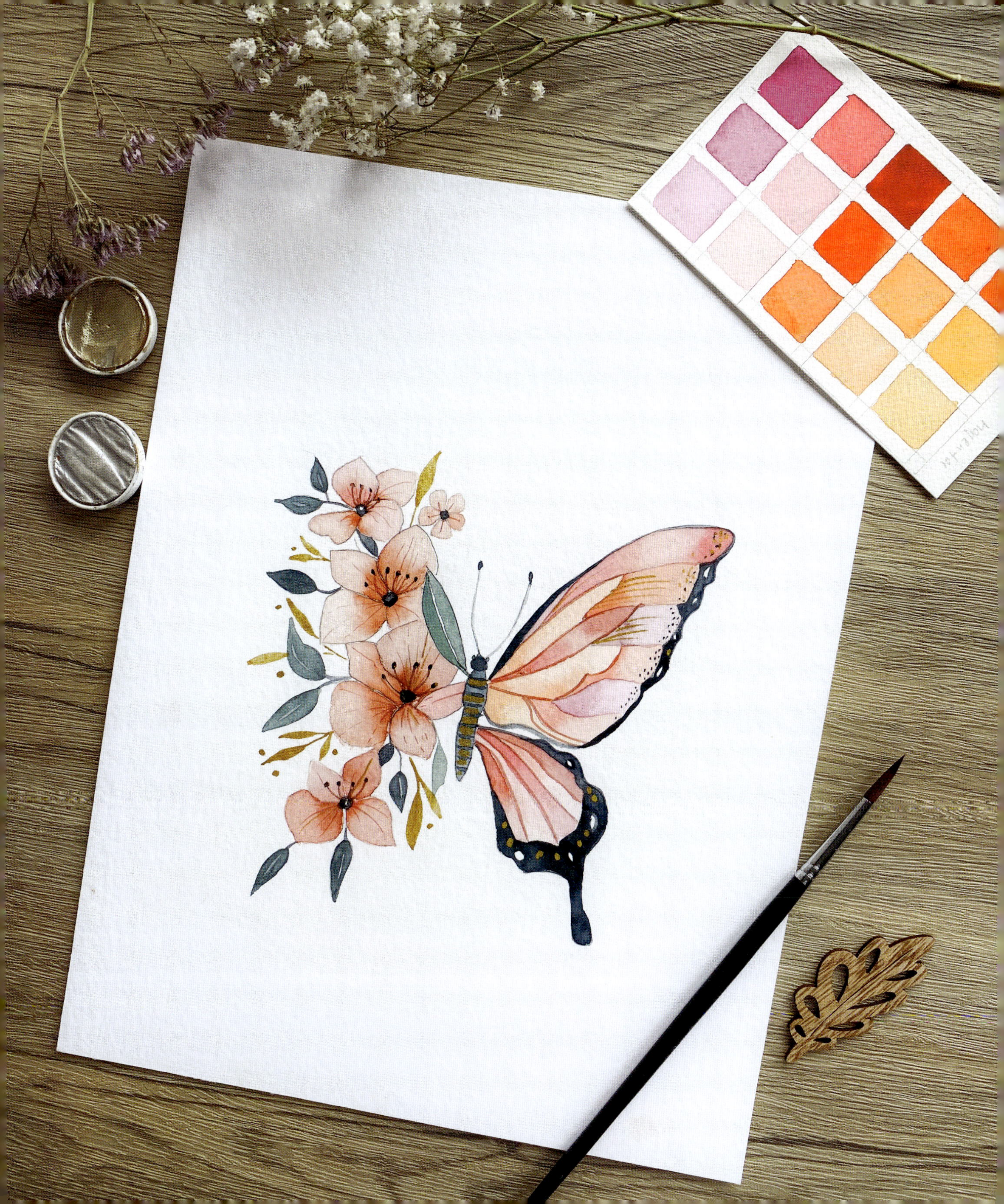

So geht's

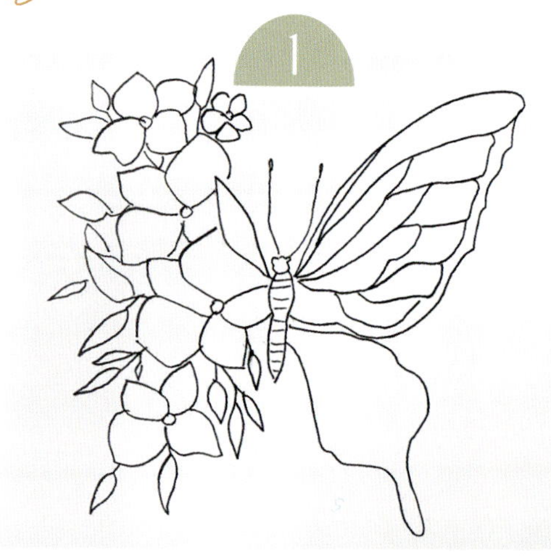

Übertrage die Vorlage auf dein Aquarellpapier. Mische dir mit Alizarin-Karmesin, Lichtem Ocker und einem Hauch Perylengrün zwei Farbtöne für die Blüten an. Einmal ist der Anteil von Lichtem Ocker etwas höher, und ein anderes Mal dominiert das Alizarin-Karmesin.

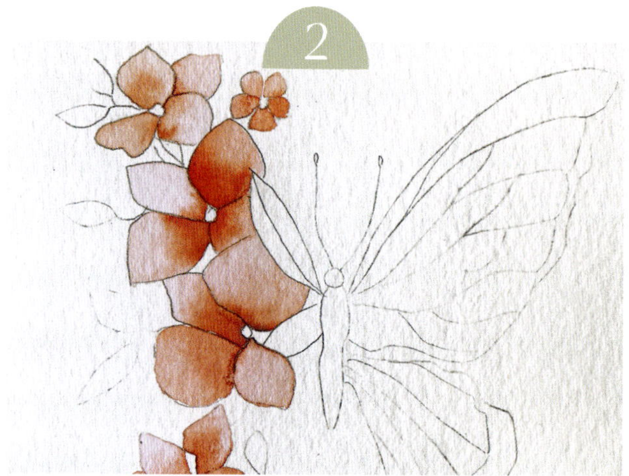

Male die Blüten in der gleichen Weise, wie wir sie schon beim Blütenkranz auf Seite 126 oder der Magnolie auf Seite 86 gemalt haben. Das garantiert einen schönen transparenten Farbauftrag.

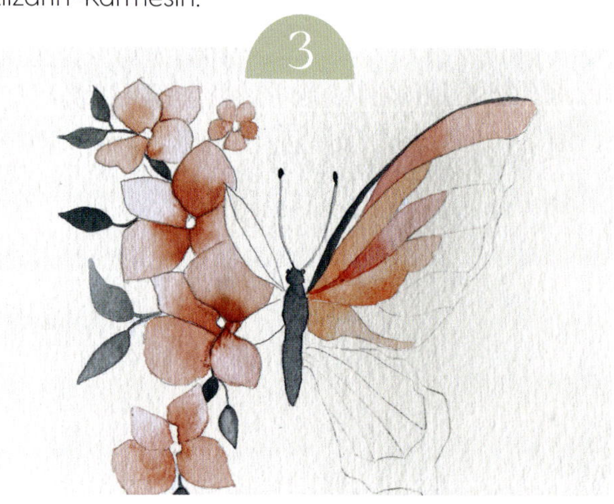

Koloriere den Körper sowie die Fühler mit einem verdünnten Paynesgrau bläulich. Danach gestaltest du den rechten Flügel, indem du vom Körper aus einen Strich am oberen Rand ziehst. In der gleichen Farbmischung der Blüten, aber unterschiedlicher Konzentration der einzelnen Farben füllst du die verschiedenen Bereiche des Flügels aus.

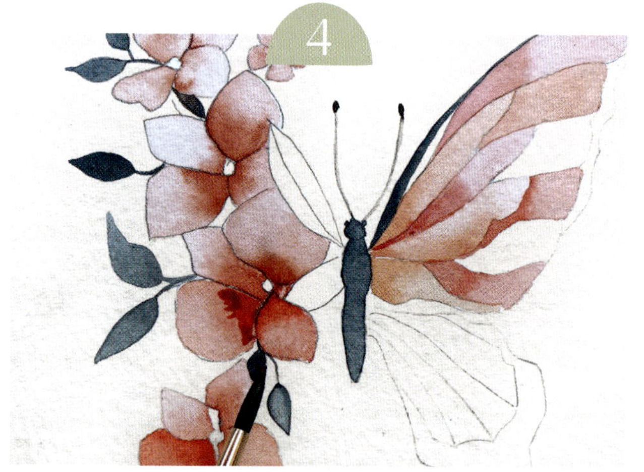

Mit Perylengrün malst du die Blätter zwischen die Blüten. Zudem kannst du eine weitere Schicht rosa Farbe auf die Blüten geben.

5

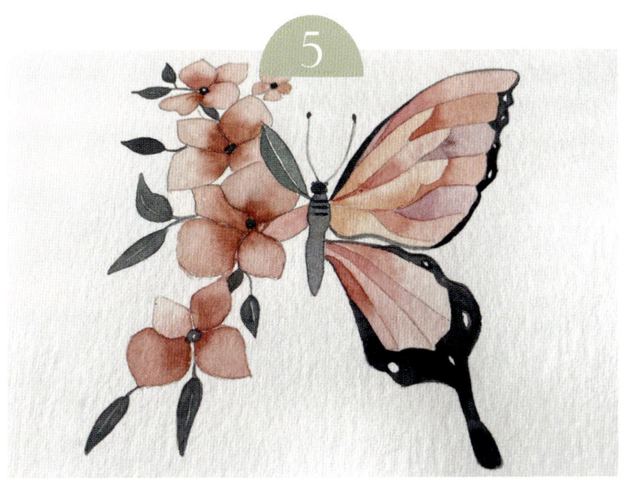

Mit Paynesgrau bläulich malst du die äußere Umrandung des Schmetterlings, dabei lässt du immer mal wieder kleine weiße Stellen stehen. Ziehe mit der gleichen Farbe kleine Linien quer über den Körper und gestalte das Innere der Blüten.

6

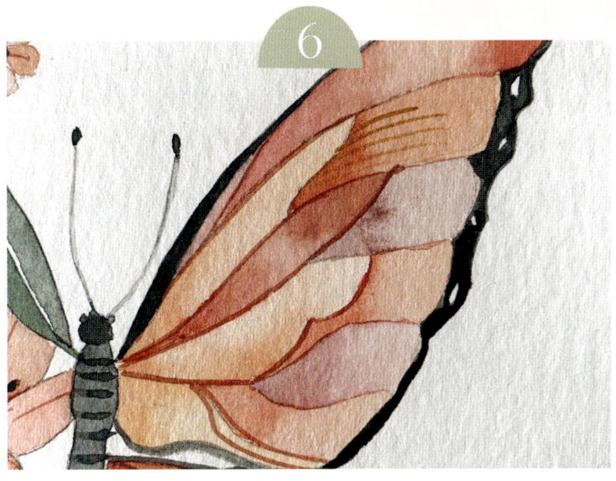

Auf der rechten Seite intensivierst du einige Linien in einer etwas konzentrierteren Farbmischung des angemischten Rosatons.

7

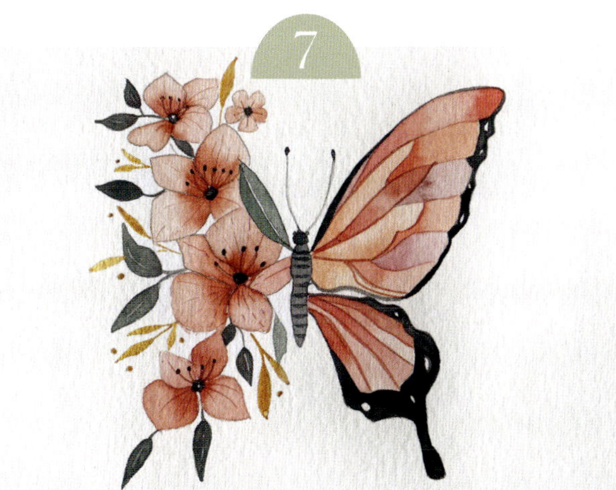

Gestalte die Blütenstempel, indem du mit goldener Aquarellfarbe von Coliro und dem Schlepperpinsel goldene Linien ziehst und mit Paynesgrau bläulich Kreise ans Ende setzt. Male auch ein paar goldene Blätter und setze goldene Punkte dazwischen.

8

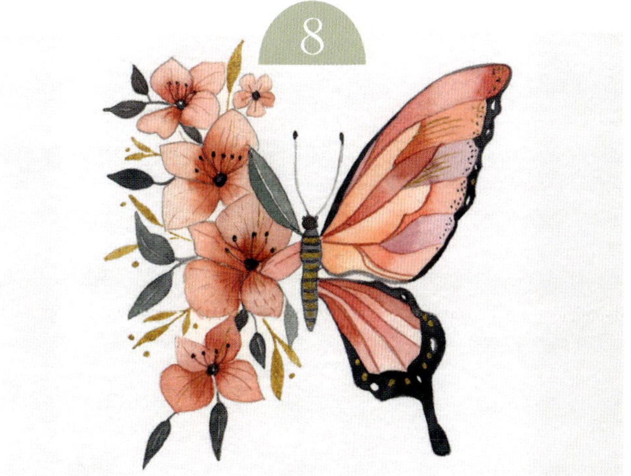

Setze mit dem da Vinci Forte Synthetics Nr. 1 noch kleine Punkte in die Flügel und ziehe ein paar goldene Linien. Fertig ist dein dekorativer Schmetterling.

Florale Eis-blume

Jedes Jahr kommt Weihnachten gefühlt zu früh, und oft hat man keine Zeit, noch aufwändige Karten zu gestalten. Jedenfalls geht mir das jedes Jahr aufs Neue so. Trotzdem mag ich es immer gerne, etwas Persönliches zu verschenken. Mit dieser floralen Eisblume habe ich ein Motiv, das schnell umgesetzt ist und großartig aussieht. Deshalb zeige ich dir hier eine schnelle Möglichkeit, ein dekoratives, weihnachtliches Motiv umzusetzen. Ich nehme dazu das Canson Mixed Media Artist Papier, da das mit 600 g/m² sehr formstabil ist und man es gut als Karte verwenden kann.

Material

Papier

Canson, Mixed Media Artist, Grain fin, 600 g/m²

Pinsel

Rundpinsel: KUM Memory Point Nr. 4

Farben

Karmin

Perylengrün

Weitere Materialien

Bleistift

Geodreieck

Hybrid Gelstift von Pentel, Farbe Gold

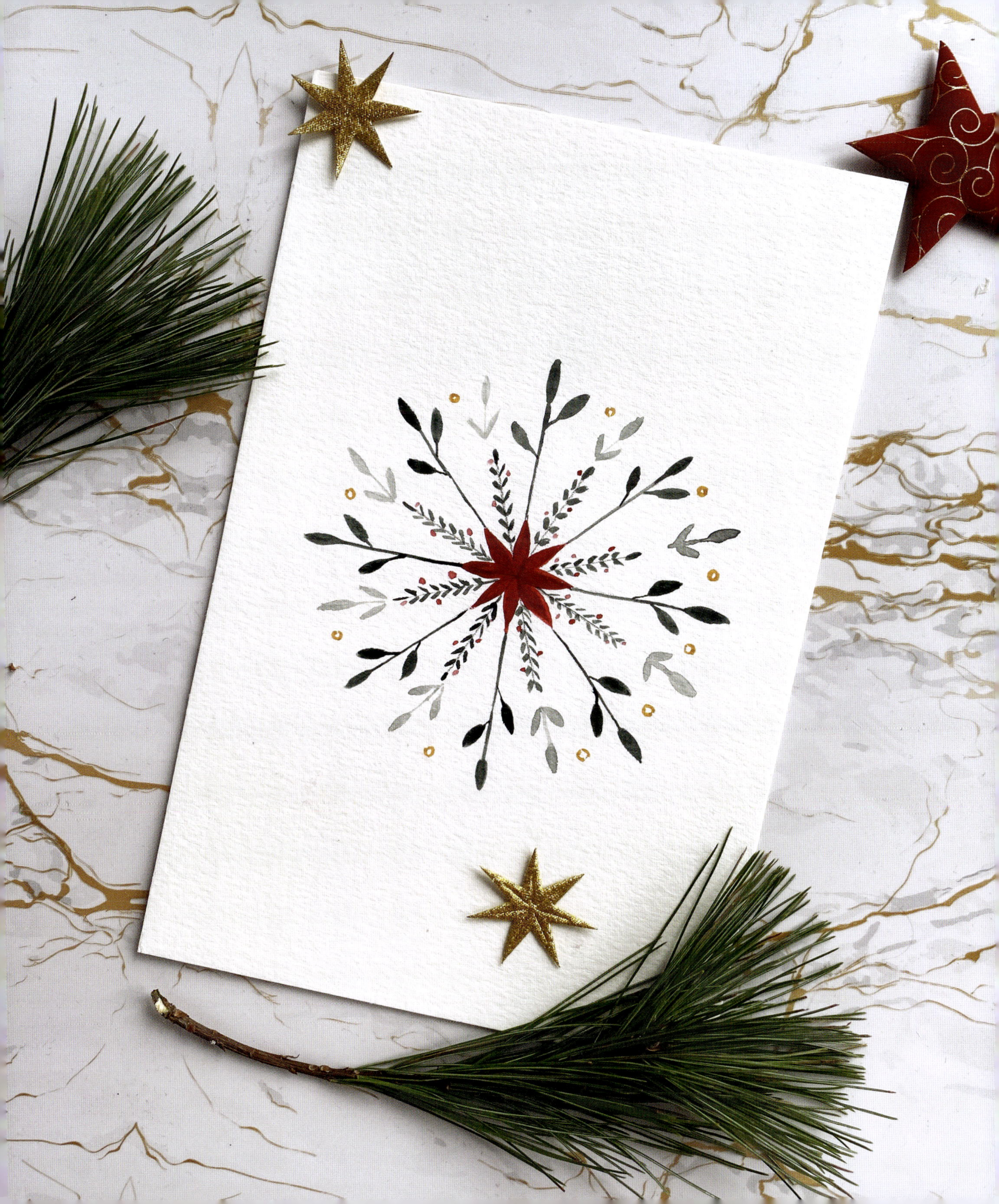

So geht's

1

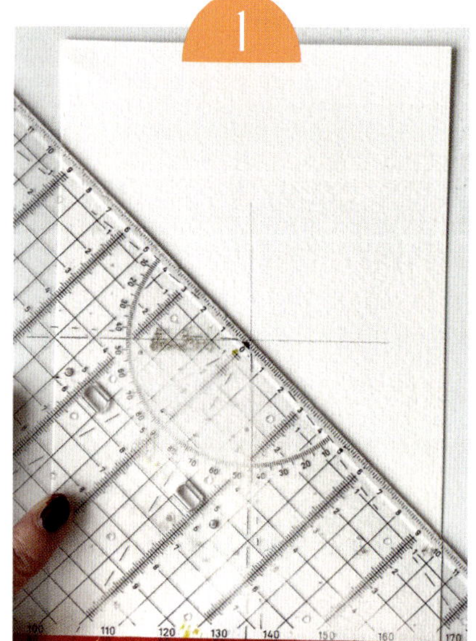

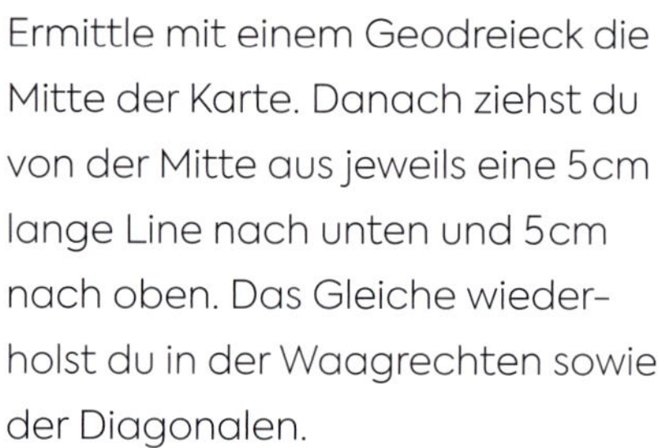

Ermittle mit einem Geodreieck die Mitte der Karte. Danach ziehst du von der Mitte aus jeweils eine 5 cm lange Line nach unten und 5 cm nach oben. Das Gleiche wiederholst du in der Waagrechten sowie der Diagonalen.

2

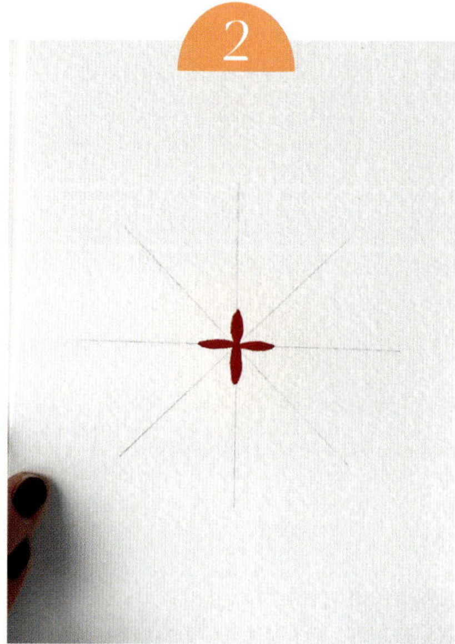

Nun beginne, mit dem Rot einen Weihnachtsstern zu malen, indem du die Blütenblätter symmetrisch um die gezogenen Linien legst. Die Form entsteht ganz einfach, wenn du deinen Rundpinsel mit viel Farbe flach aufs Papier drückst.

3

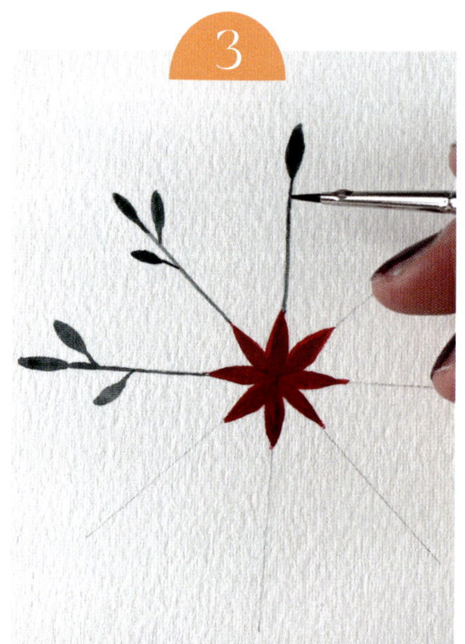

Ziehe mit Perylengrün die Linien nach und male ein paar Blätter. Auch hier ist es schön, wenn du diese symmetrisch anordnest.

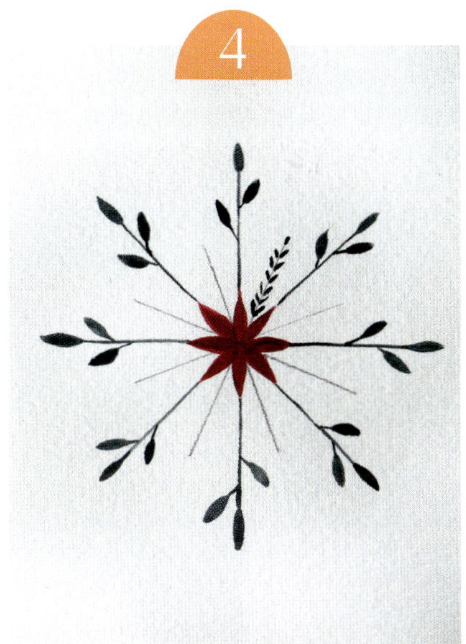

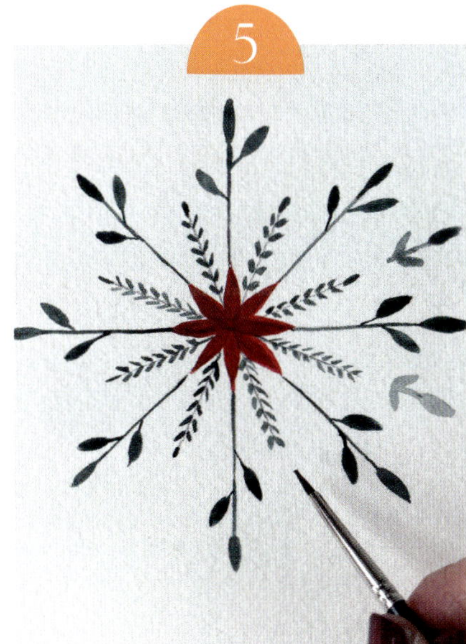

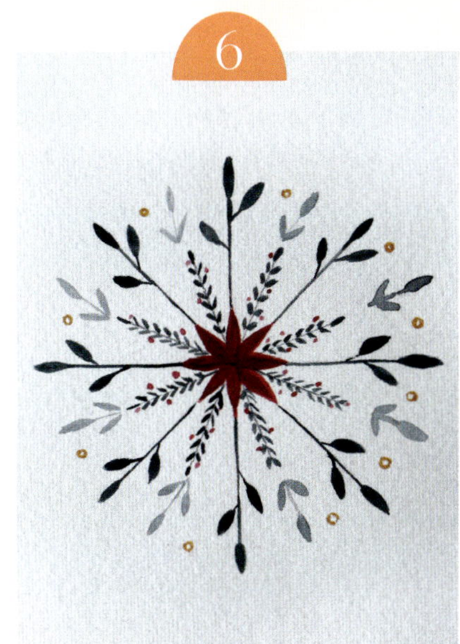

Danach ziehst du noch weitere diagonale Linien, die jeweils zwischen den Blütenblättern des Weihnachtssterns liegen. Diese Linien füllst du mit kleinen Blättern.

Mit stark verdünntem Perylengrün kannst du die Zwischenräume mit weiteren kleinen Zweigen ausfüllen.

Setze mit dem goldenen Gelstift kleine Kreise in die Zwischenräume und male mit der Farbe Karmin noch kleine rote Beeren in die Zweige. Fertig sind deine florale Eisblume und eine schöne Weihnachtskarte.

Regen-bogen

Regenbogen sind ein beliebtes und dekoratives Motiv. Vor allem zur Geburt eines Kindes kann man eine schöne Glückwunschkarte gestalten oder ein Bild für ein Kinderzimmer malen. Das Schöne daran ist, dass der Fantasie keine Grenzen gesetzt sind und man in allen Farben schwelgen darf.

Material

Papier

Fabriano Artistico, extra White, 100% Cotton, Grana Fina, cold pressed

Pinsel

Flachpinsel: da Vinci Fit Synthetics Gr. 24 und Gr. 6

Rundpinsel: KUM Memory Point Nr. 4

Farben

Quinacridon Rot

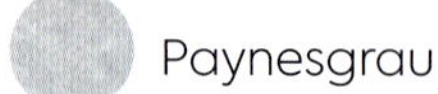

Paynesgrau

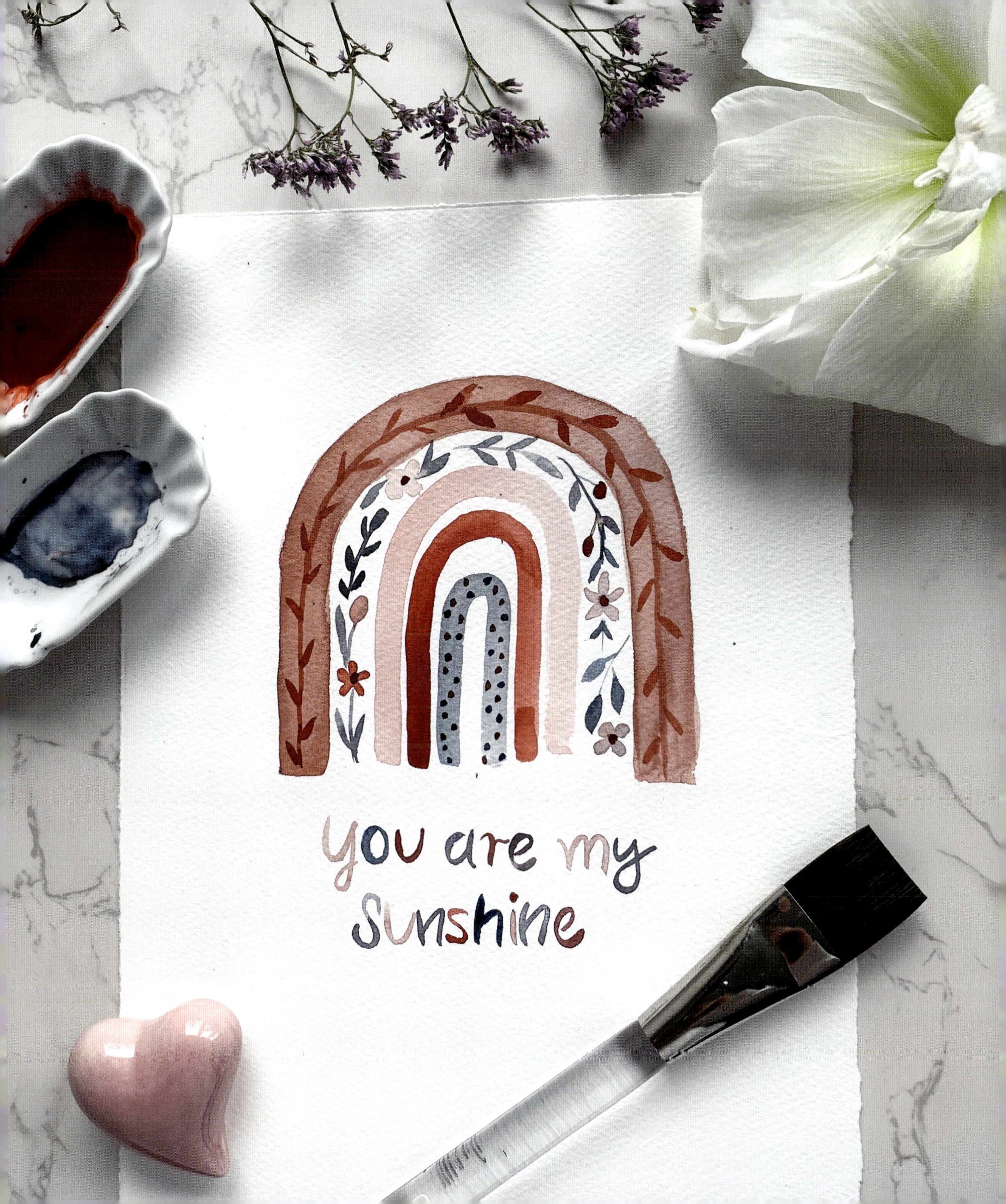
You are my
sunshine

So geht's

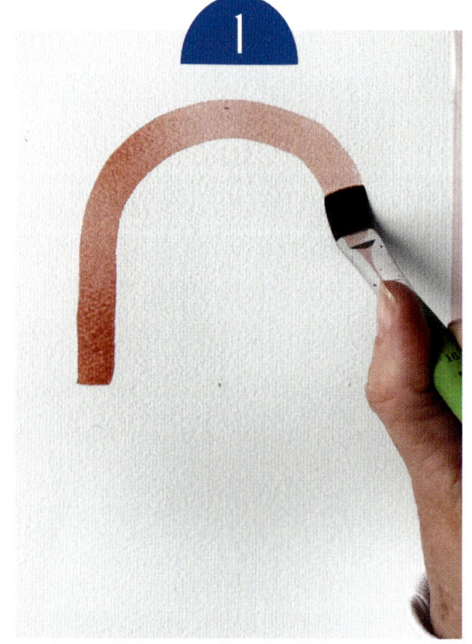

Markiere dir die Mitte des Bildes und setze jeweils 7cm rechts und links davon einen Punkt, damit du dich beim Malen des Regenbogens orientieren kannst. Einen weiteren Punkt kannst du dir, von der Mitte aus gesehen, in 13cm Höhe markieren.

Für den Farbton mische Paynesgrau mit Quinacridon Rot oder wähle einen anderen Farbton, der dir zusagt. Beginne mit dem breitesten Flachpinsel und tränke ihn gut mit der Farbe. Dann ziehst du den Pinsel in einem runden Bogen, ausgehend von dem einen und endend bei dem anderen Markierungspunkt. Keine Angst, hier geht es nicht um zentimetergenaue Ausführung.

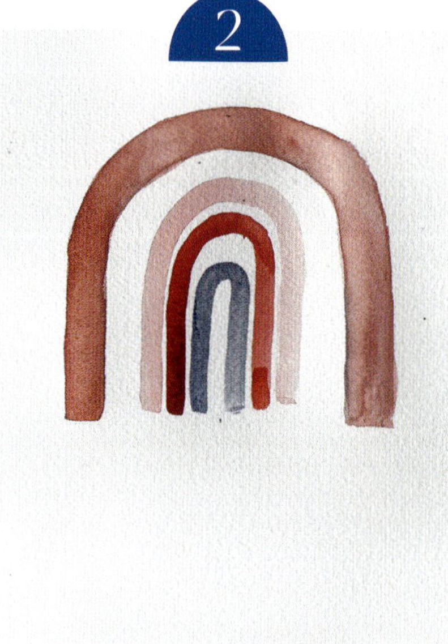

Male weitere Bögen in das Innere des großen Bogens mit einem kleineren Flachpinsel. Variiere dabei die Mischung deiner zwei Farben oder verwende sie pur.

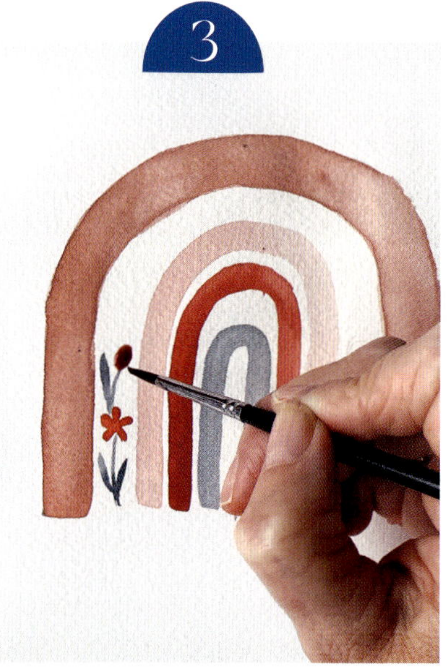

Jetzt kommen wir zu den Details. Dekoriere mit Schmuckelementen wie Blümchen und Blättern und dem KUM Memory Point Nr. 4 den Weißaum zwischen dem großen Bogen und den kleineren Bogen. Mit Quinacridon Rot zeichnest du in den äußersten Bogen eine Linie. Danach kannst du entlang der Linie Blätter formen. In den innersten Bogen habe ich noch Pünktchen in einer konzentrierteren Mischung Paynesgrau gesetzt.

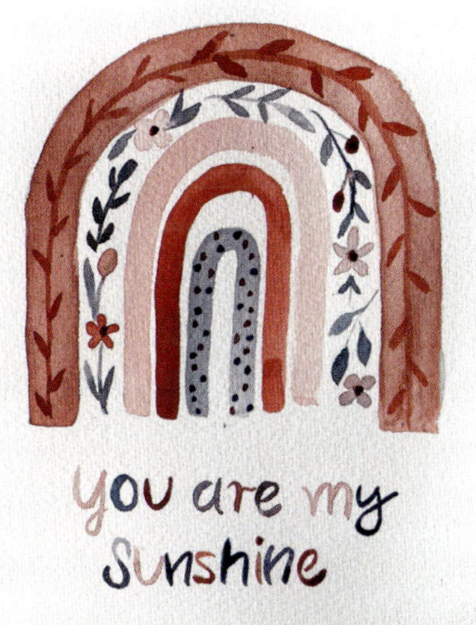

Um die Komposition abzurunden, habe ich mir einen Spruch herausgesucht und mit den unterschiedlichen genutzten Farbtönen unter den Regenbogen geschrieben. Wenn es dir Spaß gemacht hat, kannst du jetzt viele Regenbogen in den unterschiedlichsten Farben und Größen gestalten und damit anderen Menschen bestimmt eine Freude machen.

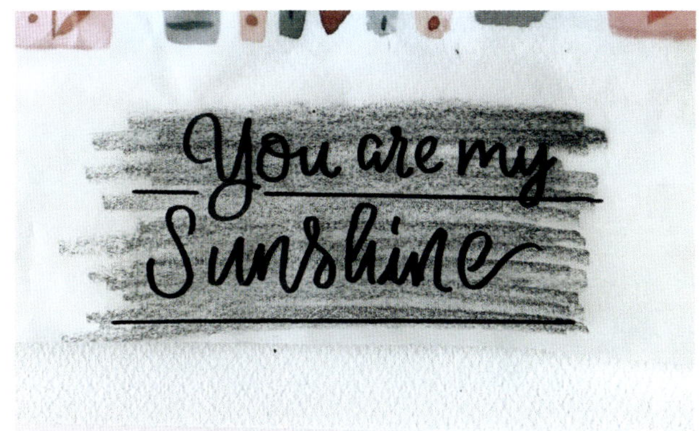

TIPP:
Möchtest du den Spruch von einer Vorlage abpausen, kannst du dies mit und ohne Leuchttisch tun. Mit Leuchttisch kannst du den Spruch als Ausdruck darauflegen und ganz einfach mit dem Pinsel die Schrift übertragen. Wenn du keinen Leuchttisch besitzt, färbe die Rückseite eines Transparentpapiers mit Bleistift ein, lege sie aufs Papier und schreibe den Spruch mit Bleistift ab. So drückt sich das Grafit auf das Aquarellpapier, und du kannst die Buchstaben mit dem Pinsel einfach nachfahren.

Haus am Meer

Wer träumt nicht vom Haus am Meer, von frischer Meeresluft und vom Rauschen der Wellen? So ein Traum lässt sich zumindest bildnerisch umsetzen, sodass man dann ein Bild hat, das einen zum Träumen einlädt, und man bis zum nächsten Urlaub durchhält. Ich habe mir als Reiseziel die Bretagne ausgesucht und ein kleines Häuschen als Vorlage für dich erstellt.

TIPP:
Ich verwende eine begrenzte Malpalette und probiere vorher immer auf einem Papierstreifen aus, wie die Farben miteinander harmonieren.

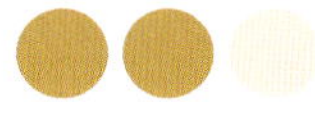

Material

Papier

Fabriano Artistico, extra White, 100% Cotton, Grana Fina, cold pressed

Pinsel

Rundpinsel: KUM Memory Point Nr. 4

Flachpinsel: da Vinci Nr. 24

Farben

- Kobaltblau
- Preußischgrün
- Preußischblau
- Lichter Ocker
- Zitronengelb
- Paynesgrau

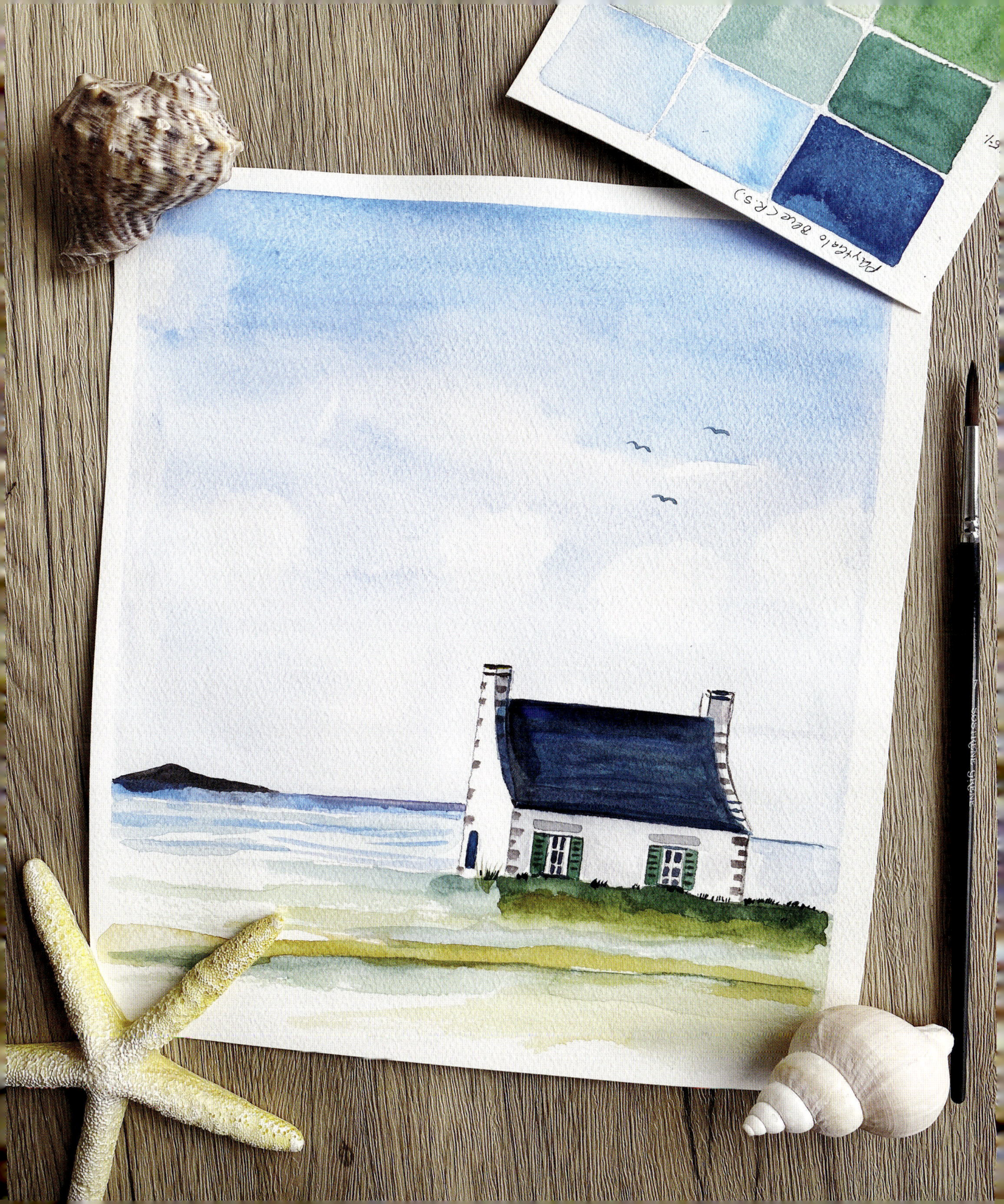
Phthalo Blue (R.S.)

So geht's

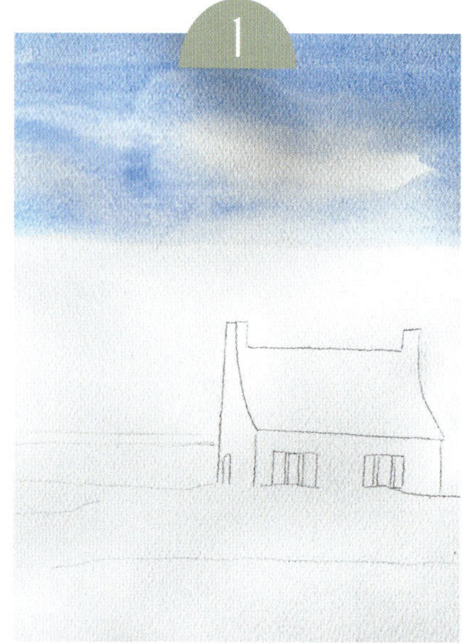

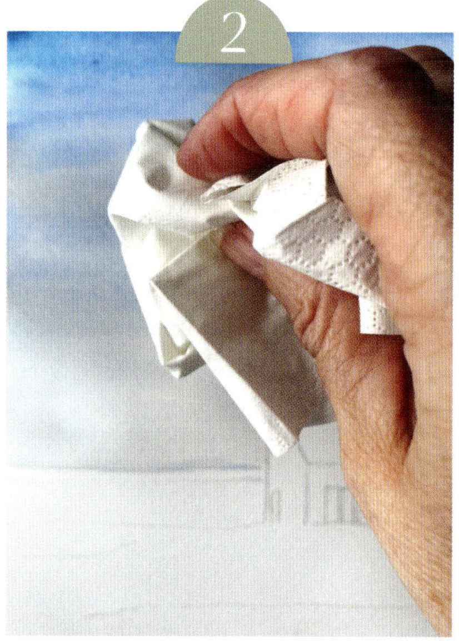

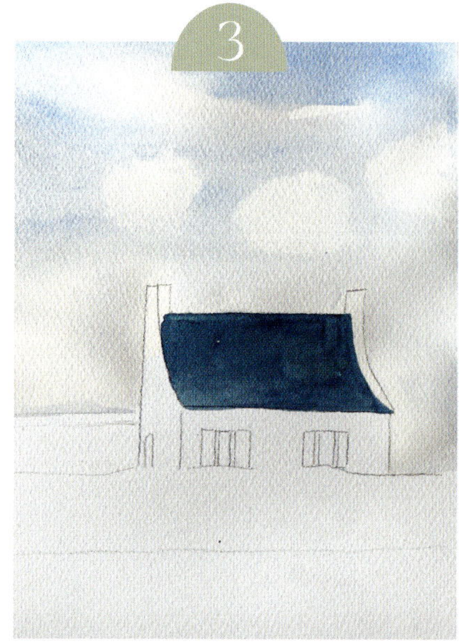

Bevor ich die Vorlage auf das Papier übertrage, überlege ich mir, wo ich das Haus platzieren möchte. Manchmal schneide ich sogar meine Vorlage aus und schaue, wo es mir am besten gefällt. Die Planung eines Bildes dauert oft länger, als es tatsächlich zu malen.

Nachdem du die Vorlage übertragen hast, feuchtest du das Papier bis zur Horizontlinie an. Danach beginnst du mit dem Farbauftrag von Kobaltblau für den Himmel. Dieser wird in einem graduierten Farbverlauf gemalt, d.h. er wird nach unten hin immer heller.

Mit einem Papiertaschentuch, was du zusammenknüllst, kannst du nun ein paar weiße Wolken erzeugen, indem du in die feuchte Farbe tupfst und sie damit vom Papier abhebst.

Male mit einer Mischung aus Preußischblau mit Preußischgrün das Dach des Hauses aus.

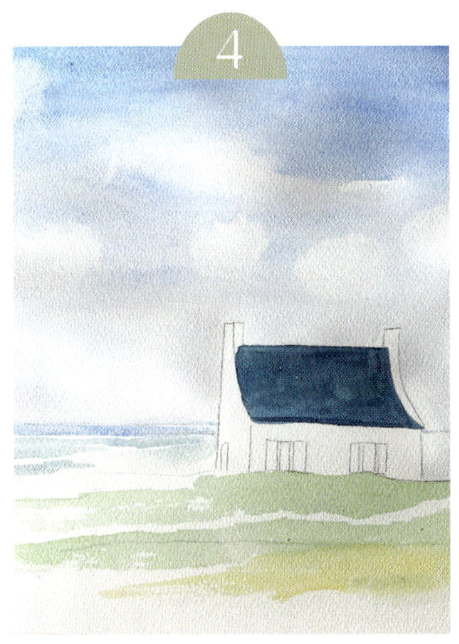

Gestalte nun die Landschaft. Das Meer deutest du mit Kobaltblau an: an der Horizontlinie einen schmalen Streifen mit wenig Wasser auf dem Pinsel, nach vorne hin die Farbe verdünnt auftragen. Ein paar weiße Stellen solltest du stehen lassen, das deutet Wellen an.

Mit Preußischgrün und Zitronengelb mischst du dir einen hellen Grünton und trägst diesen mit lockerem Pinselstrich im Mittelgrund auf. Ein wenig Lichter Ocker kommt ganz in den Vordergrund, was den Strand andeutet.

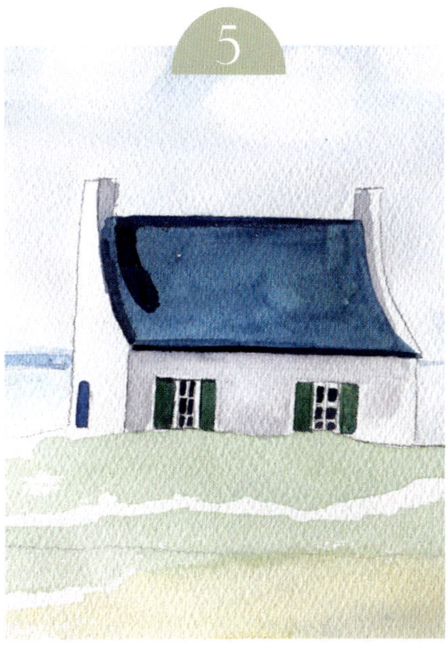

Widme dich den Details des Hauses. Male mit Preußischgrün die Fensterläden aus. Die Schattenbereiche auf dem Dach definierst du mit Paynesgrau. Verdünne Paynesgrau sehr stark mit Wasser, sodass du einen hellen Grauton erhältst. Damit malst du die Vorderseite des Hauses an.

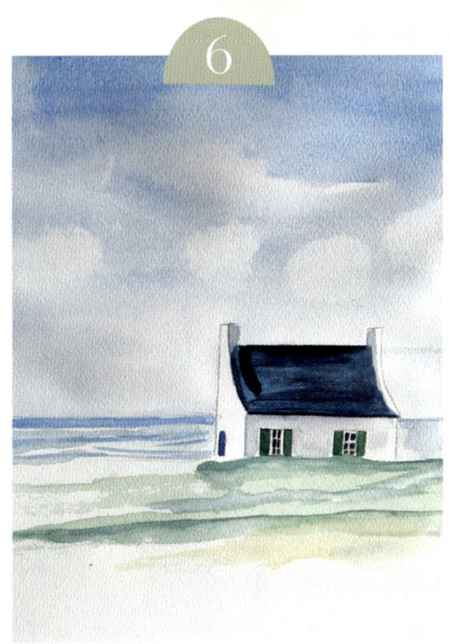

Verstärke die Farbe auf dem Dach mit einer zweiten Lasur. Intensiviere dann das Grün der Wiese vor dem Haus, indem du eine Pinselspitze Preußischblau in die Grünmischung gibst. Wie du auf dem fertigen Bild sehen kannst, habe ich ganz zum Schluss noch einige Details eingefügt, wie z. B. Mauerwerk, Vögel und einen kleinen Berg im Hintergrund. Im Vordergrund habe ich eine weitere Schicht Grün aufgetragen und ein paar Grashalme hinzugefügt. Schau immer dein Bild von der Ferne einmal an, dann siehst du oft intuitiv, ob noch etwas fehlt.

Zitrone

Was gibt es über die Zitrone zu sagen? Sie sieht nicht nur gut aus und ist in jeder Küche unverzichtbar. Im Sommer erfrischend in Getränken, im Winter zusammen mit Ingwer ein Vitamin-C-reiches, leckeres Getränk, das uns gegen Erkältungen schützt. Ich wollte bei diesem Bild mit kalten und warmen Gelbtönen spielen, aber auch mit Grünmischungen für die Blätter. Ich orientiere mich an der Farbpalette, die ich mit Zitronengelb und Preußischgrün gemacht habe.

Material

Papier

Fabriano Artistico, extra White, 100% Cotton, Grana Fina, cold pressed

Pinsel

Rundpinsel: Van Gogh Selected Nr. 8, KUM Memory Point Nr. 1

Farben

 Zitronengelb

 Preußischgrün

 Siena gebrannt

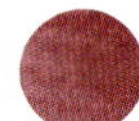 Alizarin-Karmesin

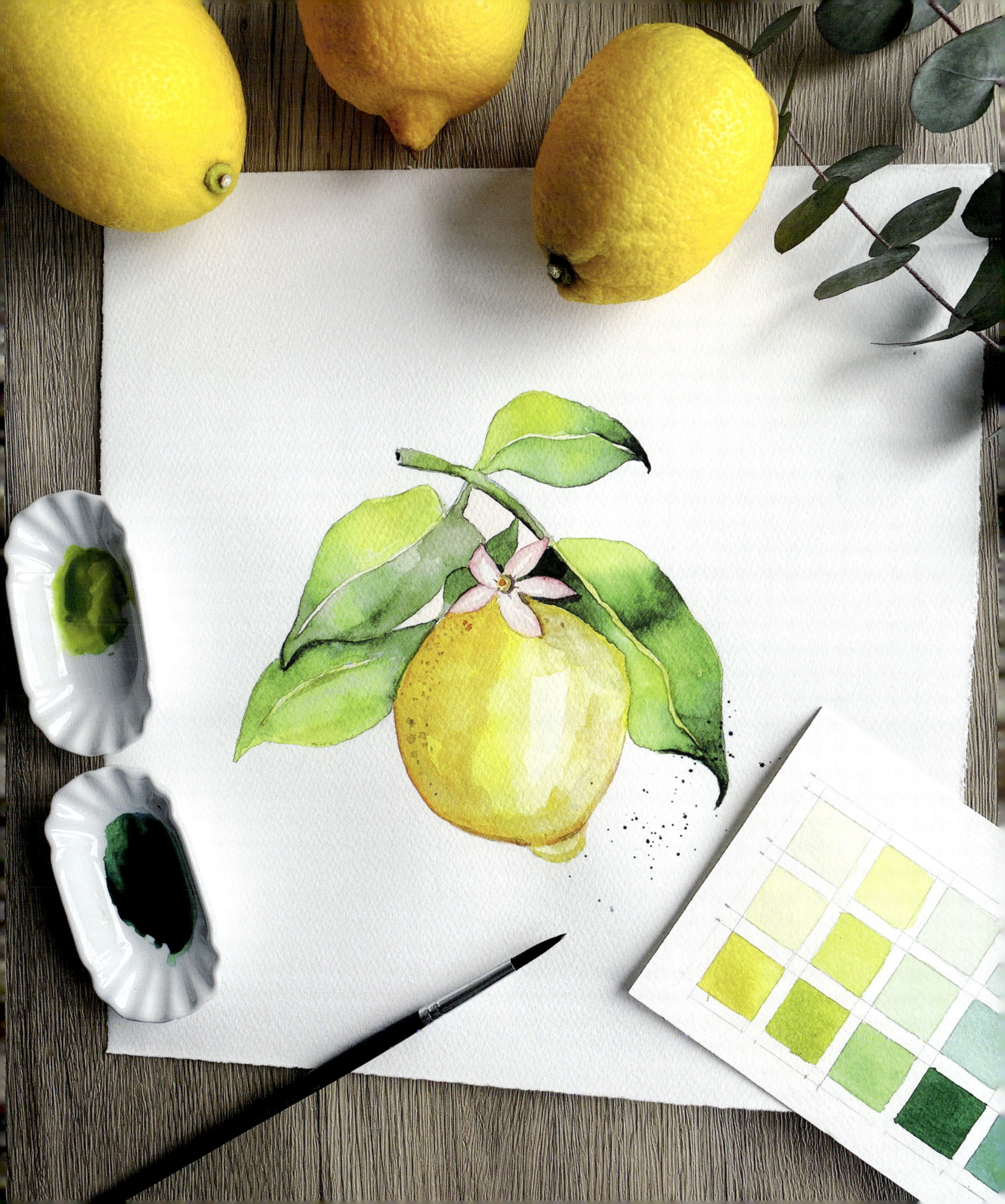

So geht's

1

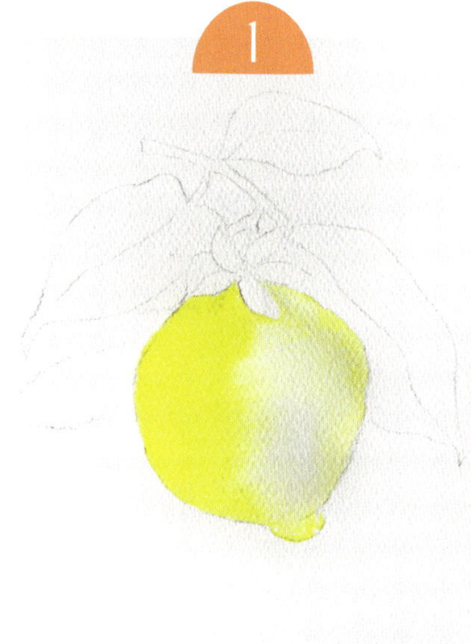

Nachdem du dir eine Vorlage angelegt hast, befeuchtest du die Zitrone mit klarem Wasser. Dann bringst du Zitronengelb in die Zitrone, am besten von der linken Seite, denn dort soll die Zitrone später etwas dunkler sein. Trockne deinen Pinsel an einem Papiertaschentuch ab und reibe sofort wieder aus der Zitrone etwas Farbe aus dem vorderen Bereich. Dort soll der Lichtpunkt sein.

2

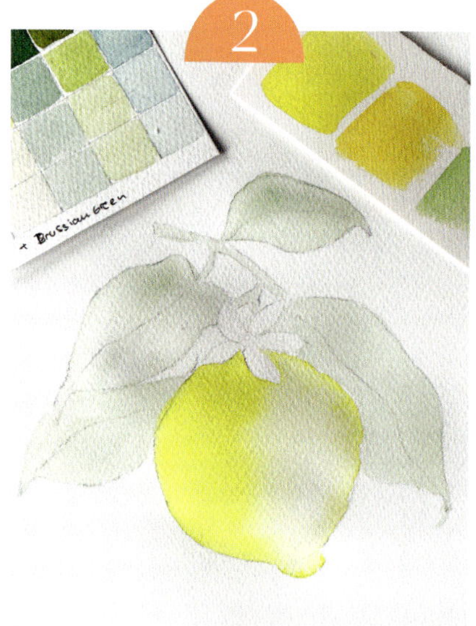

Während die Zitrone trocknet, kannst du eine erste Lasur auf die Blätter bringen. Ich habe dafür Zitronengelb mit Preußischgrün stark verdünnt. Trage direkt, ohne die Blätter anzufeuchten, die Farbe auf. Die Blüte wird noch ausgespart.

3

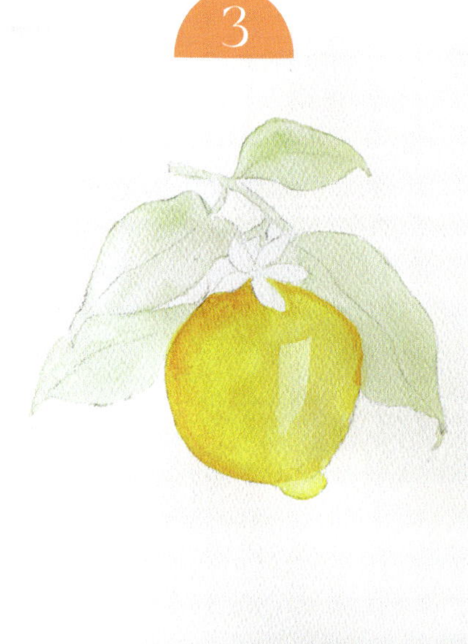

Nachdem die erste Schicht Farbe getrocknet ist, wird nun eine weitere Schicht mit dem wärmeren Gelb, New Gamboge, darüberlasiert. Achte weiterhin darauf, dass die eine Seite dunkler ist als die andere.

4

Es folgt der zweite Farbauftrag auf den Blättern. Um die Blattader auszusparen, malst du am besten erst die eine Hälfte des Blattes aus. Damit schöne Grüntöne entstehen, habe ich zuerst mit dem Preußischgrün angefangen und nach und nach etwas Zitronengelb dazugetan und schrittweise von der Blattspitze zum Stängel gemalt. Bei den anderen Blättern kannst du ebenso verfahren. Achte auf schöne Kontraste und Tonwerte.

5

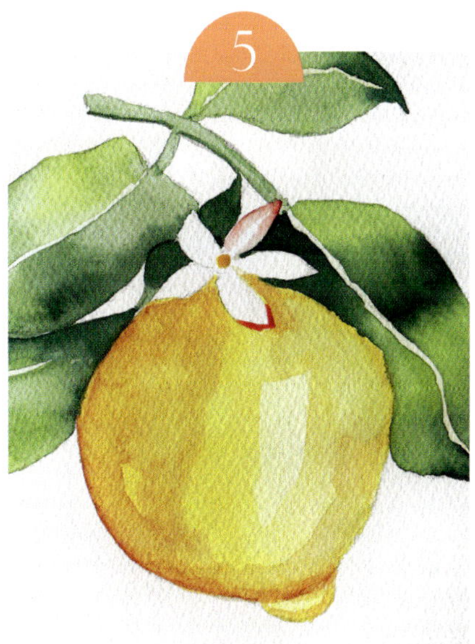

Koloriere die Blüte, indem du an die Blütenspitze ein wenig Alizarin-Karmesin aufträgst und dieses sofort mit Wasser verblendest.

6

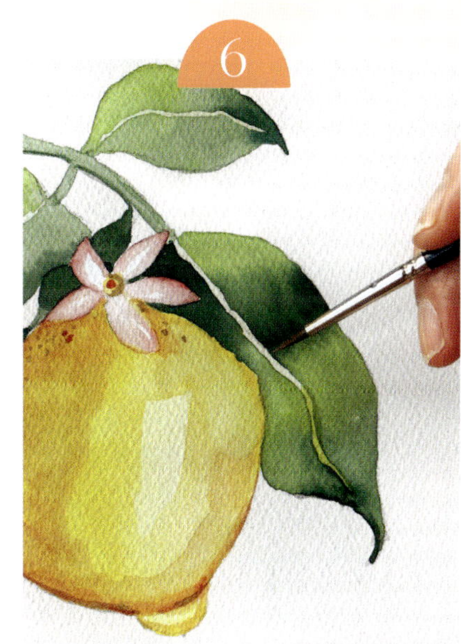

Nun kommen noch die Details: Ein paar Punkte in Siena gebrannt geben der Zitrone ein realistisches Aussehen. Die Blattadern kannst du hellgrün färben. An manchen Blattspitzen kannst du ggf. das Grün etwas verstärken. Am besten du schaust dir das Bild einmal aus der Ferne an, dann siehst du, ob noch etwas verstärkt werden muss. Zum Schluss kannst du noch ein paar Sprenkel setzen.

Über die Autorin

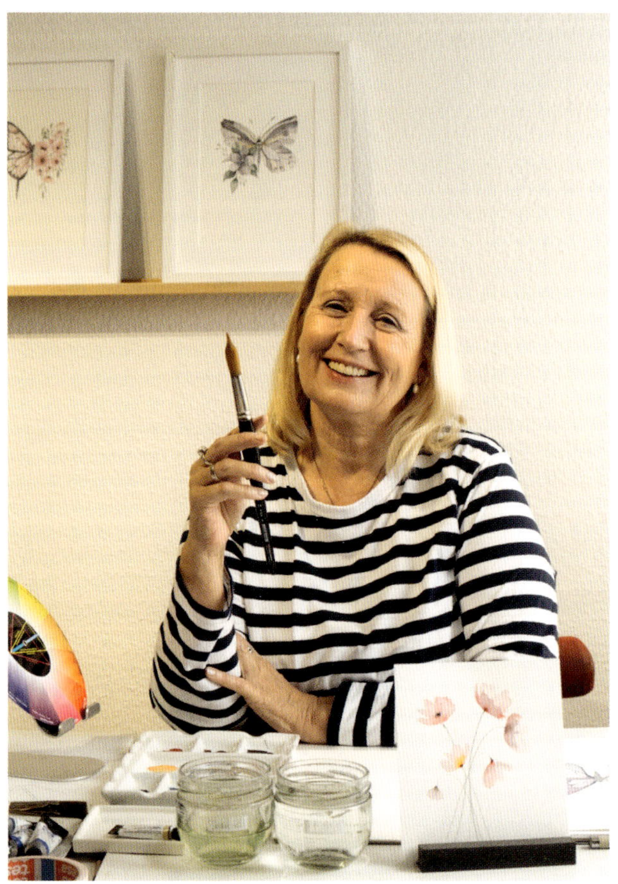

Traudel Donderer hat zunächst die Aquarellmalerei für sich als Ausgleich zu ihrer Tätigkeit in einer Berliner Senatsverwaltung entdeckt. Daraus wurde schnell eine Leidenschaft.

In vielen Fortbildungen, Kursen und Malreisen hat sie ihre Malerei perfektioniert und arbeitet heute als selbstständige Künstlerin.

Auf ihrem erfolgreichen Instagramkanal @tradonde teilt sie täglich mit Tausenden Gleichgesinnten ihre Leidenschaft und ihre Kunst. Traudel Donderer wohnt mit ihrem Mann in Berlin und hat zwei erwachsene Söhne.

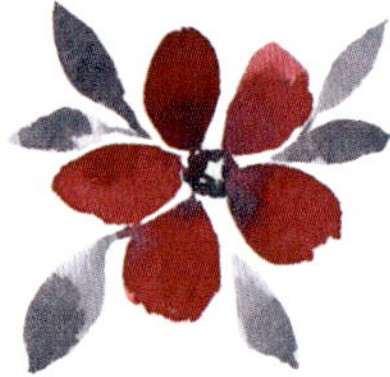

Danksagung

Ich möchte mich bei meiner Lektorin Saskia Hauck stellvetretend für den EMF-Verlag bedanken. Vielen Dank, dass ich dieses Buch in Zusammenarbeit mit euch umsetzen durfte.

Ein besonderer Dank geht an Diana Meyer-Soriat, die ich nur über Instagram kenne. Als ich mir unsicher war, ob ich mir dieses Buchprojekt zutrauen kann, habe ich sie gefragt, und sie hat mich sofort angerufen und mich darin bestärkt, diese Herausforderung anzunehmen.

Mein größter Dank geht an meinen Mann, der mich bei all meinen Vorhaben unterstützt und die Ruhe bewahrt, wenn ich wegen der Technik wieder einmal verzweifle.

Ein großer Dank geht an all meine Follower und Social-Media-Freunde, deren Interesse an meinen Werken mir täglich neue Motivation gibt; mit vielen kommuniziere ich nun schon über einige Jahre fast täglich.

Ein allerletzter Dank geht an meine ehemaligen Kolleginnen in der Senatsverwaltung, an Astrid, Sarah, Cigdem, Anke und Maria, die mir in schwierigen Zeiten immer zur Seite standen und ihre Büros mit meinen Werken schmückten. Sie machen durch ihre engagierte Arbeit die Welt ein wenig besser.

Impressum

Bibliografische Information der Deutschen Bibliothek.

Die Deutsche Bibliothek verzeichnet diese Publikation in der Deutschen Nationalbibliografie.

Detaillierte bibliografische Daten sind im Internet über http://www.dnb.de/ abrufbar.

EIN BUCH DER EDITION MICHAEL FISCHER

1. Auflage 2023

Covergestaltung: Alexandra Wolf

Redaktion und Lektorat: Saskia Hauck

Layout und Satz: Alexandra Wolf

ISBN 978-3-7459-1458-0

Gedruckt bei PNB Print SIA „Jansili", Silakrogs, Ropazu novads, LV-2133, Lettland

www.emf-verlag.de

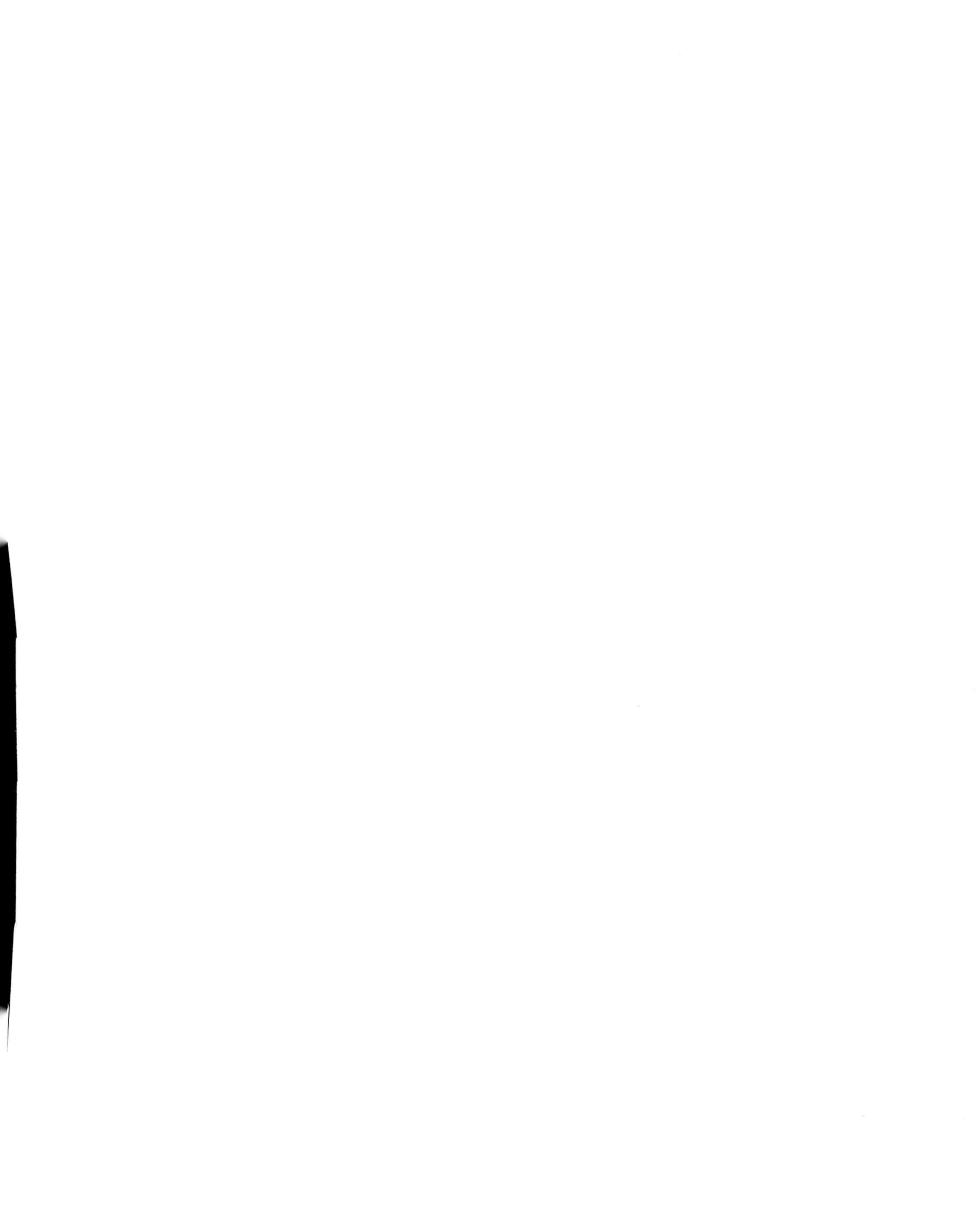

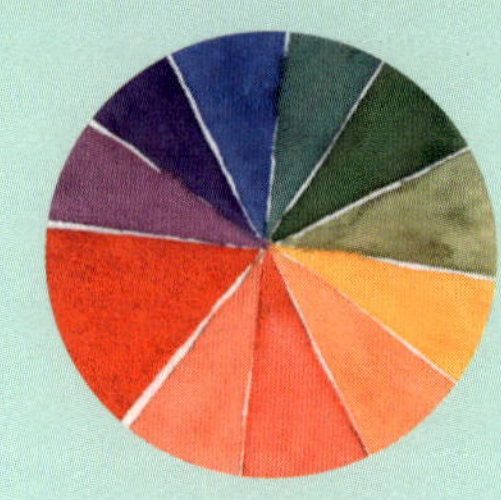